반역의 역사

문재인 흑서

반역의 역사

문재인 흑서

김주성
최태호
홍승기
박인환
이호선
조성환
황승연
정기애
이창위
박진기
이인호
박선경
강규형

타임라인

『문재인 흑서』 프로젝트를 끝내며

2023년 11월 말 세상에 나온 『문재인 흑서 - 위선의 역사』가 호평을 받았다. 무턱대고 작업을 시작했던 집필진으로서는 희망의 불씨를 만난 셈이었다. 한편으로, '위선의 역사'에 참여하지 못한 동료와 독자들로부터 후속편 작업 요청이 있었다.

2023년 초여름 『문재인 흑서』 프로젝트를 시작하면서, 8월 말일까지 취합되는 원고만으로 일단 '위선의 역사'를 출판하고, 추이를 보아 후속작 '반역의 역사'를 출판하자고 했었다. 말하자면 『반역의 역사 - 문재인 흑서』는 처음부터 기획된 것이기도 하다.

편집진은 '위선의 역사'에서 상대적으로 많이 다룬 주제는 '반역의 역사'에서 배제하기로 방침을 정했다. 그래서 '경제파탄' 부분이 '반역의 역사'에서는 빠졌다. '위선의 역사'에서와 마찬가지로 '반역의 역사' 필진 또한 한 분도 어김없이 원고 제출 날짜를 지켜주셨다. 필진 한 분 한 분에게서 문재인 정부에 대한 분노가 여전하였다. 그 분노란 공동체를 파괴하고자 획책하는 집단에 대한 분노, 대한민국에 적대하는 무리에 대한 분노이다. 간혹 분노를 이기지 못하고 감정이 절제되지 않은 문장도 보이지만, 함께 느끼고 함께 기억하시기 바란다.

'위선의 역사'도 '반역의 역사'도 협업으로 가능했던 작품이다. 특히 '반역의 역사'는 서지문 고대 명예교수로부터 크게 도움을 받았다.

『문재인 흑서』를 편집하는 동안 든든한 동료들의 존재에 내내 행복하였다. 참여한 모든 분들께 진심으로 감사드린다. 시간에 쫓기느라 더 많은 필자를 모시지 못한 점은 아쉽고 송구스럽다.

마지막으로, 『문재인 흑서』 프로젝트를 가능하게 해 주신 임동균 대표께 거듭 감사한다.

2024년 3월

편집을 담당한 정기애, 홍승기

목차

『문재인 흑서』 프로젝트를 끝내며

주사파 정치이념의 허구와 탈진실의 정치

김주성 전 한국교원대학교 총장

탈진실의 정치(post-truth politics)

문재인 정권 5년은 온통 거짓말과 통계 및 자료조작으로 얼룩졌다. 드루킹 댓글조작, 탈원전 경제성조작, 4대강보 해체조작, 서해공무원 월북조작, 탈북민 북송조작, 초등사회교과서 무단 수정조작, TV조선 재승인 점수조작, 부동산가격 통계조작, 고용 통계조작, 소득 분포조작 등등 이루 다 헤아릴 수 없을 정도다.

압권은 월성 1호기의 경제성 자료조작과 부동산가격의 통계조작 사건이다. 사건의 조작과정이 역대급 코미디였고, 치료불능의 중독성을 보여주었기 때문이다. 감사원이 월성 1호기의 조기 폐쇄결정에 대한 감사에 착수하자, 산업부 공무원들은 관련 증거자료와 청와대에 보고한 자료 등 444개의 파일을 몰래 삭제했다. 일요일 밤 11시에 아무도 없는 사무실에 들어가, 컴퓨터 파일의 이름을 바꾼 뒤 삭제를 하고 복구불능 상태로 만들어놓았다. 감쪽같은 조작행위가 007 제임스 본드 저리 가라다.

더욱이 조사과정에서 원전 문건을 삭제한 산업부 공무원의 반응이 볼

만하다. 검찰과 감사원 조사에서 윗선을 묻자 "감사 정보를 미리 들은 적이 없다"고 시치미를 뚝 뗐다. 그러면 왜 삭제했느냐고 묻자, "(나도 모르겠다) 나도 내가 신내림을 받은 것 같았다"고 진술했다. 신내림을 받았다는 것은 자의식을 뛰어넘어 초의식의 세계로 들어갔다는 얘기다. 삭제행위는 일종의 엑소시스트나 무당의 굿거리였던 셈이다. 서기관이나 되는 고급공무원이 오죽 할 말이 없으면, 이런 어처구니없는 '양아치' 개그까지 한단 말인가?

문재인 정권이 자료조작에 얼마나 중독되었는지는 부동산원 통계를 보면 알 수 있다. 2021년 8월에 국회에서 청와대의 정책실장은 "OECD 평균집값 상승률은 7.7%인데, 한국은 5.4%에 불과하다"고 새빨간 거짓말을 버젓이 했다. 월간 KB주택가격시계열 자료에 따르면, 문재인 정부가 출범한 2017년 5월부터 2018년 7월까지만 해도 전국 아파트 매매 가격지수는 27.2%나 올랐다. 당시 2021년에도 20% 넘게 치솟았다.

2023년 9월 15일에 감사원이 문재인 정부의 통계조작에 대한 중간 감사결과를 발표하였다. 여기에 보면, 청와대와 국토부는 2017년 6월부터 2021년 11월까지 무려 94회나 부동산원의 통계작성 과정에 개입해서 통계수치를 조작하게 했다. 부동산원의 통계는 민간의 통계보다 부동산 가격의 인상폭이 턱없이 낮다. 부동산원은 2017년 5월 이후 5년 동안 서울 집값 상승률을 19.5%로 잡았지만, KB부동산이 계산한 상승률은 62.2%나 되었다. 전수 조사한 어떤 자료를 보면, 서울의 아파트값 상승률은 100%가 넘었다.

거짓말을 밥 먹듯 하는 정치를 탈진실의 정치(post-truth politics)라고 한다. '탈진실의 정치'는 2016년에 옥스퍼드 사전에 처음 올라간 용어인데, 당시 미국 트럼프 대통령의 선거유세와 영국 보리스 존슨 총리의 브렉시트(Brexit) 국민투표를 묘사할 때 널리 쓰였다. 현대정치사를 살펴보면, 그동안 정치인들의 거짓말이 없지 않았다. 그렇지만 미국의 대통령 선거유세과정과 영국의 EU탈퇴 국민투표과정에서 나온 거짓말이 유례없이 많았다.

전통적으로 영국과 미국의 정치문화는 거짓말을 용납하지 않고, 언론도 사실보도를 본령으로 삼고 있다. 미국 닉슨 대통령의 워디게이드 사건을 보면 잘 알 수 있다. 1974년에 닉슨 대통령이 하야했는데, 워터게이트 호텔에서 열린 민주당의 선거전략회의를 도청했기 때문이 아니었다. 도청사실을 모르는 일이라고 잡아뗀 것이 들통 났기 때문이었다.

그런데 어느덧 SNS 및 유튜브를 비롯한 미디어환경이 바뀌자, 영미에서도 정치인들의 거짓말이 많아지고 가짜뉴스가 판을 쳤다. 탈진실의 정치가 옥스퍼드 사전에 올라간 해에는, 가짜뉴스의 양이 전년도보다 20배가 넘었다고 한다. 물론 미국의 경우, 거짓말꾼인 트럼프가 후보에 선출되어서 일어난 일이기도 하다. 트럼프가 후보에 선출된 것은 대통령후보의 선출과정에서 게이트키핑(gate keeping)에 실패했기 때문이라는 말이 있다. 당 원로들의 후보조정과정이 바로 게이트키핑이다. 당시에는 애리조나 주의 상원의원 존 매케인이 공화당의 대표적인 원로정치인이었는데, 그는 트럼프를 제치려다 실패했다. 그는 재임 중에 사망했는데, 애리조나는 결국 다음 대통령 선거에서 타당 후보를 지지했다.

현대 자유민주주의의 선도국가인 영국과 미국에서 가짜뉴스가 판치고 거짓말이 일상사가 되는 바람에 온 세계가 깜짝 놀랐다. 본래 영미에서는 자료조작이나 통계조작이 거의 불가능하다. 왜냐하면 윗선의 잘못된 지시에 대해서 거부할 권리와 책임을 져야 한다는 조직문화가 두텁기 때문이다. 영미의 공무원들은 자신의 명예를 걸고 윗선의 부정한 지시에 맞선다. 예를 들어, FBI국장 제임스 코미는 트럼프의 말을 들어주지 않아 파면 당했다. 그는 러시아 스캔들에 대한 조사과정에서 '트럼프의 거짓말은 분명하고 간명하다'라고 증언했다.

문재인 정권의 탈진실 정치는 영미의 것과 양과 질을 달리한다. 거짓말과 자료 및 통계 조작이 광범위하고 체계적으로 이루어졌기 때문이다. 우리나라에서는 영미와 같은 조직문화가 무척 얇다. 공무원들은 윗선의 잘못된 지시에 제대로 맞서지 못한다. 속절없이 따르고는, '신내림을 받은 것 같다'는 말 같지도 않은 말을 허공에 날리곤 한다. 그러기에 부도덕한 정권이 들어서면, 자료나 통계의 조작이 어렵잖게 일어날 수 있다.

문재인 정권의 탈진실 정치는 시기적으로 영미의 탈진실 정치와 1년 차이를 두고 정확히 겹친다. 우리의 눈에는 문재인의 탈진실 정치가 서구의 탈진실 정치와 다름없어 보인다. 그런데도 그들이 꼽은 탈진실 정치의 사례에 문재인 정권이 빠져있다. 그들의 눈에는 문재인의 정치가 탈진실의 정치와는 다른 차원으로 보였나 보다.

문재인 정권의 정치는 영미에서 일어났던 탈진실의 정치와 왜 달라 보였을까? 그것은 일탈적인 탈진실의 정치행위라기보다는 훨씬 더 심각한 일상적인 기만조작의 정치로 보였기 때문이 아닐까? 사실 기만조작의 정치는 파시즘과 공산정치의 전유물이다. 아마도 문재인 정권의 정치는 공산당의 기만조작 정치와 닮았는지도 모른다. 이 문제를 살펴보려면, 먼저 문재인 정권을 주도했던 주사파 세력, 그들이 어떤 사람들인가부터 알아보아야 한다.

주사파, 그들은 누구인가?

학생운동사를 훑어보면, 1970년대의 유신시대에는 대학의 이념서클에서 마르크스 레닌이즘과 마오이즘을 공부하고 있었다. 사회과학서적이란 이름을 타고 마르크스와 레닌의 책이 대학가에 들어왔고, 리영희 교수의 저서 『8억 인과의 대화』를 통해서 마오쩌둥의 문화혁명이 소개되었다.

1980년대에는 대학가에 주체사상이 밀물처럼 들어왔다. 5.18 광주민주화 운동을 진압하는 데 미국이 개입했거나 방조했다는 의구심으로 반미 감정이 싹텄는데, 서울대학교의 법대생 김영환의 강철서신 때문에 쏜살같이 커졌다. 대학가에는 위수김동만세(위대한 수령 김일성 동지 만세)와 친지김동만세(친애하는 지도자 김정일 동지 만세)의 소리가 울려퍼졌다.

1990년대에는 학생운동이 시들해졌다. 1989년에 동구권이 무너지고, 1990년에 독일이 통일되었다. 마침내 공산종주국인 소련이 1991년에 무너지자, 학생운동권은 충격을 받고 고개를 숙였다. 주사파의 원조인 김영환은 잠수정을 타고 북한에 들어가 김일성을 만나보고 돌아와서, 고민 끝에 전향한다.

김영환은 북한으로부터 40만 달러를 지원받아 민족민주혁명당을 세우지만, 김일성에 대한 실망으로 1999년에 반성문을 제출하고 공식적으로 전향한다. 그러나 그와 함께 주사파 운동의 핵심 역할을 했던 하영옥과 이석기는 전향하지 않고 적발되어 옥고를 치른다. 김영환 계열은 뉴라이트로 변신하여 북한인권운동을 하고 있다. 그렇지만, 주사파의 다른 세력, 특히 전대협이나 한총련 계열의 주사파 운동권은 전향하지 않은 채, 1987년의 6.29 선언으로 성립된 87정치체제의 주류로 자리 잡는다.

학생운동권은 1990년대부터 사회로 들어가기 시작한다. 그들은 이탈리아의 공산주의자 그람시의 문화마르크시즘을 받아들이고, 시민사회에 혁명진지를 여기저기 파놓았다. 1980년대부터 위장취업으로 노동현장에 들어가 민노총을 장악하는가 하면, 1990년대부터 본격적으로 초중등학교 현장에 들어가 전국교사노동조합운동을 벌인다.

운동권 지도부는 1980년대의 학생운동을 비판하고 운동방향을 조정한다. 당시에 대학가 전체가 의식화되어 정부와 투쟁했는데도 실패한 이유를 다음과 같이 진단했다. 4.19 때는 대학생들이 나서자 초중고 학생들도 거리에 뛰어나왔는데, 1980년대에는 그렇지 않았다. 혁명에 성공하려면, 초중고 학생들도 거리로 나오게 해야 한다. 그러려면 교육현장에 들어가 어린 학생들에게 의식화 작업을 해야 한다는 것이었다. 이런 생각으로 전교조가 태어났다. 전교조는 비합법적인 위장취업이 아니라 합법적인 정식 취업이었으므로, 매우 강력한 혁명진지가 되었다. 인텔리 조직인 전교조가 산업현장의 노동자 조직인 민노총을 지도할 수 있기에 더더욱 막강해졌다.

2000년대 들어와서는 포스트모더니즘까지 받아들여 문화운동의 선봉에 선다. 점점 언론계, 문화계, 행정부 및 사법부 등 사회 전 분야에 자리를 잡고 정계에 진출하여, 1987년의 대통령 직접선거로 성립된 87체제의 주역으로 커나갔다. 이들은 한국정치를 첨예하게 진영화 시켜 놓았으며, 시민사회에 반미·반일감정을 불러일으켰고, 성해방 및 환경운동 등으로 주류의 사회문화를 해체해왔다.

주사파 학생운동세력의 핵심 생각을 알아보자. 이들은 한국을 '식민지 반(半)자본주의' 사회로 바라본다. 한국은 제국주의 미국의 '식민지'이며, 한국의 자본주의는 온전하지 않고 기형적인 '천민자본주의'라는 것이다. 정치적으로는 미국 CIA가 배후에서 좌지우지하고, 경제적으로는 재벌이라는 매판자본을 통해서 간접적으로 수탈한다. 군사적으로는 주한미군을 통해서 남한뿐만 아니라 같은 민족인 북한까지 위협하고, 문화적으로는 학문이나 영화를 통해서 종속시키고 있다는 것이다.

한국을 자주적인 민주국가로 되돌리려면 무엇보다도 먼저 미국을 한반도에서 몰아내야 한다는 것이다. 현실적인 무력이 필요한데, 남한 민중의 힘으로는 부족하니까 북한의 무력에 기댈 수밖에 없다. 따라서 북한과 협력해서 미국을 몰아낸 뒤에 노동계급을 해방시켜야 한다. 이런 주사파의 생각을 NLPDR(National Liberation People's Democracy Revolution: 민족해방인민민주주의혁명)이라고 한다. 소위 NL(민족해방)과 PD(민중민주주의)를 순차적으로 묶은 것이다. 물론 방점은 NL에 찍혀있다.

주사파가 생각하는 민주주의는 어떤 것인가? 이들은 정치체제란 결국 다수의 독재든가 소수의 독재라고 이해하고 있다. 정치체제를 독재로 단순하게 이해하는 것도 이상하지만, 더 놀라운 것은 다수독재가 소수독재보다 더 민주적이라고 생각하는 것이다. 『자유론』을 쓴 존 스튜어트 밀이나 『미국의 민주주의』를 쓴 알렉시스 토크빌은 소수의 독재보다 다수의 독재가 더 가혹하다고 두려워했다. 소수가 독재하면 눈에 띄지 않는 곳이 있을 수 있지만, 다수가 독재하면 그런 곳이 전혀 없으니까 말이다.

여하튼 주사파들은 프롤레타리아 독재, 다시 말해서 노동계급의 독재를 민주주의라고 여기고, 그것이 다수의 독재이기 때문에 더 민주적이라고 정당화한다. 소수의 부르주아가 지배하는 한국이나 미국의 정치체제보다, 다수의 노동계급이 지배하는 공산권의 정치체제가 훨씬 낫다는 것이다. 노동계급의 독재를 마르크스는 사회민주주의라고 불렀고, 레닌은 참된 민주주의, 마오쩌둥은 신민주주의, 김일성은 인민민주주의라고 불렀다. 이들은 프롤레타리아 독재자이고 동시에 참된 민주주의자, 신민주주의자 또는 인민민주주의자였던 셈이다.

다수의 독재체제를 민주주의로 이해했기 때문에, 주사파 운동조직은 공산당의 조직원리인 '민주집중제(Democratic Centralism)'로 운영되었다. 김영환이 만들었던 민혁당이나, 전국대학생조직이었던 전대협이나 한총련도 민주집중제로 조직되었다. 민주라는 말로 얼굴을 가렸지만, 민낯을 들추어 보면 지독한 중앙독재체제이다. 중앙에서 '결정이 되었으면, 따라야 한다'는 표현으로 대표되는데, 개인은 조직에, 소수는 다수에, 하부는 상부에, 전 조직은 중앙에 복종하는 것을 원칙으로 하고 있다.

민주집중제는 결국 수령론으로 귀결될 수밖에 없다. 수령론은 스탈린의 독재를 타당화시킨 이론이다. 요약하면, 전 인민대중의 이익은 선진계급인 노동계급에 의해 대표되며, 노동계급의 이익은 전위당인 공산당에 의해 주도되고, 공산당은 가장 탁월한 공산주의 지도자인 수령에 의해 지도되어야 한다는 것이다. 이렇게 아래로부터 올라가는 구소련의 수령론이 북한에서는 거꾸로 내려가는 수령론으로 바뀌었다. 인간은 두 가지 생명을 가지고 있는데, 하나는 부모로부터 받은 육체적 생명이고, 다른 하나는 수령이 준 사회정치적 생명이다. 이제 김일성 수령은 모든 노동계급에게 사회정치적인 생명을 주는 초인간적인 절대적 존재가 된 것이다.

주사파는 김일성주의의 수령론에 영향을 받아, 철저한 중앙독재의 조직원리로 움직였다. 그러기에 주사파 운동권에 권위주의 문화가 깊어졌고 도덕적 해이가 널리 퍼졌다. '중앙의 결정대로 해야 한다'는 조직문화 때문에, 누구도 주체적인 생각을 할 수 없었고 온전한 개인도 찾아볼 수 없었다. 토론이라고 해봤자 '상부의 지침을 어떻게 소화할 것인가'에 한정되었다. 그러다 보면 상부지침을 다 소화하지 못했다는 죄책감에 시달려, 목적적인 사고는 고사하고 주체적인 판단력도 소멸되고 말았다.

자유는 이제 오직 중앙의 한 사람에게 집중된다. 북한에서 절대적인 존재인 수령에게만 자유가 있듯이, 주사파 운동권에선 전대협이나 한총련의 의장에게만 자유가 주어진다. 공식호칭도 의장이 아니라 '의장님'이다. 의장님은 조직에서 신적인 존재나 다름없기에, 모두 극존칭을 써야 하고 충성을 다해야 한다. 의장님뿐만 아니라, 하부조직의 리더에게도 존칭을 써야 한다. 존칭어법은 구성원들의 생각을 억누른다. 다들 하고 싶은 말을 하지 못하게 된다. 학생운동권에 권위주의 문화가 뼛속까지 스며든 까닭이 여기에 있다.

수령제의 운동권 조직에서는 수평관계가 사라지고 수직관계만 남는다. 수평적인 대화는 억눌리고 수직적인 대화만 살아남는다. 그러기에 자신의 지위가 높아지면 어떻게 처신해야 할지에 대해서 전혀 고민할 여유가 없다. 모든 조직활동에서 종속적이고 수단적인 생각만 하니까, 리더십 훈련이 안 된다.

운동권 조직에서는 인격적으로나 도덕적으로 준비되지 않은 채, 조직의 사다리를 타고 높은 자리에 올라간다. 운동권의 상층부에 도덕적 해이가 극심한 까닭이 여기에 있다. 마치 김정일이 기쁨조를 두고도 아무런 거리낌이 없었듯 말이다. 민주시대에 접어들어 운동권 인사들에게만 특별히 성희롱이나 성폭행의 미투 사건이 집중되었던 까닭이 여기에 있다.

이제 주사파 운동권이 어떤 사람들로 구성되어 있었는지 알 수 있게 되었다. 그들은 세계 6대 군사강국인 한국을 미국 제국주의의 초라한 식민지로 여기고, 북한과 힘을 합쳐서 미국을 몰아내려는 사람들이다. 이들은 도덕적인 품성이나 품위 있는 인격을 갖추지 못한 권위주의적인 혁명가들이다. 이렇게 설익은 혁명가들이 자유대한민국의 국민들에게 어떻게 지지받을 수 있었겠는가? 친미반북의 감정이 세계 최고인 국민들에게 어떻게 반미친북의 행각을 벌일 수 있었겠는가?

위선과 기만밖에는 달리 방법이 없었다. 주사파는 자신들의 속마음을 드러낼 수 없었기 때문이다. 학생운동이 그들에게는 프롤레타리아의 계급독재를 위한 혁명운동이었지만, 그러한 자신들의 공산주의 실체를 반공적인 국민들에게 밝힐 수 없었던 것이다. 그들은 군사정권에 반대하고 민주화를 위해 투쟁하는 정상적인 사람들로 위장했다. 때에 따라 자신들을 민중민주주의자라거나 진보적 민주주의자, 또는 순수한 민주주의자로 속이기도 하였다. 이런 속사정을 잘 모르는 국민들은 그들을 민주세력으로 여기고 부채의식까지 갖게 되었다.

주사파 정치인들은 정계에 나와서도 과거의 시대착오적인 행적을 반성한 적이 없다. 오히려 자신들의 이념정체성을 감추고, 일상적인 정치활동을 하면서 정치적 이익을 추구하였다. 혹시 그들에게 '아직도 공산주의를 믿고 있느냐'고 물으면 시치미를 뗐다. 그러면서 '지금이 어느 땐데 철 지난 색깔론을 펴느냐'고 게거품을 물고 대들었다.

주사파 정치세력은 그동안 공식적으로 전향하지 않았고, 전향하지 않은 이유도 밝힌 적도 없다. 그런 만큼 이들이 학생운동 시절의 사상과 행동방식을 바꾸었다고 볼 여지가 전혀 없다. 이렇게 묘사되는 것이 억울하다면, 이제라도 주사파 정치인들은 공식적으로 전향해야 한다.

이제 분명해진 것은 주사파 정치세력이 주도한 문재인 정권의 탈진실 정치는 영미의 탈진실 정치와 차원이 다르다는 것이다. 영미의 탈진실은 정직을 정치 덕목으로 삼는 자유주의 전통에서 나온 일탈행위이지만, 주사파의 탈진실은 거짓을 정치덕목으로 삼는 공산전체주의 전통에서 나온 일상행위이다. 이들이 가지고 있는 정치이념의 계보를 추적해보자.

주사파 원조들의 기만조작 정치

공산주의의 성지나 다름없었던 구소련이 무너져 커다란 충격에 빠졌던 한국의 좌파는 민주시대가 열리자, 자신들의 정치적 입지를 세우려고 안간힘을 썼다. 먼저 헌법의 재해석 논쟁에 군불부터 땠다. 헌법 재해석 논쟁은 한국 좌파에게 존재모순을 안겨주었다. 이 때문에 한국 좌파는 두 갈래로 갈라졌다. 하나는 사민주의 그룹이고, 다른 하나는 주사파를 비롯한 혁명적 사회주의 그룹이다.

현행 헌법의 '경제민주화' 조항이 독일의 사민당이 표방하는 '사회적 시장경제'를 뜻하는 것으로 해석되면, 한국 좌파들은 유럽 기준으로 볼 때 아무런 문제가 없는 정치세력으로 자리매김이 될 수 있다. 또 한편 건국헌법의 '국유화 및 이익균점권' 조항들이 사회주의적으로 해석되면, 국민들이 사회주의가 대한민국 정체성의 한 부분을 차지하고 있다는 인상을 받을 수도 있다. 건국헌법의 국유화 및 이익균점권은 당시 어려운 상황에서 국력을 키우고자 적산처리 과정에 적용하려던 경제조항이었다. 일본인이 남기고 간 적산이 처리되자 헌법개정 과정에서 폐기된 것이다. ˉ

현행 헌법 조항의 '사민주의'적인 해석과 건국헌법 조항의 '사회주의'적인 해석은 한국 좌파에게 존재의 모순을 안겨준다. 사민주의는 생산수단의 사회화를 포기했지만, 사회주의는 그것을 지키고 있기 때문이다. 그렇기에, 한국좌파는 독일의 현대 사민주의자들처럼 자유시장을 전면 수용하면서도, 바이마르 공화국의 사회민주주의자들처럼 본질적으로는 자유시장을 거부하는 이율배반적인 입장에 서게 된다. 한국 좌파들이 왜 이런 존재모순에 빠지게 되었는지는 정치이념의 지적 계보를 추적해보면 쉽게 짐작할 수 있다.

정치이념의 계보를 추적할 때는 용어의 의미 내용에 주의해야 한다. 같은 용어인데도 시대에 따라 의미 내용이 달라지기 때문이다. 특히 사회민주주의라는 용어가 시대에 따라 다르게 쓰였다. 사회민주주의가 사회주의를 의미할 때도 있었고 그렇지 않을 때도 있었다. 사회주의는 '생산수단의 사회화'를 주장하는 일관된 정치이념이지만, 사회민주주의는 그렇지 않았다.

사회민주주의는 19세기에 '조직된 마르크시즘(organized Marxism)'을 일컬었다. 그것은 혁명을 부르짖는 공산주의 이념이다. 그러다가 20세기 초에 의미 분화가 이루어졌다. 당시에 보통선거가 보편화되자, 혁명을 통하지 않고도 집권할 수 있는 길이 열렸다. 혁명을 포기하고 의회에 진출하자는 수정주의 운동이 일어난 것이다. 그러자 서유럽에서는 사회민주주의가 '조직된 수정주의(organized reformism)'을 의미하게 되었다. 이와 달리 동유럽에서는 여전히 혁명을 앞세우는 '마르크스-레닌이즘(Marx-Leninism)'을 뜻했다.

2차 세계대전이 끝나자, 서유럽에서는 사회주의 이념이 시대착오라는 것을 깨닫게 되었다. 이에 따라 사회민주주의는 한 걸음 더 나아가 생산수단의 사회화라는 사회주의 강령을 포기하기에 이른다. 사회민주주의는 자유민주주의의 정치체제와 자유시장을 남김없이 수용하고, 사회적 약자를 보호하려는 '정책권력(policy regime)'이 되었다. 이것이 바로 우리나라에서 사민주의로 불리는 유럽식 사회민주주의의 때깔이다.

한국 좌파 가운데 주대환을 비롯한 용기있는 인사들이 과감하게 생산수단의 사회화를 포기하고, 한국 좌파의 주류로부터 이탈했다. 이들은 정계에 진출을 못 했지만, 시민사회에서 유럽형의 사회민주주의, 우리말로 사민주의를 전파하고 있다. 한국 좌파의 주류는 주사파(NL)와 민중민주파(PD)가 장악하고 있다. 더불어 민주당은 주사파가 주도하고, 정의당은 민중민주파가 밀고 간다.

주사파 정치세력은 혁명을 포기하지 않은 마르크스-레닌주의자였으며, 생산수단의 사회화를 포기하지 않은 마오주의자면서 김일성주의자다. 이들이 반공의식이 강한 한국의 국민들에게 어떻게 얼굴을 내밀 수 있었겠는가? 기만조작밖에는 달리 수단이 없었을 것이다. 더구나 이들은 이념적 원조들에게 권모술수의 정치방법을 그대로 전수받았으니 거리낌도 없었을 것이다.

마르크스는 정권을 잡아본 적이 없지만, 레닌은 후진농업국에서 혁명으로 정권을 잡았다. 레닌 정권은 위장과 기만의 정치를 하지 않을 수 없었다. 자본주의가 발전하지 못한 후진농업사회에서 사회주의 국가를 세워야 했기 때문이다. 마르크스는 사회주의 혁명은 고도로 발전된 자본주의 선진국가에서 성공할 수 있다고 믿었다. 자본주의에서 생산력 증대가 폭발적으로 일어난다는 것을 알았기 때문이다. 그런데 레닌은 농노사회나 다름없었던 농업 후진국에서 혁명정치를 해나가야 했다.

레닌은 혁명에 성공하자마자 제일 먼저 생산력 증대에 골몰하지 않을 수 없었다. 생산력을 높이지 않으면, 그러잖아도 굶어 죽을 지경에 전쟁까지 치러야 했으니 반혁명 폭동이 일어날 참이었다. 레닌은 자본주의 시장경제를 가미한 신경제정책(new economy policy)을 추진했지만, 성공하지 못하고 사망한다. 뒤를 이은 스탈린은 대규모 생산단지를 만들고 철권통치를 이어갔다.

레닌과 스탈린의 업적을 흐루쇼프는 냉소적으로 평가했다. 레닌은 혁명이 성공한 뒤, 꿈같은 미래를 약속했다. 당시 "15살의 세대가 10년~20년이 지나면 공산주의사회에서 생활할 수 있다"고 자신했다. '공산주의 사회'는 사회주의 사회의 다음 단계인 계급없는 풍요로운 지상천국을 뜻한다. 레닌은 늦게 잡아도 1940년대에는 지상천국이 온다고 선전했던 것이다. 그러나 레닌이 약속한 1940년으로부터 16년이 더 지난 1956년에 흐루쇼프는 소련 공산당 제20차대회에서 레닌과 스탈린의 실패를 조롱한다.

"일부 주책없는 사람들은 사회주의의 건설이 이미 완전히 끝났다고 단정하고, 공산주의로 이행하는 상세한 프로그램을 작성했다. 이와 같은 공상적인 생각은 … 몽상적 계획의 입안자나 망상가의 오류이다…. 우리들은 가장 발달한 자본주의국가들에 뒤지고 있다."

레닌과 스탈린의 공상·몽상·망상을 강력히 비판한 흐루쇼프는 스스로 또 공상·몽상·망상의 약속을 했다. 10년 안에 인구 1인당 생산량이 미국을 넘어설 것이고, 그 뒤 10년 안에 '필요에 따른 분배'를 시작할 수 있는 공산사회를 건설하겠다고 말이다. 공산사회는 '능력에 따라 일하고 필요에 따라 분배받는 사회'를 뜻한다. 그러나 흐루쇼프가 '공산사회의 건설이 완성된다'고 선언했던 1980년에서 다시 5년이 더 지난 1985년에 고르바초프는 흐루쇼프의 강령이 '근거 없는 환상'이며 '역사의 실험에서 실패작으로 판명되었다'고 비난하였다. 그리고 나서 6년 만에 소련은 흔적 없이 무너지고 만다.

구소련에 적용된 혁명적 사회주의는, 스스로들 인정했듯이, 공상·몽상·망상에 기초하고 있었다. 그렇다면 공상·몽상·망상을 가지고 그동안 어떻게 정치권력을 유지할 수 있었을까? 공상·몽상·망상을 믿을 사람은 아무도 없다. 그렇기에 그들은 자신들의 이론을 과학적이라고 선전하고,

다른 이론들을 오히려 공상·몽상·망상으로 몰아붙였다. 결국 기만과 사기를 일삼을 수밖에 없었고, 반발하면 정치수용소에 잡아 가둘 수밖에 없었다. 기만조작의 정치 뒤에는 무서운 전체주의적 공포장치가 도사리고 있었다.

명지대 교수였던 윤원구는 공산주의의 사기조작 행태를 5가지로 간추렸다. 첫째가 이중구조의 이론으로 기만한다는 것이다. 예를 들어, 선전이론에서는 노동자와 농민이 주인이 되는 사회를 건설하겠다면서, 실천이론에서는 농민은 쁘띠부르주아 속성이 있기 때문에 믿을 수 없다고 배척한다는 것이다.

그런데 농민을 배척하면 문제가 생긴다. 프롤레타리아 계급독재는 다수독재가 될 수 없기 때문이다. 후진농업사회에서는 농민이 노동자보다 훨씬 많기 마련이다. 농민을 배척하면, 프롤레타리아 독재도 부르주아 독재처럼 소수독재가 될 수밖에 없다. 이렇게 되면 공산정치체제는 민주주의라고 주장할 수 없다. 다수독재가 민주주의라는 자신들의 개념에도 어긋나기 때문이다. 그들은 실천이론은 숨겨놓고 선전이론만 앞세워 인민대중을 계속 속여 나갈 수밖에 없다.

두 번째가 용어혼란 전술이다. 예를 들어, 평화는 보통 '전쟁 없는 상태'를 뜻한다. 그러나 공산주의자들은 '온 세상이 공산화된 상태'를 평화로 이해한다. 그러기에 평화를 앞세우면서 사람들을 안심시켜놓고는, 뒤에서 공산화 공작을 해대는 것이다. 세 번째가 궤변이다. 수령제와 중앙독재체제를 계속 '민주주의'라고 우기다가, 안 되겠다 싶으면 슬쩍 '민주집중제'라는 형용모순의 용어를 내세운다.

네 번째가 억지다. 공산주의자들은 '사람이 먼저'인 정치를 하겠다고 하는데, 처음에는 그럴듯하게 들린다. 그런데 여기서 '사람'은 보통사람을 가리키는 말이 아니다. 그것은 '계급의식으로 각성된 인간'을 가리킨다. '사람이 먼저인 정치'란 결국 프롤레타리아 계급정치를 말하는 것이다. 그런데도 그들은 '사람이 먼저인 정치'가 뭐가 나쁘냐고 억지를 부린다. 다섯 번째가 '반복 선전'이다. '거짓말도 자꾸 하면 진짜가 된다'는 나치 괴벨스의 말을 철통같이 믿고, 꾸준히 밀고 간다.

마르크스 레닌이즘의 기만전술은 그대로 마오쩌둥과 김일성에게 전수되었다. 조선일보에 게재되는 송재윤 교수의 칼럼 '슬픈 중국'을 읽어보면 마오쩌둥이 얼마나 중국의 인민들과 지식인들을 기만해왔는지를 너무도 "슬프게" 소개되어 울컥해진다. 마오쩌둥에게 속아 넘어간 중국인민들과 지식인들이 불쌍하기 그지없다. 북한 김일성의 기만전술은 우리에겐 너무나 익숙하여 여기에서 덧붙이지는 않겠다.

기만조작이 평범한 일상이었던 공산국가의 정치는 주사파 정치인들에게 그림의 떡이었을 것이다. 공산국가엔 전체주의적인 공포장치가 있지만, 주사파 정치인들에겐 그런 것이 없었으니까 말이다. 그렇기에 거짓말과 기만조작에 더욱 매달릴 수밖에 없었을 것이다. 주사파 문재인 정권의 조직적이고 체계적인 기만조작은 영미에서 이루어진 탈진실의 정치와는 스케일과 내용이 다를 수밖에 없었다.

주사파 이념의 허구와 정치모순

공산주의자나 주사파 정치세력이 기만조작의 정치를 할 수밖에 없는 이유는 본질적으로 그들의 이념체계가 인간의 본성에 어긋나기 때문이다. 인간 본성에 맞지 않으면, 어떤 이념체계든 그들의 말대로 '공상·몽상·망상'에 지나지 않는 것이다. 공상·몽상·망상은 사람들로부터 공감을 얻을 수 없다. 그러기에 기만조작의 공포정치를 하지 않을 수 없는 것이다. 이제 그들의 정치이념이 얼마나 허구적인지 살펴보자. 먼저 주체사상이 과연 주체적인지 살펴본 뒤에, 그들의 민주 없는 민주주의, 평등 없는 평등주의, 민족 없는 민족주의 이념을 파헤치자.

주체사상은 스탈린이 죽고 나서 펼쳐진 중·소분쟁상황에서 '우리식대로 하자'는 주장으로 시작되었다. 마르크스 레닌이즘을 북한 실정에 맞게 조정하면서, 김일성의 개인권력을 강화시키려는 것이었다. 스탈린의 개인숭배를 비판하던 흐루쇼프에 반대하면서 마오쩌둥이 엇박자를 내자, 그 틈을 타서 김일성은 스탈린의 개인숭배와 민족주의를 융합하여 '우리식의 주체'를 세우려고 했다. 뒤에 김정일이 수령절대주의와 군국체제를 구축하여 주체사상을 완성시켰다.

주체사상이 과연 주체적이었는지를 살피려면, 먼저 주체사상의 명제부터 따져봐야 한다. 그 명제는 '사람이 모든 것의 주인이며 모든 것을 결정한다'는 것이다. 이 명제가 유물론적 역사관에서 벗어나 인간을 역사의 주인으로 삼는 것이라면, 주체사상은 주체적이라고 볼 수 있다.

황장엽은 유물론적 변증법을 극복하기 위해서 갈라치기의 계급보다는 보편적인 인간을 역사발전의 중심으로 삼고자 했다. 그러나 김일성주의로 귀결된 주체사상은 여전히 마르크스의 갈라치기 계급론에 민족주의적인 '우리식' 해석을 생뚱맞게 얹어놓았다. 반인반수의 괴물처럼 된 것이다.

한마디로 주체사상은 괴물처럼 변형된 스탈린 파쇼주의다. 주체사상을 인간중심의 역사발전론으로 생각한 김영환이 북한에 들어가 두 번씩이나 김일성을 만났으면서도 실망한 이유가 여기에 있다.

김영환이 만나 본 김일성은 인간중심의 주체사상에 대해서 무지했고, 대화하던 가운데 '자기가 중국어를 잘해서 출세했다'는 시답잖은 자랑만 늘어놓았다고 한다. 북한 학자들을 소개해주자, 김영환은 대뜸 "중국의 문화혁명 때처럼 수령이 잘못하면 어떻게 할 것인가?" 하고 물었다고 한다. 다들 입을 꼭 다물고 벙어리가 되더란다. 그도 그럴 것이, 신격화된 절대존재의 지시는 법을 초월하는 '법'인데, 누가 절대자의 오류 가능성을 말할 수 있겠는가? 김영환이 전향하고 북한민주화운동에 목숨을 걸었던 이유가 바로 여기에 있다.

김영환을 비롯한 전향 주사파는 북한민주화운동과 북한인권운동의 최전선에 서있다. 그들은 만주를 드나들며 풍찬노숙을 하고, 심지어는 중국 공안에게 잡혀서 옥살이까지 했다. 대한민국에서 옥살이를 한 경험이 있었으니까 버틸 수는 있었겠지만, 악명 높은 중국공산당의 옥살이는 너무도 뼈저렸을 것이다. 신체적인 고통은 말할 것도 없고 정신적으로 얼마나 불안했겠는가? 이런 고통을 당하면서도 꿋꿋한 까닭은 뿌려놓은 씨앗을 스스로 거두겠다는 강경한 책임감 때문일 것이다.

주사파의 원조가 이럴진대, 주사파 정치세력은 일말의 반성도 없으니 너무도 어이없다. 더구나 이들은 그동안 자유대한민국에서 '후진' 정치활동을 해오면서 특권층이 되어 호의호식을 일삼았다. 그뿐 아니라 일상생활에서도 늘 이중적인 삶을 살았다. 그동안 미국을 그렇게도 증오했으면서도, 자기 자식들은 미국에 유학을 보냈으니 말이다.

때만 되면 '죽창가'를 부르며 일본상품 불매운동에 앞장서면서도, 자신들의 숭일행태는 감추고 있다. 전교조가 대표적이다. '참교육을' 한다며, 학부모들을 기만하였다. 지식교육에 찌든 학교현장에 '인성교육'을 들여오나 싶었더니, 웬걸? 그것은 바로 수입해온 일본교조의 '진교육(眞敎育)'이었다. 그것은 계급의식을 심어주는 교육이 진짜고, 다른 교육은 모두 가짜라는 좌경화의 교육이었다.

주사파 운동권은 처음부터 주체적이지 않았고, 끝까지 주체적이지 못했다. 그들은 처음부터 의존적인 사람들이었다. 우선 북한에 사상적으로는 물론 무력적으로도 의존적이었다. 진(眞)교육을 들여온 것을 보면 속마음으로는 일본에, 그리고 자식들을 미국에 유학시킨 것을 보면 미국에도 의존적이었다. 이들이 주체적인 사람들이라면, 김영환처럼 전향하든가 주대환처럼 사민주의자가 되었어야 한다.

주사파의 '민주' 없는 민주주의를 파헤쳐보자. 앞서 밝혔듯, 이들은 민주주의를 다수의 독재로 이해한다. 그런데 민주주의는 태어날 때부터 다수의 독재가 아니었다. 민주주의의 시조는 고대 아테네의 직접민주주의인데, 그것은 다수의 독재를 막는 장치를 여러 겹으로 짜놓았다. 다수의 독재는 반드시 일인독재로 이어진다는 것을 알았기에, 위험한 인물이 나오면 도편추방을 해버렸다. 고대 아테네의 민주주의는 본질적으로 데모스가 데모스를 지배하는 자기지배(self-government)의 체제로 꾸며진 것이다.

물론 민회에서 다수결로 정치적인 결정을 했기 때문에 다수의 독재처럼 보일 수 있다. 그렇지만 여기서 다수는 프롤레타리아처럼 고정된 신분이 아니다. 사안에 따라 오늘은 내가 다수에 낄 수도 있고, 내일은 소수에 낄 수도 있다. 다수결로 결정하지만, 누구에게나 다수가 될 기회가 있었다. 프롤레타리아 신분만 정치에 참여할 수 있는 공산독재와 완전히 달랐다.

아테네 민주주의는 추첨제로 운영되었다. 민회의 평의회 의원은 추첨으로 뽑았다. 그렇게 뽑히더라도 일생에 두 번을 넘어 취임할 수는 없었다. 행정직도 모두 추첨으로 뽑았다. 법정배심원도 추첨으로 뽑았다. 아테네의 민주주의는 모든 사람에게 평등한 기회를 주었다. 근대 민주주의는 선거를 치룬다. 일정한 나이가 되면, 국민 모두 피선거권과 투표권을 가진다. 모든 사람이 투표하거나 공직후보가 될 기회를 똑같이 누린다. 그렇게 하면, 비록 다수결로 의사결정을 하더라도 다수의 독재에 빠지지 않고, 국민들이 스스로 자신들을 지배하는 셈이 된다.

주사파는 민주주의의 원래 개념을 모른다. 그들은 지배와 복종의 정치밖에 모른다. 그러기에 독재를 당연하게 여기기도 한다. 소위 전두환의 군사독재와 싸웠다는 사람들이 김일성의 수령독재에는 반감이 전혀 없다. 수령독재는 군사독재와 비교도 할 수 없는 지독한 전체주의다. 그것은 다수의 독재도 아니다. 잘 해야 공산당원의 소수독재일 뿐이다. 국민들은 여지 민주세력이라고 착각했지만, 사실상 주사파 정치세력은 민주세력이 아니다. 프롤레타리아의 계급독재의 김일성주의자들일 뿐이다.

한때 주사파였다 하더라도 조용히 숨어 산다면 탓할 바가 아니다. 알라딘커뮤니케이션의 사주 조유식의 케이스는 모두들 용납하고 있다. 그러나 주사파 정치세력들은 공식적으로 전향하지 않고, 공직에 진출하였다. 대한민국의 공직자는 반드시 대한민국의 헌법정신에 따라 공무를 수행해야 한다. 외국인이 귀화를 할 때도 대한민국 헌법을 지키겠다고 선서를 한다. 하물며 김일성주의를 추종하던 사람이 전혀 공식적인 전향선언도 없이 대한민국의 공직을 맡는다는 것이 말이 되는가?

'철 지난 이념논쟁'이라고 발뺌하지 말고, 광주시장 강기정은 공산주의자 정율성 기념공원의 건설계획을 폐기해야 한다.(광주 정율성 기념공원 조성계획은 국민들의 반발에 부딪혀 2023년 12월 계획 보류된 상태다.) 말도 많고 행색도 거친 송영길, 이인영, 우상호, 임종석, 홍익표, 윤건영, 박선원, 오영식, 김태년, 한병도, 강기정, 정진상, 강성희, 윤미향, 백혜련, 박홍근, 김민석, 윤영찬, 서영교 등등 주사파 정치세력들이 공식적으로 전향했다는 말을 들어본 적이 없다. 자유대한민국에서 정치를 하려면 전향했어야 하지 않는가? 지금이라도 위수김동과 친지김동 만세를 불렀던 행적을 반성하고 공식적으로 전향발표를 해야 한다. 주사파 사법세력들, 주사파의 국영공영 언론방송세력들도 마찬가지다. 북한 수령론을 비판하고 자유민주주의자로서 국무와 공무를 수행해야 한다.

이제 주사파의 평등주의 이념을 살펴보자. 그들은 언제나 "평등하게 살자는 게 뭐가 나쁘냐?"면서 얼굴을 붉힌다. 얼핏 들어 나쁠 것 같지 않다. 사실 누구나 자기보다 잘 사는 사람을 부러워한다. 누구든 그들처럼 잘 살아 보고 싶어 한다. 이러한 평등욕구는 세상을 발전시키는 원동력이다. 그렇지만 도에 지나치면 세상을 무너뜨리고 만다. 공산주의자들이 그렇게 한다. 부러움의 평등욕구를 시기심과 질투심으로 전환시키고, 증오심으로 증폭시켜서 혁명 동력을 만들기 때문이다.

평등 욕구를 깊이 살펴보자. 부러움이 없는 평등한 세상에 사는 것이 과연 좋을까? 누구나 똑같은 집에 똑같은 차에 똑같은 월급으로 산다면 어떻겠는가? 만일 그런 사회를 만들고자 한다면, 남들보다 일을 많이 하거나잘 해서 더 좋은 집에 살고 더 좋은 차를 타려는 사람이나, 남들보다 일을적게 하고 자기 시간을 많이 가지려는 사람을 억눌러야 한다.

더 많이 일하거나 더 잘 하려는 사람은 그렇게 못 하게 하거나, 그렇게하더라도 똑같은 월급을 주어야 한다. 적게 일하거나 간추려 일하려는 사람은 더 일하게 하거나 더 잘 하게 다그쳐야 하고, 남들과 똑같이 살도록강제해야 한다. 불만을 표시하면, 억눌러야 한다. 평등주의 사회를 만들려면, 강제권력이 필요하다. 공산주의 사회에 전체주의 독재가 필요한 까닭이 여기에 있다.

마르크스는 마지막 작품인 고타강령비판에서 한 차원 높은 평등주의를얘기한다. '능력에 따라 일하고, 필요에 따라 받는' 사회가 바람직하다고말이다. 생산력이 충분히 발달하면, 누구나 필요한 만큼 받을 수 있을 것이다. 풍요롭기 때문이다. 누구나 자기 능력만큼만 일해도 충분할지 모른다. 생산성이 높기 때문이다. 이런 사회가 올지도 의심스럽지만, 온다 해도 강제력은 필요하다.

어떤 사람들은 자기의 필요나 욕망을 채우고도 더 갖고자 한다. 물자를많이 가질수록 권력이 커지기 때문이다. 니체는 이런 욕구를 '권력의지'라고 불렀다. 권력의지가 인간의 본성이라면, 계급없는 풍요로운 사회에서도 강제력이 필요하다. 권력의지를 가지고 있는 사람들을 통제해야 하기때문이다.

혹시 사람들이 모두 도덕적으로 성숙되면 능력만큼 일하고 필요만큼 받는 사회가 가능하지 않겠는가? 그런 생각을 하는 사람들도 없지 않다. 그러나 그런 생각은 비현실적이다. 역사상 그런 때는 없었으며, 그런 때가 오리라고 기대할 수도 없다. 우리는 모두 한계를 지닌 불완전한 인간이기 때문이다. 현실적인 눈으로 보면, 평등주의를 앞세운 공산국가일수록 불평등이 더 극심하다는 사실을 알 수 있다. 평등의 역설이다. 전체사회의 도덕적 성숙에 기대를 걸고 평등사회를 꿈꾸는 것은 공상·몽상·망상에 지나지 않는다.

우리의 경험으로 보아도, 평등주의 정책이 오히려 불평등을 증폭시킨다. 2017년에 평등주의자인 문재인의 정권에서 지니계수가 4.06이었다. 그러던 것이 2022년에 자유주의자인 윤석열의 정권에 들어와서 3.96으로 떨어졌다. 지니계수가 낮을수록 소득분포가 평등하다. 평등주의 정책을 편 문재인 정권에서 오히려 불평등도가 더 높았다. 평등의 역설은 어김없이 문정권에서도 나타났다.

마지막으로 주사파의 민족주의를 파헤쳐 보자. 그것은 '반민족적인' 민족주의에 지나지 않는다. 북한이 민족을 앞세웠던 것은 중국과 소련의 눈치를 보지 않고 김일성 독재를 강화하려했기 때문이고, 남한에서 미군철수를 시키고 공산통일을 하려했기 때문이다. 김일성 일족의 권력욕에서 비롯되었던 것이다. 만일 북한이 민족에 조금이라고 애착이 있었다면, 우리 민족을 피범벅으로 만든 6.25를 왜 일으켰겠으며, 지금껏 민족을 절멸시킬 핵무기를 왜 그토록 많이 만들었겠는가?

지난 세밑에 김정은은 공식적으로 '우리민족끼리' 정책을 파기했다. 대한민국 국민이 더 이상 '동족'이 아니라며 더불어 통일을 얘기할 수 없다고 폭언을 했다. 때가 되면 남한의 같은 민족에게 핵무기를 쏘겠다고 위협했다. 그동안 주사파 정치인들은 김정은이 이러리라는 것을 몰랐단 말인가? 북한에는 핵을 개발할 의지도 능력도 없다더니, 웬 말인가? 북한의 핵 개발에 일리가 있다더니, 이런 일이 벌어지리라고 예상하고 한 말이었나? 김정은이 CVID(완전하고 검증가능하며 돌이킬 수 없는 핵폐기)에 대한 의지가 확고하다고 트럼프를 설득하더니, 정말로 순진했었나?

김정은의 폭언을 듣고서도 주사파 정치인들은 여전히 윤 대통령의 대북 강경책만 탓하고 있다. 무슨 심사에서 그러는가? 이제 대북유화책의 명분조차 사라졌는데도, 여전히 '우리 민족끼리'를 앞세울 참인가? '우리민족끼리'라면, 북한에 있는 '우리 민족'은 누구인가? 백두혈통의 김일성 일족인가? 그들은 스스로 기억에서 '민족·동족' 개념을 지웠다고 하잖는가?

북한에 있는 우리 민족은 북한 동포를 빼놓고 누구겠는가? 주사파 정치인들은 여지껏 북한 동포를 배려해본 적이 없다. 2016년에 벌써 북한인권법이 제정되었는데도, 아직도 북한인권재단이 설립되지 않았다. 주사파 정치인들이 재단설립을 방해했기 때문이다.

유엔총회에서는 19년 동안 연속해서 북한인권결의안을 채택했다, 그런데도 주사파 정치인들은 결의안에 대한민국의 이름을 올리기를 꺼려했다. 다수의석을 배경으로 대북전단금지법을 통과시키고 북한 동포들의 귀까지 막아버렸다. 주사파 정치인들에게 묻는다. 그대들의 민족주의는 과연 실체가 있는가? 백두혈통의 김정은 일족에게 팽을 당한 지금, 이제 누구와 민족통일을 얘기하려 하는가?

너희가 교육을 아느냐?
- 경쟁력은 없고 학생 인권만 있는 교육 -

최태호 중부대학교 교수

아, 불쌍한 교사들!

문재인 정권의 교육 망국은 2023년 서초구의 한 여교사의 극단적인 선택에서 절정을 보인다. 그가 퇴임한 후의 일이라고 단순하게 보낼 수만은 없는 결과였음이 만천하에 드러났다. 2023년 7월 18일 서초구의 한 초등학교에서 교사가 교내에서 숨진 채 발견되었다. 경찰은 타살의 정황도 없고 '극단적 선택'으로 추정된다고 하였다. 학생인권선언으로 인한 교권의 추락으로 학부모의 지나친 갑질이 한 교사를 죽음으로 내몬 것이다. 이러한 현상은 학교의 곳곳에서 보였다. 의정부의 한 초등학교에서도 젊은 교사 2명이 극단적인 선택을 하였다. 유가족들은 그가 왜 극단적인 선택을 할 수 밖에 없었는지를 밝혀야 한다고 했다. 이 젊은 교사가 부임한 첫 해 (2016년)에 담임을 맡던 6학년 교실에서 한 학생이 수업 중 페트병을 자르다가 손을 다치는 사고가 발생했다. 그래서 학부모는 학교안전공제회로부터 보상금 141만 원을 수령했지만, 2019년에도 계속 연락하면서 추가 치료비를 요구하였다. 이에 그는 8개월 동안 월 50만 원씩 모두 400만 원을 송금한 것으로 나타났다. 이러한 일들이 발생하게 된 이면에는 문재인 정권의 교사 권위 실추가 원인이었다. 그래서 각종 민원이 심하게 발생하였고, 민원에 시달리던 교사들은 정신적인 고충을 당하여 정신과 치료를 받아야 하는 사람이 늘어만 갔다. 김○○ 교사는 2017년 3월 첫 근무지인 의정부 호원초등학교의 3학년 담임교사로 발령받았다. 그러나 발령 직후인 2017년 4월 그녀는 반 학생들이 서로 뺨을 때리면서 싸우는 것을 보고 나서 충격을 받아 우울증 진단을 받게 되었다. 결국 김○○ 교사와 이○○ 교사의 죽음은 '단순 추락사'로 종결되었다.

참으로 안타까운 현실이 아닐 수 없다. 공무원재해보상심의회는 김*** 교사에게 '개인적 취약성으로 보여진다', '공무와의 상당한 인과관계를 인정할 수 없다'는 이유로 공무상 순직으로 인정하지 않았으며, 이** 교사의 죽음도 같은 기준으로 심사하다가, 이 사안이 커지고 사람들이 분노하자 사망 2년 만에 공무순직으로 결정하였다. 이러한 일들이 생긴 기조에는 문재인 정권의 전교조 편향적인 권력이 있었다. 학생의 인권만 소중하고 교권은 안중에 없으며, 노동자로서의 권리만 강조하고, 교사로서의 숭고함을 잊은 그들만의 리그에 의해 발생한 촌극이었다.

문재인 정권의 망국적 교육관

〈PPT사진 양정호 교수 제공〉

혁신학교의 부당성, 학생인권조례의 모순, 자유가 빠진 민주교육, 북한 추종 세력의 민중교육사관, 자율고 폐지 등으로 인한 하향 평준화 등등 전 교조 교육의 일색으로 우리의 교육은 뒷걸음질만 치고 있었다.

학생 인권조례와 교권의 추락

학생인권조례란 교육과정에서 학생의 인권을 보장한다는 명분 하에 전교조(진보 계열) 쪽의 사람들이 중심이 되어 만든 조례다. 2010년 10월 5일 경기도교육청에서 처음 공포했고, 2011년 10월 5일 광주광역시, 2012년 1월 26일 서울특별시, 2013년 7월 12일에는 전라북도교육청이 공포해 시행 중이다. 다행스럽게 2022년 전국동시지방선거에서 경기, 강원, 충북, 대전, 대구, 경북, 부산, 제주 등지에서는 보수적인 교육감이 당선되었고 시·도의회에서 '국민의힘'이 다수당이 되었다. 그래서 학생인권조례가 폐기의 기로에 서 있거나 제정에 큰 난항을 겪게 되었다. 학생인권조례를 준비하고 있는 지역으로는 충청북도·경상남도·세종특별자치시·울산광역시·부산광역시·전라남도·강원특별자치도(주민발의 중) 등이다. 이주호 교육부장관 겸 사회부총리는 교총과의 간담회에서 재정비를 촉구하였다. 또한 서울시의회도 학생인권조례를 전면 재검토하겠다는 입장을 밝혔으며, 경기도교육청 역시 개정을 예고했다.(나무위키에서 일부 발췌 인용함) 이런 상황으로 보아 학생인권조례가 문제가 있는 것은 명약관화하다. 학생인권조례가 문제가 없었다면 권장하였을 것이나, 개폐의 기로에 서게 되었다는 것은 문제가 많았음을 인정하는 것이 아닐 수 없다. 학생인권조례에서의 학생인권은 헌법에서 명시한 기본권인 자유권, 평등권, 참정권, 청구권, 사회권 등과 유사하다. 자유권이란 개인의 자유로운 영역을 국가 권력으로부터 제한·침해받지 않을 권리다. 신체의 자유와 사생활의 자유, 종교의 자유, 집회 결사의 자유 등이 포함된다. 평등권은 연령, 성별, 소속 등 조건과 관계없이 차별받지 않고 평등한 대우를 요구할 수 있는 권리다. 이렇게 권리만 강하게 주장하고, 의무는 사장되어 학교의 교육적 기능을 위축시키고, 교사의 권한을 침해하는 결과를 낳게 되었다. 그 결과 학생과 학부모의 목소리는 커지고, 교사들은 민원으로 인한 두려움에 위축될 수밖에 없어 극단적인 선택으로 생을 마감하는 일이 발생하였다.

학생인권조례의 내용은 다음과 같다. 차별받지 않을 권리, 폭력으로부터 자유로울 권리, 정규교과 이외의 교육활동의 자유, 소지품 검사 금지, 휴대전화 사용 자유 등 사생활의 자유 보장, 양심·종교의 자유 보장, 집회의 자유 및 학생 표현의 자유 보장, 소수 학생의 권리 보장 등이다. 일부는 당연하지만, 일부는 지나치게 혁신적이고 개혁적이었다. 수업시간에 공부는 안 하고 SNS나 게임을 하는 것이 자유일 수는 없다. 오히려 자율이라는 명목하에 방종으로 이끌어왔다. 학생이 위의 인권을 보장받지 못할 수 있다는 예외 조건은 적지 않았다는 것이다. 그리고 학생인권이란 이름 뒤에 교권 추락이 있었고 아이들이 교사를 무시하는 발언과 행동을 해도 교사들은 이를 저지할 수 없었고 수업시간에 수업할 수 없을 정도로 방해해도 이를 저지할 수 없을 정도였다. 학생인권이란 이름이 우선시됐기 때문이다.(김준호 휴 소아정신과의원 원장, '학생인권조례의 문제점 및 정신과적 대처방안' 일부 발췌 인용, 대전일보 2023.11.26.)

학생인권만 추구하다 보니 학교 교육에 있어서 훈육이 어려워질 수밖에 없었다. 지나친 체벌은 당연히 시정해야 하지만, 훈육은 교육의 일부다. 훈육하지 않는다는 것은 교육을 포기하는 것과 같다. 훈육의 궁극적 목적은 외적 통제를 통한 자율의 신장이지 강압이나 규제 그 자체가 아니다. 이런 이치를 이해하면, 학교의 정상화를 위해 그리고 교권침해 방지를 위해 현행 학생인권조례는 폐지되거나 대폭 수정돼야 한다는 결론에 도달한다. 현 학생인권조례를 무작정 옹호하는 주장, 그리고 폐지 반대를 위해 벌이는 시위 등은 불행한 선택으로 유명을 달리한 교사들의 희생을 욕되게 하는 행태다.('학생인권조례 근본 문제와 폐지 당위'에서 발췌 인용, 이성호, 문화일보 2023.12.20.) 이상의 글에서 보는 바와 같이 교육에서 훈육을 제외하고 학생의 인권만 주장하고, 교권을 포기한다면 그것 나라의 미래를 포기하는 것과 같다. 교육은 백년지대계이기 때문이다.

〈김지연 약사 강의 자료에서 인용〉

위의 그림에서 보면 학생들이 동아리 활동 중에 '학교에서 출소했다'는 표현을 하기도 하고, '출장마사지'와 같은 퇴폐적인 내용을 담고 있는 것을 볼 수 있다. 훈육의 단계를 벗어난 방종의 모습이 아닐 수 없다.

1960년대 후반부에 청소년 인권 문제가 대두되면서 지나치게 학생의 인권만을 주장하는 것이 강하게 나타났다. 예를 들면 ①아동은 권리를 가진 주체이다 : 현 법률은 아동을 보호해 주기는 하지만 성인과 동등한 인격체로 존중하지 않으며, 아동을 누군가의 재산이라는 관점으로 대하고 있다. ②학교에 가지 않을 권리 : 의무교육은 아동의 자기 결정권을 침해하는 것이며, 학교생활은 수감생활과 다름 없다. ③교육적 민주주의에 대한 권리 : 학교 운영에 학생들이 의사를 표현하거나 참여할 수 있는 통로를 보장해야 하며, 나아가 학급 규율의 제정과 커리큘럼의 결정에까지 학생들의 참여가 보장되어야 한다. ④결사의 권리 : 학생에게는 처벌에 대한 두려움 없이 자유롭게 조직을 결성하거나 조직에 가입하고 동맹휴업과 같은 정치 활동에 참여할 수 있는 권리가 있다.

이상의 글을 읽어 보면 청소년을 어른과 같은 시각에서 바라보며 정치 투쟁에 참여할 수 있게 하고, 학교 생활을 수감생활로 보는 불합리한 점이 있다. 학생의 자율이 지나치게 보장되어 쉽게 조직에 가입하고 동맹휴업할 수 있도록 한 것은 학습하는 청소년에게는 어울리지 않는 것이다.

성혁명 교육

문재인 정권의 교육 파괴 행위는 동성애 조장이라는 면에서도 부각되고 있다. 인권이라는 미명하에 학생들에게 동성애를 조장하거나 가족관계의 파괴에 이르게 하는 모습을 보여주었다. 동성애로 아이를 입양하여 엄마는 없고 아빠가 둘이 있는 그림을 보여준다든가, 자위행위에 관해 지나치게 성적인 묘사를 하고 있는 자료를 시청각 자료로 활용하기도 하고, 서구에서나 볼 수 있는 성행위나 자위방법 등을 실제적으로 지도하고 있다. 물론 세월이 변함에 따라 성교육도 변화해야 하지만 현시대에 어울릴 수 있는 방법으로 가르쳐야 한다. 캐나다나 호주 등지에서 활용하는 자극적인 기구나 그림을 활용하는 것이 지나치게 이른 감이 있다. 〈학교 성교육 표준안〉에 반영된 내용을 보자.

- 성소수자, 동성애 내용 제외
- 동성애, 다양한 성적 지향 용어 사용 불가
- 남녀의 성적 반응의 이해 → 남녀 성인식의 차이
- (중)성관계 지도 유의, 임신 예방 교육 초점
- (중)신생아 관리 - 의도하지 않은 출산 - 생명 보호 초점
- 미혼모 지원교육 삽입 - 미혼부모의 용어 사용 불가
- 성욕과 자위행위 → 성욕과 성욕구의 해소
- (고) 예술과 외설의 이해 도입
- 성과 관련된 법률 이해 - 예)아동 포르노 소지 위법
- '야동' 용어 사용 금지
- (고) 노인의 성 = 공교육 : 생애 주기에 따른 성교육

〈김지연 약사 강의 자료에서 발췌〉

위의 내용을 살펴보면 성에 대해 지나치게 개방적인 것을 알 수 있다. 특히 동성애나 남녀 간의 성적 인식의 차이, 미혼모(의도하지 않은 출산), 자위, 외설 등과 같은 용어가 난무하고 있으며, 실현 불가능한 내용도 있다. 청소년들에게 '야동'이라는 표현을 하지 말라고 해서 진정으로 그들이 안 할 것이라고 믿는다면 지나치게 순진하거나 무식한 사람들이다.

소수성애자라고 하는 LGBT(레즈비언, 게이, 양성애자, 트랜스젠더)에 관해 지나치게 관대하며, 마치 그들을 변호하는 듯한 모습도 보이고 있다. 때에 따라 동성애를 권장하는 것 같은 양상도 보여주고 있다. 동성애는 유전이 아니다. 동성애자들은 아이를 낳을 수 없기 때문에 유전이 아니라는 상식

적인 사실을 지도할 수 있어야 한다.

자유 빠진 민주 교육

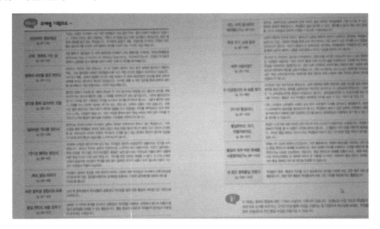

　위의 사진은 광주교육청에서 만든 통일 교육자료이다. 내용을 살펴보면 평화만 강조하고, 전쟁의 아픔을 지나치게 확대하여 북한의 통일 이론을 따라가고 있음을 볼 수 있다. 몇 가지 인용해 보면 다음과 같다.

1) 상상하라! 평화세상!(pp.8~14) 지금도 수많은 국가에서 크고 작은 분쟁들로 인해 많은 인적·물적 피해가 속출하고 있습니다. 아무런 이유도 없이 사랑하는 가족과 친구들을 잃고 어린 아이들이 피어보지도 못한 채 꿈과 목숨을 잃고 있는 현실입니다. 우리에게 슬픔과 고통, 아픔만을 안겨주는 전쟁이 하루 빨리 없어지기를 바라며 세계 평화의 의미를 되새겨 보는 시간이 되길 바랍니다. 군축, 평화로 가는 길

2) 4월 둘째 주 월요일은 전 세계 평화운동 단체들이 군축 캠페인을 전개

하는 '세계군축행동의 날(Global Day of Action on Military Spending, GDAMS)'입니다. 전쟁의 무서움과 평화의 소중함을 알고 평화를 이루기 위한 '군축'의 의미를 생각해봅시다. 평화의 씨앗을 품은 한반도는 여전히 전쟁 중입니다. 6.25전쟁이 종전이 아닌 휴전 상태에 들어갔기 때문인데요. 그로 말미암아 남북은 정전협정 이후 크고 작은 군사적 충돌이 이어져 오고 있습니다.

3) 남북의 상황도 이와 같습니다. 오랜 시간 동안 분단으로 인해 자유가 제약된 생활을 하고 있음에도 자유를 제약당하고 있지 못하다고 느끼는 사람들이 많습니다. 이번 수업을 통해서 분단 현실 속에서 제약당한 자유를 인식하고 느끼며 통일의 필요성을 다짐하는 디딤돌을 마련하고자 합니다.

4) 북한 중학생 경철이의 하루(pp.47~52) : 남과 북 중학생들의 학교생활의 공통점과 차이점을 알게 되면 통일의 거부감(?)은 자연스레 사라집니다.

5) 북녘 친구, 남녘 동무(pp.62~69) 남한과 북한의 언어의 차이가 생겨나고 남한과 북한의 언어가 다르다고 생각하는 학생들이 늘어나는 지금, 대화와 속담을 통해 남과 북의 언어의 다른 점보다 같은 언어를 쓰고 있음을 강조하고자 합니다. 언어가 통일의 큰 장벽이라고 생각하는 학생들에게 '겨레말큰사전' 편찬을 통해 남한과 북한이 소통을 위해 함께 노력하고 있음을 알려주고자 합니다.

6) 6·15공동선언 속 보물 찾기(pp.75~80) 우리민족 끼리 자주적으로 통일하

고, 남측 연합제와 북측 연방제의 공동 정신을 살려 교류와 협력을 통해 한반도 평화를 실현하자는 역사적인 문서가 6.15 남북공동선언입니다. 그래서 6.15 남북공동선언을 통일의 이정표라고 합니다.

7) 통일 한반도의 화폐를 만들어 보고, 화폐 속에 들어갈 위인(남북통일 및 평화에 이바지 한 인물)을 조사하는 과정에서 통일 한반도 경제의 초석인 통일화폐의 의미 및 위인을 이해할 수 있습니다.

위의 인용문 ①을 보면 군축만이 평화를 담보하는 것인 양 잘못 가르치고 있다. 평화는 군사적으로 월등한 위치에 있을 때 가능하다는 것을 가르쳐야 한다. 무조건적인 군축은 자멸을 초래할 뿐이다. ②의 경우는 역시 평화의 근간을 군축에서 바라보고 있음이 문제다. ③에서는 남한에서 마치 자유가 제약되고 있는 생활을 하고 있는 것처럼 묘사하고 있다. '오랜 시간 동안 분단으로 인해 자유가 제약된 생활을 하고 있음에도 자유를 제약당하고 있지 못하다고 느끼는 사람들이 많습니다'는 말은 상당히 문제가 있다. 그러면서 이 책은 북한 중학교 학생의 생활을 다룬 ④로 자연스럽게 넘어가려고 하고 있다. 평화롭게 공부만 하는 북한의 학생과 ⑤의 북녘 친구, 남녘 동무라는 표현으로 '동무'라는 표현을 학생들에게 가르치고 있음은 큰 문제가 아닐 수 없다. ⑥은 북한에서 주장하는 연방제 통일을 언급하고 있음이 문제다. ⑦은 남북한의 화폐를 비교하는 것인데, 문제는 남한의 화폐는 아주 작은 사진으로 게재하고 북한의 화폐는 전면을 할애하고 있어 화폐도 북한의 것이 우수한 양 과장 교육을 하고 있다. 교과서에서 시작적인 면은 상당히 중요하다. 이런 점에서 친북한 교재임이 확실하다.

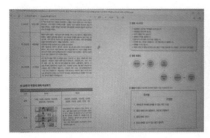

좌측은 남한의 화폐 사진이고 우측이 북한의 화폐와 변천사를 보여주는 것이다.(〈즐겁게 놀다 보면 나도 통일전문가〉, 100~103쪽) 그림의 크기가 다를 뿐만 아니라 북한의 화폐는 변천 과정까지 자세하게 그리고 있어서 어느 나라의 책인지 알 수가 없다.

중요한 것은 자유를 마치 핍박받고 있는 백성들인 양 왜곡하고 있는 것이다. 북한의 체제가 우월하고 자유 대한민국의 현실은 전쟁에 광분한 것처럼 묘사하고 군비 축소만 외치고 있는 것이 문재인 정권 하에서 보여주는 교육이다.

민중혁명사관

학교에서의 역사교육은 중요하다. 특히 북한을 고무 찬양하거나 남한을 비하하는 내용은 큰 문제가 된다. 초등학교 역사 교과서를 다 읽고 덮은 후 학생들에게 "박정희는 어떤 사람인가"하고 물으면 "친일파"라고 답하는 아이들이 있다. 다시 "김일성은 어떤 인물인가?" 하고 물으면 "독립운동가"라고 답하는 아이들이 많다. 박정희 대통령의 업적은 조금 싣고, 김일성의 행적은 많이 게재한 것도 문제가 된다. 이러한 친북성향의 교과서들의 작가가 50% 가까이 전교조나 친북 성향이 강한 교수들이라는 것이 공통점이다. 즉 교과서 집필진의 편파적이라는 말은 역사 교과서를 왜곡하기에 알맞다는 말이다. 이들은 집필료 등으로 '기획회의 수당 및 원고료; 교원 30만 원×3, 외부 40만 원×3, 총 210만 원 지출, 별도 수정되지 않은 검토위원 수당 31만 원'을 지급받았다. 교육은 정치적으로 중립을 지켜야 함에도 불구하고 다분히 친북성향을 드러내고 있음은 큰 문제가 아닐 수 없다.

---

① **교육의 중립성**
- **헌법 제31조 제4항** "교육의 자주성, 전문성, 정치적 중립성 및 대학의 자율성은 법률이 정하는 바에 의하여 보장된다."
- **교육기본법 제6조 제1항(교육의 중립성)** "교육은 교육 본래의 목적에 따라 그 기능을 다하도록 운영되어야 하며, 어떠한 정치적, 파당적 또는 개인적 편견의 전파를 위한 방편으로 이용되어서는 아니 된다."

② **교원의 정치적 중립성**
- **교육기본법 제14조 제4항(교원)** "교원은 특정 정당 또는 정파를 지지하거나 반대하기 위하여 학생을 지도하거나 선동하여서는 아니 된다."

이러한 역사 교육의 좌편향성은 문재인 정권에서 가장 심각한 모습을 보여주고 있다. '대한민국이 한반도의 유일한 합법정부'라는 서술지침도 지켜지지 않았고, '남침'이라는 단어도 삭제했다는 것은 큰 문제다. 흐루쇼프의 회고록(1970)에 보면 '김일성이 1949년부터 스탈린을 찾아와 남침을 주장했고 스탈린은 묵인했다'는 내용이 있다. 또 1993년 러시아 문서보관소에서 남침 사실이 분명히 기록된 결정적 문서도 발견됐다. 그럼에도 불구하고 우리의 교과서에서 '남침'이라는 단어를 의도적으로 뺀 것은 중대한 범죄행위다. 자유민주주의에서 '자유'를 삭제하고 북한처럼 '인민민주주의'로 가자는 것이므로 유사 전체주의로 변질되었다.('남침 빠진

6.25, 자유 빠진 민주… 좌편향 날조 교육, 尹 정부가 바꿔야'에서 발췌 요약, 조동
근 인터뷰, 뉴데일리 2022.09.20.)

위의 책에서는 박정희 전 대통령을 독재자로 묘사하고 있다. 또한 '천안
함'에 관련된 이야기는 2회만 나오고, '겨레말 큰사전' 편찬사업이 천안함
사건 이후 중단되었다고 해서, 천안함 폭침을 마치 사고인 것처럼 처리했
으며, 그 폭침사건으로 중단된 책임이 우리 측에 있다는 식으로 표현하고
있다.(65쪽) 또한 '개성 공단을 설명하면서 2010년 천암함이 침몰하는 사
건이 발생하자 남북관계는 경색되고 대한민국은 5.24 대북조치를 발표하
였다(87쪽)'고 되어 있다. 이것은 천안함을 단순한 '침몰사건'으로 취급하
는 망언이다. 좌편향적인 교과서의 전형적인 모습이다.

하향평준화교육과 혁신학교의 모순

문재인 정부는 자율형 사립고나 특목고 등을 축소하려고 노력해 왔다.
또한 그들의 자랑(?)인 혁신학교를 확대하려고 하다가 학부형의 반대에 좌
절된 경험도 있다. 예를 들면 서울의 대표적 혁신학교인 강서구 송정중학
교 폐교를 두고 학부모·교사 등의 반발이 있었다. 서울시교육청이 의견
수렴 과정을 제대로 거치지 않고 학교 통폐합을 추진하였다. 또 혁신학교

확대 정책을 펴고 있는 서울교육청이 스스로 9년차 혁신학교의 문을 닫는 적도 있다.

송정중 통폐합 관련 일지

2015년 7월	서울교육청, 교육부에 마곡2중 신설 검토 요청 및 교육부 통폐합 부적정 처분
2016년 6월	서울교육청, 송정중에서 통폐합 관련 학부모 단체 간담회 열다가 학부모 반대로 무산
12월	교육부, 인근 송정중·공진중·염강초 통폐합 조건으로 마곡2중 신설 허가
2018년 11월	마곡2중 관련 건축 설명회 개최
2019년 6월	송정중 통폐합 관련 학부모 설명회 개최
2020년 3월	송정중·공진중·염강초 폐교 및 마곡2중 개교(예정)

〈사진 제공 양정호 교수〉

송정중학교폐교를 반대하는 공동대책위원회(대책위)는 1일 서울 종로구 서울시교육청 앞에서 기자회견을 열고 "서울시교육청과 조희연 서울시교육감은 송정중 폐교 추진을 즉각 철회하라"고 주장했다. 대책위에는 송정중 학부모들을 포함해 전국교직원노동조합 서울지부, 서울교육희망네트워크 등 교원단체·교육시민단체도 함께하고 있다.(뉴스1 2019.08.01.)

이와 같이 진보교육감들에 의해 혁신학교 수도 크게 증가했다. 모두의 행복과 만족을 위한 교육을 펼치겠다는 정책과는 반대로 혁신학교가 아닌 일반 학교들에게는 상대적으로 불이익이 생긴다는 문제를 야기하였다. 혁신학교에 교사를 증원해주기 위해 다른 학교의 정원을 줄이기도 하였거니와 전담을 정원에서 없애는 일이 발생하고, 혁신학교만 예산을 많이 주는 혜택을 누려 왔다. 결국 역차별의 시작은 혁신학교였던 것이다.[(현장 칼럼)'혁신학교를 혁신하라', 박정현, 한국교육신문 2022.02.12.] 그리하여 혁신학교는 스스로를 혁신하지 못하고 자기 모순에 빠져 실패의 길을 가게 되었다. 세종시에서는 혁신학교에 배정되자 이사가겠다는 학부모도 등장하였다.

또한 자사고(자립형 사립고등학교)를 폐지하여 우수한 인재 양성에 빨간 불을 켜게 되었다. 문제인 정권에서는 전체 고교 중 2% 내외의 자사고, 외고, 국제고를 폐지하는 칼을 휘둘렀고, 이것이 오히려 사교육을 가중시키는 역할을 하였다. 사교육 카르텔의 정점은 문재인 정권에서 비롯되었다.

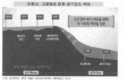

〈PPT자료 양정호 교수 제공〉

이러한 결과로 대한민국의 교육은 뒷걸음칠 수밖에 없었다. 기초학력 미달자는 늘어나고 학교 교육에 적응하지 못하는 학생도 부지기수로 증가하기만 하였다. 1차 방정식을 배우지 않고는 2차 방적식을 알 수 없는 것처럼, 1학년 때 직업 교육이니 진로 체험학습이니 하는 이상한 학습활동만 하다가 2학년에 올라가서 2차 방정식을 배우려고 하면 모르는 것이 당연하다. 백 년을 기약해야 하는 교육이 학생들이 스트레스 받는다는 이유로 놀기만 하도록 했다.(세종시 교육청에서는 아이들이 스트레스 받는다고 하여 유치원 영어교육도 폐지하였다.) 이리하여 학원비는 급등하고, 예체능 대학에 진학하기 위해서는 학원 강사와 교수가 결탁하는 카르텔을 형성하기도 하였다.

이렇게 교육이 갈피를 잡지 못하고 있으니, 교사가 된 것을 후회하는 비율이 OECD 1위를 차지하였다. 전체 중학교 교사의 20.1%가 '후회한다'고 응답한 것(성균관대학교 교육학과 양정호 교수의 조사)은 시사하는 바가 크다. OECD의 다른 국가에서는 후회한다는 비율이 9.5%인 것을 고려한다면 엄청나게 높은 수치다. 서이초등학교 교사의 극단적인 선택 이후로 이 비율은 더욱 높아졌을 것이 자명하다.

갈 길을 잃은 교육 정책

지금까지 문재인 정부에서 추진한 교육 정책의 모순을 살펴보았다. 최근에 발생하고 있는 교사들의 극단적인 선택은 문재인 정권에서 교권을 나락으로 떨어뜨렸기 때문에 발생한 것임은 명약관화하다. 학생인권조례로 인해 학생들의 권위(?)만 높아지고 교권은 추락하여 학부모의 갑질에 시달리는 교사가 늘어났고, 잘못된 인성 교육으로 인해 마치 성혁명 교육이라도 하는 것처럼 소수성애자들을 위한 놀이마당으로 변하였다. 서구의 동성애 교육이나 자위 등에 관한 교수법은 아직 대한민국에서는 시기상조이다. 교육은 점진적으로 변해야 하는 것이지 혁신하는 것이 아니다. 자유가 빠진 민주 교육을 하면서 북한 추종세력들의 교재가 확산되었고, 북한의 연방제 통일을 주장하는 것 같은 어휘가 자주 등장하였다. 보수정권의 인사들은 친일파로 매도하고, 김일성은 항일투쟁인사로 둔갑시키기도 하였으며, 남북한을 비교하면서 마치 북한이 문화적으로 우위에 있는 것 같은 자료를 상재하기도 하였다. 민중혁명사관으로 학생들이 평화만을 이야기하면서 전쟁을 준비하는 것은 나쁜 것으로 인식하도록 하였다. 자사고나 국제고 등을 폐지하고, 혁신학교를 지나치게 양산하며 교육의 하향평준화를 유도하였다. 이로 인해 교육의 질은 뒷걸음칠 수밖에 없었다.

검찰을 죽여야 '우리 편'이 산다?

홍승기 인하대학교 법학전문대학원 교수

문재인의 달라진 말

대통령 임기 마지막 날 있었던 일

2022년 5월 9일, 문재인 전 대통령은 임기 마지막 날 '형사소송법 일부개정법률'과 '검찰청법 일부개정법률'을 공포하였다. 그는 오전 10시에 예정됐던 국무회의를 오후 2시로 미루면서 이렇게 말했다. "검찰개혁 관련 법안에 대한 책임 있게 심의해 의결하기 위해 국무회의 시간을 조정했다."

서울시장도 국무회의에 배석할 수 있다(국무회의 규정 제8조). 오세훈 서울시장은 8개월 만에 작심하고 국무회의에 참석했나 보다. "검수완박 법안은 '범죄피해자 방치법'이자 '범죄자 보호법', '사회적 약자 절망법', '유권무죄 무권유죄법', '내로남불 토사구팽법'이므로 대통령이 거부권을 행사해야 한다"는 발언이 기록으로 남았다. 박범계 법무부장관과 전해철 행정안전부장관은 "의회주의를 존중하는 차원에서 국무회의 의결이 타당하다"고 주장했고, 문재인은 '검경수사권 조정과 검찰개혁은 역사적, 시대적 소명에 부합하는 정책 방향'이라고 얼버무리며 임기 마지막 날을 보냈다. 그날 관보에 의해 '검찰청법 일부개정법률'(법률 제18861호), '형사소송법 일부개정법률'(법률 제18862호)이 공포되어, 부칙에 따라 4개월 후인 2022년 9월 10일부터 시행되었다.

'검경수사권 조정'에서 '검수완박'으로

2011년 간행된 『문재인, 김인회의 검찰을 생각한다』에서 문재인이 밝힌 참여정부 검경수사권 조정의 핵심과제는 다음과 같다. '사법경찰관을 수사의 주체로 인정할 것인가, 사법경찰관에게 독자적인 수사권을 인정할 것인가, 만일 독자적인 수사권을 인정한다면 어떤 범죄에 대해 어디까지 인정할 것인가, 특히 수사의 종결권이 검찰에만 있는 현재의 상태를 개선하여 일부 민생범죄에 대해 수사의 종결권까지 인정할 것인가 하는 점이었다.'[1] 즉, '일부 민생범죄'에 대해 경찰을 수사의 주체로 삼아 수사 종결권을 인정하자는 안이 그가 중심이었던 참여정부의 검경수사권 조정의 핵심과제였다.

경찰 인재 양성이라는 취지로 1981년 국립경찰대가 개교하였고, 그 졸업생들이 수사현장에 투입되었다. 일부 민생 치안 범죄에는 경찰에게 수사종결권을 줄 수 있지 않을까 하는 논의가 본격화했다. '수사종결'이란 '기소·불기소의 결정'을 말한다. 이를테면 향토예비군설치법 위반, 도로교통법 위반 등 가벼운 민생 사안까지 굳이 검찰이 수사종결권을 행사할 이유는 없다. 경찰의 자존심을 살리고 의욕을 북돋울 필요도 있었다. 그 전제는 검찰이 '수사지휘권'을 행사하여 경찰 수사의 오류를 바로 잡는다는 점이었다.

2004년 9월부터 2005년 5월까지 '검경수사권 조정협의체', '검경수사

---

1) 문재인·김인회, 『문재인, 김인회의 검찰을 생각한다』 278쪽, 오월의 봄, 2011.

권 조정자문위원회'가 구성되었다. 노무현 대통령 앞에서 검찰청장과 경찰청장이 조정을 약속하였기에 청와대가 주도하지 않고 검경의 논의에 맡겼다고 한다.[2] 그런데 참여정부 당시, 경찰의 주장이 과도하여 형사소송법 제195조(검사의 수사)와 제196조(사법경찰관리)의 개정에 대하여 합의가 불발되었다. 문재인 당시 비서실장은 "경찰이 욕심을 부렸는데, 허준영 경찰청장의 공명심이 작용했다"고 회고했다.[3]

전해철 전 민정수석의 판단도 마찬가지이다. '경찰은 형소법 제195조를 완전개정하여 경찰에 (포괄적인) 수사종결권을 달라는 불가능한 요구를 했으므로, 부분적인 수사권 조정안을 타협책으로 제시했다. 그러나 경찰 내부 강경파가 형소법 제195조를 전면 개정하지 않으면 수사권 조정에 의미가 없다고 고집을 부려 협의가 불가했다.' 그렇게 노무현 정부는 검경수사권 조정에 실패했고, 문재인과 전해철은 그 책임이 '경찰의 과욕'이라고 평가했다.

〈참여정부 당시 형사소송법(2004. 1. 20. 시행)〉

제195조(검사의 수사) 검사는 범죄의 혐의있다고 사료하는 때에는 범인, 범죄사실과 증거를 수사하여야 한다.

제196조(사법경찰관리) ① 수사관, 경무관, 총경, 경감, 경위는 사법경찰관으로서 검사의 지휘를 받아 수사를 하여야 한다.

② 경사, 순경은 사법경찰리로서 검사 또는 사법경찰관의 지휘를 받아 수사의 보조를 하여야 한다.

③ 전 2항에 규정한 자 이외에 법률로써 사법경찰관리를 정할 수 있다.

---

2) 문재인·김인회, 『문재인, 김인회의 검찰을 생각한다』 278~279쪽.
3) 문재인·김인회, 『문재인, 김인회의 검찰을 생각한다』 285쪽.

문재인 정부의 검수완박

2018년 6월 21일 '검경수사권 조정 합의'에 이어 2020년 2월 4일 형사소송법이 개정되었다('2020년 개정 형소법'). 종전 형소법에서는 경찰이 수사한 '모든 사건'을 수사종결권을 가진 검찰로 보내야 했다(제196조 제4항, 이른바 '전건송치주의'). 2020년 개정 형소법은 경찰에게 '불송치권'을 인정하면서, 불송치사건에 대해서는 관계서류와 증거물을 검찰로 보내도록 했다(제245조의 5, 제2호). 검사는 사건의 불송치가 위법·부당한 경우에는 그 이유를 문서로 명시하여 재수사를 요청할 수 있고, 사법경찰관은 재수사하여야 한다(제245조의 8). 경찰은 고소·고발사건을 불송치할 때는 고소인·고발인·피해자에게 그 취지를 통지해야 하고, 통지를 받은 쪽이 사법경찰관 소속 관서의 장에게 이의를 신청하면 사건은 검사에게 송치된다(제245조의 7).

2022년 5월 9일의 형사소송법 개정('2022년 개정 형소법')으로 고발인의 이의신청권이 봉쇄되었다(제245조의 7, 제1항). 입법을 강행한 더불어민주당은 고발의 남발을 막기 위해 고발인을 이의신청 대상에서 제외하였다고 주장한다. 고발사건의 상당수는 - 대장동 사건이 그러하듯 - 공익사건이다. 고발인의 이의신청권 봉쇄로 고발사건 연 3,600건이 증발할 것이라는 언론보도도 있었다(법률신문 2022.06.16.). 2022년 개정 형소법은 송치받은 사건에 관하여 검사는 해당사건과 '동일성'을 해치지 않는 범위 내에서만 수사할 수 있다는 규정(제196조 제2항)도 신설하였다. 어떤 합리적 근거도 확인할 수 없는 불합리한 검찰 수사권 제한이다.

제196조(검사의 수사) ① 검사는 범죄의 혐의가 있다고 사료하는 때에는 범

인, 범죄사실과 증거를 수사한다. 〈개정 2022. 5. 9.〉

② 검사는 제197조의3제6항, 제198조의2제2항 및 제245조의7제2항에 따라 사법경찰관으로부터 송치받은 사건에 관하여는 해당 사건과 동일성을 해치지 아니하는 범위 내에서 수사할 수 있다. 〈신설 2022. 5. 9.〉

[전문개정 2020. 2. 4.]

[제195조에서 이동, 종전 제196조는 제197조로 이동 〈2020. 2. 4.〉]

제197조(사법경찰관리) ① 경무관, 총경, 경정, 경감, 경위는 사법경찰관으로서 범죄의 혐의가 있다고 사료하는 때에는 범인, 범죄사실과 증거를 수사한다. 〈개정 2020. 2. 4.〉

[제196조에서 이동, 종전 제197조는 삭제 〈2020. 2. 4.〉]

제245조의7(고소인 등의 이의신청) ① 제245조의6의 통지를 받은 사람(고발인을 제외한다)은 해당 사법경찰관의 소속 관서의 장에게 이의를 신청할 수 있다. 〈개정 2022. 5. 9.〉

② 사법경찰관은 제1항의 신청이 있는 때에는 지체 없이 검사에게 사건을 송치하고 관계 서류와 증거물을 송부하여야 하며, 처리결과와 그 이유를 제1항의 신청인에게 통지하여야 한다.

[본조신설 2020. 2. 4.]

2020년 2월 4일 검찰청법 개정으로 검사의 수사개시권한이 '부패범죄, 경제범죄, 공직자범죄, 선거범죄, 방위사업범죄, 대형참사 등 대통령령으로 정하는 중요범죄'로 제한되었었다(제4조 제1호 가목). 그런데 2022년 5월 9일 개정 검찰청법에 의해 그 직무권한이 더욱 축소되어 '부패범죄, 경제범죄 등 대통령령으로 정하는 중요범죄'로 제한되었고(제4조 제1항), 검사가 수사개시한 범죄에 대하여는 공소를 제기할 수 없다는 규정을 신설하였다(제4조 제2항). 검찰총장에게 검사가 수사를 개시할 수 있는 조직의 현황을 분기별로 국회에 보고하도록 하였다(제24조 제4항).

그렇다면, 검찰권의 행사에 열린민주당은 왜 이리 민감할까? 무소속 양향자 의원의 설명이다. "(민주당 내 강경파인) '처럼회'는 막무가내다. 강경파 모 의원은 특히나 (검수완박 안하면) 죽는다고 했다. 다른 분한테서는 '검수완박을 처리하지 않으면 문재인 청와대 사람 20명이 감옥 갈 수 있다'는 말도 들었다."(조선일보 2022.04.21.)

검찰의 수사(지휘)권, 법무부장관의 검찰지휘

검찰의 탄생

근대 검찰은 1808년 나폴레옹 형사소송법에 의해 탄생하였다. 형사사법 기능을 나누어 수사 및 소추('소추'는 '기소'와 '공소유지'를 포괄한다)는 검찰이, 예심수사는 수사판사가, 재판은 판결법원에 맡겼으니, 검사가 사법경찰에 대한 수사지휘부터 형 집행까지 모든 단계에 관여하였다.[4] 프랑스의 검찰제도는 프랑스의 영향권이던 라인강 주변지역(Rheinland)을 거쳐 프로이센으로 확대되고 독일제국 형사소송법의 기본이 되었다. 대륙법계에서 검찰은, 법원과 사이에 권력 분립을 실현하면서 한편으로 수사절차에서 인권을 보호하고, 법치국가원리에 의해 경찰권을 통제한다. 이러한 의미에서 검사는 '법치국가원칙의 대변인'으로 불렸다.[5] 한편 검찰에 부정적인 입장에서는 급속한 근대화의 시기, 전체주의가 강조되는 시기에 검찰의 권한이 확대되었고, 독일 나치시대와 일본 군국주의의 검찰이 통치의 중추였다고 강조한다.[6]

영미법계에서는 '범죄'를 국가형벌권의 발동 대상이 아니라, 범죄자와

---

4) 김종민, 『검찰개혁의 길 형사사법의 미래』 53쪽, 2013.
5) 배종대·이상돈, 『형사소송법 제2판』 69쪽, 홍문사, 1997.
6) 문재인·김인회, 『문재인, 김인회의 검찰을 생각한다』 174쪽.

피해자 사이의 사적 분쟁으로 보았다. 검사는 범죄 피해자를 대리한 '경찰의 소추대리인'이자 형사소송의 '일방 당사자'이므로 경찰 수사를 지휘·통제하기에는 어울리지 않았다. 1985년 무렵 영국에서 검찰이라고 할 만한 '왕실기소청'(CPS, Crown Prosecution Service)이 설립되었으나 '최신의, 가장 무기력한 검찰'이라는 평을 받는다. 미국에서는 영국과는 달리 식민 초기부터 검찰제도가 확립되었고, 독립 무렵에는 미국식 지방검사(District Attorney)로 정착하였다. 유럽 본국에서 내몰린 이민자들이 건국한 독특한 전통에서 사회 전체가 '범죄 피해자'라는 의식이 있었기 때문이었다. 미국은 연방검찰과 주검찰로 이원화되어 대부분 지방검사를 주민들의 선거로 선출한다.[7]

검사의 수사(지휘)권 폐지

◎ 민주적 정당성 단절과 지휘체계의 혼란

이른바 '검수완박'이란 '검찰의 수사권의 완전 박탈'이고, 경찰이 검찰로부터 '수사지휘'를 받지 않고 수사에 대하여 전권을 행사하겠다는 뜻이다. 헌법상 행정권에 대한 민주적 정당성의 보장은 국회에 대한 장관의 책임과 그 장관의 지휘체계에 의한다.[8] 헌법과 정부조직법상 수사권 행사 관련 對국회 책임은 법무부장관에게 있다. 따라서 수사권을 행사하는 모든 국가기관은 법무부장관의 지휘계통에 있을 필요가 있다. 예를 들면, 참여정부의 형사소송법에서는 사법경찰관이 검사의 지휘계통에서 수사권을 행사했고(제196조 제1항, 제2항), 사법경찰관의 수사권 행사는 검사의 지휘를 통해 통제됨으로써 그 지휘계통이 법무부장관으로 연결되어 민주적 정당성이 확보되었다.[9] 의회민주주의와 장관책임제 국가인 프랑스나 독일

---

7) 김종민, 『검찰개혁의 길 형사사법의 미래』 53~54쪽.
8) 이완규, 『2020년 검찰개혁법 해석』 117쪽, 박영사, 2020.
9) 이완규, 『검경수사권 조정 관련 법안 긴급검토』 56쪽, 탐구사, 2019.

도 마찬가지로 '사법경찰관<검사<법무부장관'으로 연결된 지휘체계를 가지고 있다.

검사의 수사지휘권을 배제하려면 다른 방법으로 민주적 정당성의 고리를 확보해야 한다. 가령 영국이나 미국에서는 자치경찰제에 의하여 민주적 정당성이 인정될 수 있다. 자치경찰이 자치단체장의 지휘를 받고, 자치단체장이 국민에 대한 책임을 짐으로써 민주적 정당성이 확보되는 것이다. 미국의 연방수사국(FBI)은 검사의 지휘 밖에 있으나, 연방 법무부장관에게 바로 연결되므로 무리가 없다. 일본에서는 송치 전 수사 단계에서 경찰이 독자적인 수사를 하고 송치 후에는 검사의 수사지휘를 받는 구조이다. 일본도 도도부현(都道府縣) 단위의 자치경찰제가 시행되고 있으므로 민주적 정당성이 확보된다고 할 수 있다.[10]

경찰 내부 사법경찰관의 수사권에 대한 지휘를 행정안전부장관이 담당하고 그 책임을 부담한다면 - 수사영역에서 장관이 복수가 되어 지휘체계가 혼란해지는 점은 별론으로 하고 - 국회에 대한 책임이라는 민주적 정당성은 해결될 수 있다. 경찰법상의 지휘체계는 '경찰서장<지방경찰청장<경찰청장'으로 이어지는데, 정부조직법상 경찰청장의 상급자인 행정안전부장관은 수사업무를 관장하지 않고 있으므로 수사업무에 대해 국회에 책임을 질 수 없다(제34조). 결국은 사법경찰관의 수사에 대한 민주적 정당성에 흠이 생기는 것이다.[11] 정부조직법 제34조 제5항은 "치안에 대한 사

10) 이완규, 『검경수사권 조정 관련 법안 긴급검토』 41쪽, 탐구사, 2019.
11) 1991년 치안본부에서 경찰청으로 조직 변경이 있을 때 정부조직법상 내무부장관의 소관사무에서 '치안'이 삭제되었다. 1989.12.30. 시행 법률 제4183호 정부조직법 제31조는 "① 내무부장관은 지방행정·선거·국민투표·치안 및 해양경찰과 민방위에 관한 사무를 장리하고 지방자치단체의 사무를 감독한다"고 규정하였는데, 1990.12.27. 시행 법률 제4268호에서는 "① 내무부장관은 지방행정·선거·국민투표 및 민방위에 관한 사무를 장리하고 지방자치단체의 사무를 감독한다"로 개정되었다. 현재까지도 같은 기조가 유지되고 있다(정부조직법 제34조 참조).

무를 관장하기 위하여 행정안전부장관 소속으로 경찰청을 둔다"고 규정한다. 경찰에게 독자적인 수사권을 인정한다면 장관의 국회에 대한 책임이라는 민주적 정당성을 위해서는 행정안전부장관의 사무에 '수사'를 포함하는 방식으로 정부조직법을 개정할 필요가 있다.[12]

경찰의 본래 업무인 '치안'은 현장성과 효율성이 강조되고 지휘·복종관계가 중요하게 부각되는 영역이다. 국가공무원인 사법경찰관은 소속 상사의 직무상 명령에 복종하여야 한다(국가공무원법 제57조). 국가경찰공무원은 상관의 지휘·감독을 받아 직무를 수행하고, 그 직무수행에 관하여 서로 협력하여야 한다(국가경찰과 자치경찰의 조직 및 운영에 관한 법률 제6조 제1항). 검사장과 검사를 각 독립된 관청으로 규정하고, 법무부장관이 구체적 사건에 대해서는 검찰총장을 통해서만 권한을 행사하도록 하는 검찰과는 판이한 구조이다.[13]

검찰제도의 모국인 프랑스에서도 행정경찰(police administative)은 경찰 내부의 행정적 지휘와 통제에 따르고, 사법경찰(police judicaire)은 검사의 지휘와 통제를 따른다.[14] 사법경찰과 행정경찰을 구분한 이유도 사법경찰이 직무수행 과정에서 조직 내 상관인 행정경찰의 부당한 간섭을 받을 수도 있다는 걱정 때문이었다. 프랑스 형사소송법은, '사법경찰관은 수사과정에서 검사 및 수사판사 등 사법기관(autorité judicaire)의 명령에만 따르고, 수사가 종결되기 이전에 사법기관에게 수사상황(diverses opérations)을 보고하여야 한다'고 규정하여 검사 또는 수사판사의 지휘를 명확히 하였다.[15]

---

12) 이완규, 『2020년 검찰개혁법 해석』 117쪽.
13) 이완규, 『2020년 검찰개혁법 해석』 40쪽.
14) 김종구 외, 『검찰제도론』 104쪽, 법문사, 2012.
15) 김종구 외, 『검찰제도론』 204쪽.

◎ 영장신청권과의 관계

영장신청권은 '수사권'을 포섭

1953년 제정 형사소송법에서는 검사뿐만 아니라 사법경찰관에게도 영장신청권을 인정하였다. 1961년 형사소송법 개정으로 영장신청권자를 '검사'로 한정하였는데, 형사소송법의 개정내용이 1962년의 헌법 개정에 반영되어 현행 헌법에서도 유지되고 있다.

헌법재판소는 "제5차 개정헌법이 영장의 발부에 관하여 '검찰관의 신청'이라는 요건을 규정한 취지는 검찰의 다른 수사기관에 대한 수사지휘권을 확립시켜 종래 빈번히 야기되었던 검사 아닌 다른 수사기관의 영장신청에서 오는 인권유린의 폐해를 방지하고자 함에 있다"고 하였다(헌법재판소 1997. 3. 27 자 96헌바28 결정). 수사는 공소제기를 위한 절차이므로 공소제기권자는 수사권을 가져야 효율적이다. 수사 '지휘'나 수사의 '보완요구'도 수사권을 전제로 하고, 압수나 수색은 증거수집의 기본 절차로서 공소 제기 후의 증거재판주의와도 직접 관련된다. 헌법이 영장신청을 검사의 권한으로 규정한 이상(제12조 제3항, 제16조), 공소제기권자인 검사에게 수사(지휘)권을 부여하는 것이 헌법과 맞는다.[16] 한편, 헌법재판소 2021. 1. 28. 자 2020헌마264,681(병합) 결정에서는 "헌법에서 검사를 영장신청권자로 한정한 취지는 검사가 공익의 대표자로서 인권을 옹호하는 역할을 하도록 하는 데에 있고, 검사가 공소제기 및 유지행위를 수행하기 때문에 검사를 영장신청권자로 한정한 것으로 볼 수는 없다"고 하였다. 헌법상의 검사가 아닌 '공수처 검사'에게도 영장신청권을 인정하는 것이 영장주의 원칙에 반하지 않는다는 뜻이다.

16) 구욱서, "검사의 영장 '신청'과 '청구'의 차이", 법률신문, 2022.05.23.

영장신청권은 직권주의의 속성

우리 헌법이 영장 신청권자를 검사로 제한한 것은 헌법이 '직권주의'를 전제로 수사구조를 설계하였기 때문이다. 헌법상의 영장제도는, 첫째 검사가 다른 수사기관에게 수사를 위임할 경우 수사지휘권을 행사하여 다른 기관을 통제하고, 둘째, 이 경우에도 강제수사를 위한 영장신청 행위는 검사가 직접 수행하도록 한 것이다.

직권주의 사법경찰은 '사법관(검사와 예심판사)의 지휘를 받는 조건으로' 사법관에게 부여된 수사권을 위임받아 행사한다. 사법관의 수사지휘는 사법경찰이 광범위한 수사권을 갖는 근거이자, 직권주의의 핵심요소이다. 직권주의의 수사는 공판의 준비를 의미하고, 예심제도를 두지 않는 우리 법제에서는 검사가 수사의 주재자가 되는 것이다. 따라서 영장신청권이라는 직권주의 요소를 규정한 헌법 규정(제12조 3항, 6항, 제16조, 제89조 제16호)은 검사의 수사(지휘)권의 근거가 된다.[17]

◎ 외국의 수사(지휘)권

프랑스

프랑스 혁명 전 경찰국가의 폐해는 혁명 후 경찰을 사법의 통제에 종속되도록 했다. 1808년 형사소송법에 의하면 경찰은 벌금형을 규정한 가벼운 범죄를 인지하거나, '검사의 보조자 지위에서' 검사의 위임에 의해 검사의 수사권을 행사할 수 있었다. 제2차 세계대전 중 비시정부 나치경찰에 의한 가혹행위의 영향으로 검사의 사법경찰에 대한 통제를 강화하고 개인의 자유를 강조한 새로운 1957년 형사소송법이 제정되었다. 1965년 10월 29일 경찰의 일탈을 극단적으로 보여준 'Ben Barke 사건'이 발생했

---

17) 성연규, "검사의 수사권과 기소권의 헌법상 근거", 법률신문, 2022.06.06.

다. Ben Parke는 모로코 좌익단체 지도자였다. 파리 중심가에서 그가 사라지자 행방에 대하여 억측이 분분하였다. 모로코 정보원과 프랑스 경찰이 납치하여 시신을 분해 처리했고, 프랑스 경찰이 범행에 가담한 사실이 드러났다. 이 사건으로 인하여 검사의 지휘권 강화의 필요성이 다시 강조되었다. 1993년 형사소송법 개정에서도 검사의 사법경찰에 대한 통제는 획기적으로 엄격해졌다.[18]

독일

검사가 구체적 사건에서 어떤 범위에서 직접 수사를 하고, 어떤 범위에서 경찰을 통해 수사할 것인지는 검사의 재량이다. 검사는 사실관계 및 양형자료 수사를 위해 모든 종류의 수사 활동을 직접 할 수도 있고 경찰관을 통하여 처리할 수도 있다. 사법경찰관에게는 위임(Aufrtag)에 의하여, 행정경찰관에게는 요청(Ersuchen)에 의하는데, 상대방이 이에 응할 의무는 마찬가지이다. 경찰에게도 초동수사 개시권이 인정되지만 검사의 수사권을 전제로 한다. 검사가 수사를 개시하면 초동조치도 검사의 수사에 포함되므로, 검사는 전면적으로 그 수사를 지휘하고 감독하게 된다.[19]

일본

수사권은 기소권을 독점하는 검사에게 당연히 필요하므로 검사에게는 공소권 행사에 불가결한 범죄수사 권한이 인정된다. 일본 형사소송법의 해석상 사법경찰관에게 1차 수사책임이 있으나, 경찰에게는 체포권만 인정될 뿐 '구속권'은 인정되지 않는다.[20] 검사는 송치사건의 내용을 심사한

---

18) 김종구 외, 『검찰제도론』 102~103쪽.
19) 김종구 외, 『검찰제도론』 254쪽.
20) 이 점에서 우리 형사소송법이 해방 이후에도 경찰에게 10일간의 구속권을 계속 인정해 온 점은 해석이 곤란하다.

후 필요하다고 판단하거나, 경찰이 감당하기 어려운 법률지식과 수사기법이 요구되는 사건, 검사에게 접수된 고소·고발 사건, 검사를 상대로 한 진정 사건, 다른 범죄 수사 중 인지한 사건 등에 대해서는 직접 수사에 착수한다.

검사와 경찰의 관계는 형식상 협조관계이지만 검사의 지시·지휘권은 당연히 인정된다. 소추를 위해서는 수사가 부족한 부분을 바로 잡아야 하고, 송치 후에도 피의자에 대한 수사를 계속할 필요가 있다. 검사는 관할 구역 내 사법경찰관에게 '일반적 지시'와 '일반적 지휘'를 할 수 있다(형사소송법 제1항, 제2항). '일반적 지휘'는 검사가 구체적 사건을 직접 수사하는 경우에 허용되고, 구체적 사건을 전제로 하지 않는 경우에는 '일반적 지시'에 의한다. 사법경찰관이 정당한 이유 없이 검사의 '지시'와 '지휘'에 따르지 않는 경우 징계절차가 진행될 수 있다(제194조).

영국

'검수완박'에 동의하는 쪽에서는 영국 제도를 근거로 든다.('검찰개혁, 영국경찰개혁에 답 있네', 한겨레, 2020.07.25.). 영국의 검사는 경찰과 '독립적'이지만,[21] 1985년 '범죄소추법'(Prosecution of Offence Act)에서는 형사범죄 관련 전반에 대하여 검찰의 '조언(advice) 의무'를 규정하였다. 2003년에 제정된 구속 피의자 처리 기준(Statutory Charging Scheme)에 따라 소추 결정권이 검찰로 넘어갔다. 경미 사건에 대해서는 경찰이 소추권을 행사하지만, 중대 사건의 경우 경찰은 공소국장(DPP, Director of Public

---

21) Code for Crown Prosecutors

2.1 The independence of the prosecutor is central to the criminal justice system of a democratic society. Prosecutors are independent from persons or agencies that are not part of the prosecution decision-making process. CPS prosecutors are also independent from the police and other investigators. Prosecutors must be free to carry out their professional duties without political interference and must not be affected by improper or undue pressure or influence from any source.

Prosecutor)이 제정한 소추기준에 따라 검찰에 송치하고, 검찰이 기소 여부를 결정하여 결과를 경찰에 통보하면 경찰은 검찰 의견대로 사건을 처리한다. 이 기준은 강제적이므로 공소국장이 상당한 정도로 기소를 통제하게 되었다. 1997년 영국 내무부가 형사절차의 지연을 막기 위하여 '검사의 경찰서 상주제도'를 제안함에 따라 2003년 '형사사법법'에 의해 검사가 경찰행정지원실(ASU, Administrative Support Unit)의 일원으로 경찰서에 상주하게 되었다. 이후 검찰과 경찰 기능를 통합하여 왕립기소청(CPS, Crown Prosecution Service)에 형사사법지원실(CJU, Criminal Justice Unit)을 설치하였다.[22] 한편, 심각한 사기범죄에 대하여 수사 및 소추를 통합한 새로운 조직으로 1988년 중대사기청(SFO, Serious Fraud Office)이 출범하였다. 수사와 소추를 분리하고 있는 영국에서도 중대 사기범죄에 효율적으로 대처하기 위해서는 수사와 소추를 하나의 조직에서 담당할 필요가 있었던 것이다.[23]

법무부장관의 검찰지휘

◎ 검찰총장을 통한 정치적 중립성 보장 장치

〈 검찰청법 〉

제8조(법무부장관의 지휘·감독) 법무부장관은 검찰사무의 최고 감독자로서 일반적으로 검사를 지휘·감독하고, 구체적 사건에 대하여는 검찰총장만을 지휘·감독한다.

---

22) 김태명, '수사 및 소추절차에서의 경찰의 역할과 검찰과의 협력 – 영국과 미국의 사례를 중심으로 -', 「법학연구」 통권 제62집 (2020.05), 전북대학교 법학연구소, 224~230쪽.
23) '영국의 기소절차와 사법개혁 관련 쟁점', 「형사소송 이론과 실무」 제3권 제2호(2011. 12), 78~79쪽.

검찰청법 제8조의 취지는 검찰총장이 법무부장관과 대등한 지위에서, 지시의 위법성이나 부당성에 대해 판단하도록 함으로써 정치적 영향을 차단하고자 하는 것이다. 다른 행정각부의 '외청장'은 차관급이지만 검찰총장은 장관급이므로 가능한 규정이다. 독일에서는 프로이센에서 프랑스 검찰제도가 도입된 후, 입법적 근거 없이도 법무부장관이 검찰총장만을 통해 지휘권을 행사하는 방식이 정착되었다고 한다.[24]

'검찰총장만을 지휘'한다는 것은, 법무부장관의 지휘권 행사에 대해 그 합법성과 타당성을 검찰총장이 자기 책임으로 검토하여야 하고, 법무부장관의 지휘를 수용하였을 때 그 책임이 지휘권자인 장관에게 이전할 수 없다는 뜻이다. 따라서 법무부장관과 검찰총장의 의견이 대립할 때는 정치적 책임의 부담이 적지 않다. 2005년 7월경 동국대 강정구 교수가 인터넷 매체 '데일리 서프라이즈'에 〈맥아더를 알기나 하나요〉를 기고하였다. 강 교수는 한국전쟁을 후삼국전쟁에 빗대어 "북한의 지도자가 시도한 통일전쟁이었다"고 주장하였다. 김종빈 검찰총장이 구속수사 보고를 하자 2005년 10월 12일 천정배 장관이 불구속수사 지휘를 하였다. 2005년 10월 14일 김종빈 총장은 법무부장관의 지휘권 발동이 부당하다고 강한 유감을 표한 뒤 사직하였다.

◎ 문재인 정부의 수사지휘 행태

문재인 정부의 추미애 법무부장관은 2020년 7월 이동재 전 채널A 기자의 강요미수 의혹 수사를 두고 윤석열 당시 검찰총장이 전문수사자문단을 소집하려 하자 '절차 중단 및 검찰총장의 수사지휘권 배제'를 명하는 구체적 수사지휘를 했고, 그 해 10월 라임자산운용 펀드 환매중단 사태와 관련해서 다시 같은 방식의 구체적 수사지휘를 했다. 2021년 3월 박범계 법무

---

24) 이완규, 『2020년 검찰개혁법 해설』 27쪽

부장관은 대법관 전원이 합의한 한명숙 전 총리 유죄판결과 관련하여 구체적 수사지휘를 했다. 한명숙 장관 뇌물죄 수사팀에 대한 감찰이 있었고, 감찰 결과 수사팀에 범죄혐의가 없다는 결과가 나왔는데 그 '무혐의처분을 재고하라'는 수사지휘권을 발동했다.

근래 문제가 된 장관의 수사권 발동은 모두 집권당 의원이 법무부장관인 경우에 이루어졌다. 집권당 의원이 법무부장관이 되어 인사권자로서 수사지휘를 하는 경우 그 폐해가 특히 클 것이다. 박범계 전 장관은 자신이 법무부장관 신분 이전에 '집권당 국회의원'이리고 공개직으로 밀연하기도 하였다.

문재인 정부에 이르러 대통령이 직접 김학의 전 차관 사건에 대한 수사를 지시하고, 기무사 계엄령 문건 사건 수사를 지시하였다. 문재인은 김학의 전 차관 사건에 대하여는 '검경지도부가 조직의 명운을 걸라'는 지시와 함께 '공소시효에 관계없이 사실관계를 밝히라'는 준엄한 명령까지 하였다. 이규원 검사는 수사보고서를 날조했고 김학의 전 차관의 출국을 막고자 사건번호를 조작했다. 기무사 문건 사건과 관련해서는 204명을 조사하였으나, 수사 중 현역 중장이 자살하는 참극이 있었을 뿐, 특별한 혐의를 발견하지 못했다. 김학의 사건과 기무사 계엄령 문건 사건은 대통령이 직접 수사 지시를 할 경우 어떤 부작용이 발생하는지를 단적으로 보여주었다.

◎ **법무부장관의 지휘권 제한·폐지 논의**

프로이센의 검찰사에서 법무부장관의 검찰지휘권은, 현재 권력이 그 권력을 유지하는 도구로 검찰을 이용하고자 고안해 낸 수단이었다. 이런 맥락에서 독일에서는 검찰에 대한 법무부장관의 '일반적 지휘권'에 대해서도 검찰의 독립성과 중립성에 악영향을 미치는 대표적인 요소이고, 정치인인 법무부장관이 검찰을 지휘하면 검찰이 정치적 영향력에서 벗어날 수 없다는 주장이 계속된다. 실제로 이탈리아는 오래전인 1946년 5월 31일 법무부장관의 검찰지휘권을 완전히 폐지하였다.

법무부장관의 일반적 지휘권을 부정하면 민주적 정당성의 연결에 단절을 가져올 수 있다. 독일에서 법무부장관의 지휘권 존폐 여부가 검찰제도 도입 당시부터 논쟁이 되었으나 아직 존속하는 이유도 의회에 의한 민주주의적 통제라는 논거 때문이다.[25] 그러나 정치적 공무원인 장관에 의한 '개별사건' 지휘권 행사가 적절한지는 검찰의 중립성과 직결되므로 다른 문제이다.

「형사사법제도에서의 검찰의 역할에 관한 유럽평의회 권고」 제12조는 특정 사건에 대한 불기소 지휘를 원칙적으로 금지하면서 범죄혐의가 명백한 사안에 대한 기소지휘만 가능하다고 규정한다. 이 경우 수사검사로부터 반드시 서면 의견을 받고, 서면에 의하여 지휘하며, 그 '지휘서'를 기록에 편철하도록 하였다.[26] 최근 독일 Schleiswig-Holstein주에서는 법무부장관이 구체적 사건에 대한 지시를 할 때는 주 의회 의장에게 통보하도록 하였다.[27] 1970년경 이미 독일 법관협회는 법무부장관의 직무감독권을 인정하되 구체적 사건에 대한 지휘권을 폐지하자는 주장을 하였는데, 지휘권의 폐단을 인식하고 사실상 법무부장관이 지휘권을 행사하지 않는 관행이 확립되어 있다고 한다.[28] 일본에서도 수사지휘권은 사실상 사문화되

---

25) 김종구 외, 『검찰제도론』 49쪽.
26) 김종민, 『법치는 어떻게 붕괴하는가』 119~120쪽, 천년의 상상, 2022.
27) 이완규, 『2020년 검찰개혁법 해설』 25~26쪽.
28) 김종민, 『검찰개혁의 길 형사사법의 미래』 93~94쪽.

었다.

프랑스는 2013년 7월 법무부장관의 구체적 사건에 대한 수사지휘권을 전면폐지하였다. 폐지 이전에도, 범죄혐의가 명백함에도 기소하지 않는 경우 즉 사건을 '뭉개는' 경우에만 법무부장관이 고등검사장에게 '기소명령권'을 행사할 수 있도록 그 적용 범위를 명확히 규정하였었다.[29] 스웨덴과 핀란드도 구체적 사건에 대한 지휘를 금지하였다.

◎ 그렇다면

법무부장관의 구체적 지휘권은 의회에 의한 국민의 통제를 위하여 인정되는 최후의 수단이라고 할 수 있다. 따라서 검찰권 행사가 위법하거나 심히 부당하여 도저히 묵과할 수 없는 경우에만 극히 제한적으로 행사되어야 할 것이다. 정치적 영향력을 미친다는 외관과 오해를 일으키지 않도록 최대한 자제되어야 한다는 뜻이다.

법무부장관에게 수사지휘권을 인정하는 근거는 검찰의 정치적 중립성 및 독립성 확보와 검찰에 대한 민주적 통제 때문이다. 검찰은 행정부 소속이지만 準사법기관이므로 그 독립성이 인정된다. 그래서 검찰총장이 직접 국회에 출석하지 않고, 법무부장관이 검찰의 현안과 수사 관련 사항에 대하여 답변함으로써 정치적 외압으로부터 검찰의 독립성을 보장하는 것이다. 법무부장관은 정치적 외압에 맞서 검찰의 독립성을 보장하는 한편, 수사지휘권을 통해 검찰에 대한 민주적 통제를 하여야 하는데, 문재인 정부에서 벌어진 수사지휘는 정치적 목적에 시종하였다. 법무부장관이 적극적으로 전면에 나서서 수사지휘권의 폐해를 과시한 양태였다.

---

29) 김종민, 『검찰개혁의 길 형사사법의 미래』 118쪽.

검찰의 개혁 방향 논란

- 검찰 인사의 공정

검찰의 공정 즉, 검찰의 비정치화란 '인사의 공정'을 통하여 달성된다. 참여정부의 법무부장관 강금실도 검찰개혁의 핵심을 '공정한 인사'에서 찾았고, 프랑스 전 검찰총장 루이 나달은 "검찰의 독립 없으면 공정함이 없고, 공정함이 없으면 정의도 없다"고 했다.[30] 일본에서는 평검사 인사에 대해서는 전국 고검장 회의가 사실상 전권을 행사하고, 법무부는 부장검사 이상 간부인사만 관여한다고 한다.

검찰제도의 모국인 프랑스에서는 헌법기관인 최고사법평의회(Conseil Supérieur de la Magistrature)에 의해 검사 인사의 독립성과 공정성을 보장한다.[31] 평의회의 의견이 검사 인사에 권고적 효력에 그치지만, 법무부의 검사 인사계획안이 사전에 평의회에 제출되고, 평의회는 매년 사법관 인사 사항을 연례보고서로 공개하므로 법무부가 임의로 인사를 하기는 사실상 불가능하다.[32] 정치부패 수사의 전설이 된 1992년 이탈리아 검찰의 마니 폴리테 수사 또한 독립성이 보장된 인사 제도 덕분에 가능했다. 파시스트 정권 아래서 법원과 검찰이 정권에 휘둘렸던 역사에 대한 반성으로 1948년 개헌을 통해 독립기구인 최고사법평의회(Consiglio superiore della magistratura)를 신설해 판사와 검사의 인사와 징계를 모두 맡겼다. 검사를 판사와 동일한 지위로 했고, 사법관 부동성(不動性, principe de inamovibiletée) 원칙도 헌법에 명문화했다. '사법관 부동성 원칙'은 징계에 의하지 않는 한 검사 본인의 의사에 반해 승진, 전보되지 않는다는 신분보

---

30) 김종민, 『법치는 어떻게 붕괴되는가』, 186쪽.
31) 김종구 외, 『검찰제도론』, 43~48쪽.
32) 김종민, 『검찰개혁의 길 형사사법의 미래』, 82쪽

장 원칙이다.[33]

- 검사 인사에 있어서 검찰총장의 의견

〈 검찰청법 〉

제34조 ① 검사의 임명과 보직은 법무부장관의 제청으로 대통령이 하되 법무부장관은 검찰총장의 의견을 들어 검사의 보직을 결정한다.

2020년 검찰 고위 간부 인사에 앞서 법무부가 인사 대상 명단도 없이 검찰총장의 의견을 요청하였고, 검찰은 먼저 인사안을 내놓으라고 하여 충돌하였다. 추미애 법무부장관이 사실상 검찰총장을 건너뛰고 인사를 단행했기 때문이다. 검찰총장이 인사안을 받고 의견을 개진하는 방식이 굳어진 관습인데, 법무부가 유례없이 인사안을 검찰총장에게 보내지 않은 데는 검찰총장이 받아들일 수 없는 인사안을 준비하였기 때문일 것이다. 실제로 인사의 내용에 대해서는 법무부장관이 청와대 하명인사로 검찰총장의 수족을 잘랐다는 평가가 따랐다.

검찰청법에서 검찰총장의 의사를 인사에 반영하도록 한 취지는, '인사권자가 지나치게 수사권을 흔들 경우에 대비하여 수사 책임자인 검찰총장에게 개입 여지를 주어 검찰의 중립성을 확보하기 위한 조치라'고 할 수 있다. 강금실은 "그러한 필요가 있다고 하더라도 제도로서 조문화 될 사안이 아니고 조문화 되는 순간 검찰의 권한이 너무 강해진다"고 주장하였다.[34] 그러나, 문재인 정부의 검찰 흔들기에서 오히려 검찰총장의 의사를 인사에 반영하여야 한다는 제도의 필요성을 실감할 수 있었다.

---

33) 김종민, 『법치는 어떻게 붕괴하는가』 186쪽
34) 문재인·김인회, 『문재인, 김인회의 검찰을 생각한다』 163쪽.

- 검찰의 직접수사 축소와 공수처

검찰의 직접수사권한을 줄여가는 방향에 대하여는 검찰 내부에서도 동의하는 분위기이다. 검찰의 직접수사권을 제한한다면 검찰의 기능은 '수사지휘'와 '공소유지'로 모아진다. 수사지휘가 원활하다면 검찰의 추가수사나 보완수사의 필요성은 자연히 줄어들겠지만, 경찰이 지휘를 제대로 수용하지 않는 경우 추가수사와 보완수사는 필수적이다.

한편, 검찰 특수부의 축소에는 긍정적인 측면이 있다. 인지수사가 왕성하면 사건을 뭉개는 경우도 있을 테고, 수사과정의 비리는 적극적인 기소보다는 불기소 혹은 내사종결 사건에서 발생할 여지가 많기 때문이다. 「형사사법제도에서의 검찰의 역할에 관한 유럽평의회 권고」 제12조가 특정 사건에 대한 불기소 지휘를 원칙적으로 금지하면서 범죄혐의가 명백한 사안에 대한 기소지휘만 가능하다고 규정하는 취지도 같은 맥락이다. 그런데 특수부의 기능을 축소하면서 공수처를 신설한 방향은 엉뚱하다. 2014년 3월 18일 '특별검사의 임명 등에 관한 법률'과 '특별감찰관법'이 제정되었다. 종전 공수처의 필요성이 이들 법률로 해소되었고, 그렇지 않다 하더라도 검찰 특수부를 통해서 대응하면 족했다. 사정이 그러함에도 검찰개혁이라는 명분으로 새삼 공수처라는 무용한 기구를 신설하여, 현재 어떠한 결과가 이루어졌는지는 새삼 논의할 필요가 없다.

결론 - 1919년 필라델피아의 조선인들과 2022년 대한민국 국회

대한변호사협회는 2022년 4월 28일부터 5월 6일까지 '시민 필리버스터' 행사를 실시하였다. 문재인 정부가 국회에서 온갖 불법·탈법을 동원하며 '검수완박' 드라이브에 정신이 없을 때, '국민을 위한 검찰 개혁 입법 추진 변호사-시민 필리버스터'를 기획하여 변호사와 시민의 분노를 유튜브 방송으로 송출하였다. 필자도 첫날 연사로 참여하여 30분간 발언하였다.

"검수완박이 로스쿨 도입 만큼이나 졸속으로 이루어지고 있다. 현재 광림 아트센터에서 「음악극 1919 필라델피아」가 공연 중이다.[35] 1919년 4월 중순, 3·1 만세 운동 소식을 듣고 필라델피아에 모인 우리 선배들이, 공화정 수립을 위해 2박 3일간 머리를 맞대고 숙고하였다. 그 회의 - The First Korean Congress - 의 영문 속기록이 발굴되어 이를 바탕으로 만든 공연물이다. 서재필 박사(55세)[36]가 의장을 맡고, 이승만 박사(44세), 유일한(24세), 조병옥(25세), 노디 김(21세) 등 미국 전역에서 모인 조선인 150명은 사흘간 '임정에 보내는 선언문', '미국 시민에게 보내는 호소문', '한국인의 목표와 열망에 대한 결의문', '일본 지식인에게 보내는 서한문'을 작성하고, 폐회 후에는 필라델피아 경찰의 도움으로 - 미국 독립선언서가 낭독되고 헌법이 제정되어 공포된 - 리버티 홀(Liberty Hall)까지 행진하였다. 회의 도중 서재필은 끊임없이 '공정한 절차'와 '합의'를 강조하였다. 각 문건을 작성하기 위하여 3명씩의 위원을 선발하여, 위원들이 작성한 초고를 놓고 전체회의에서 토론하고 합의하여, 최종문건으로 선언하였다. 100년도 더 이전에 출신도, 주거도, 성장과정도 다른, 서로 잘 알지도 못하는 조선인들이 먼 거리를 마다 않고 필라델피아에 모여 2박 3일 논의한 그 회의록을 읽으면 그들이 '절차적 정의'와 '실체적 정의'를 추구하는

---

35) 1919년 4월 필라델피아에서의 'First Korean Congress'를 바탕으로 한 〈1919 필라델피아〉는 2022년 4월 14일부터 2022년 5월 1일까지 광림아트센터에서 공연되었다. 이후 2022년 7월에는 용산아트홀에서, 2023년 3월에는 창원에서 공연이 이루어졌다.

36) 실제로 서재필의 학위는 M.D.(Medical Degree, 의학사)이므로 번역의 오류가 굳어져 '박사'로 통칭되었다. 한국인 최초의 미국 의사이던 그는 1929년, 65세에 이르러 한국인 최초의 '전문의'가 되었다.

모습에 가슴이 벅차오른다. 그런데 2022년 선진국 대한민국에서 벌어지고 있는 '검수완박'은 도대체 어떤 모습인가?"

우리 검찰의 수사구조는 프랑스, 독일, 일본을 통하여 도입된 이래 70년 이상 우리 사회가 운영하며 우리 사회에 맞추어 온 제도이다. 독일의 통설은 검사에 대항하여 사법경찰권력이 독립화(Verselbständigung)하려는 시도는 그 자체로 경찰국가적 방향의 위험이 있다고 경고한다. 따라서 검사의 사법경찰관에 대한 수사지휘권(Sachleitungsbefugnis)의 확보가 법치국가적으로 필수불가결한 요구라고 파악한다.[37] 2008년 독일 법관 검사 연합의 「법원 검찰 경찰의 수사절차에서의 관계에 대한 보고서」에서 전원이 동의한 결론은 이러하다. "사실상 수사의 중점이 경찰에게로 이전되는 잘못된 방향은 검찰이 수사절차에 최대한 강력하게 참여하는 방식을 통해 교정되어야만 한다. 사법의 자원 부족에 의해 형사범죄에 대한 법치국가의 사법적 대책이 법원과 검찰이 아닌 경찰 등 행정관서로 옮겨 가도록 해서는 안 되고, 수사절차에서 검사가 사건을 장악하기 위해서 검사가 사법의 일부로 존재해야 하며, 조직적으로도 사법과 분리되지 않아야 한다." 독일뿐만 아니라 유럽 여러 국가가 검찰의 수사지휘 감독권 강화를 외치고 있다.[38]

검찰의 수사(지휘)권을 박탈하여, 입법권자 스스로 잘 알지도 못하는 세계 유일의 수사제도를 창작하겠다는 입법적 시도에서는 '우리 편을 살리겠다'는 불량한 의도 외에 아무런 합리적 근거를 찾을 수 없다. 2020년 형소법, 검찰청법 개정 이후 경찰 단계에서 사건의 적체가 이미 감당할 수

---

37) 김종구 외, 『검찰제도론』, 256쪽.
38) 김성룡, '헌법상 영장청구권 검사전속 규정의 현대적 의미와 검찰개혁을 위한 올바른 개헌방향', 「형사법 연구」 제29권 제4호(2017) 100쪽, 103쪽.

없는 수준에 이르렀다. 경찰관이 수사부서를 기피하고, 과도하게 변호사에게 의존하고, 변호사가 없으면 사건이 돌아가지도 않는다는 비명이 들린다. 한편, 수사권이 박탈된 검찰의 모습도 별로 아름답지 못하다. '검수완박'에 빙자하여 "검찰이 육아에 최적화된 직장이 되었다"는 자조(自嘲)가 없지 않다. 공동체를 버텨 온 건강한 사법제도가 자칫 붕괴의 위기에 몰려 있는 것이다.

2022년 9월 6일 국회 예산결산특위에서 벌어진 더불어민주당 이수진 의원과 한동훈 법무부장관 사이의 '제2n번방' 사건 해프닝은 '검수완박'의 현주소를 적확하게 보여준다. 이수진 의원은 법무부장관을 상대로 "검찰의 AI 기반 불법 촬영물 탐지 시스템이 제대로 작동되지 않았다"고 횡설수설 여러 번 따졌고, 법무부장관은 "검찰에는 수사권이 없다"고 시큰둥하게 답하였다. '검수완박'을 드세게 밀어붙인 이수진 의원이 '검수완박'의 초보적 내용에조차 무지하였던 것이다.

문재인 정권의 입법독재, 절대반지의 유혹

박인환 변호사, 바른사회시민회의 공동대표

문재인 정권의 입법독재와 화려한 말 잔치

'사람이 먼저다' : '사람 중심' 선언

문재인은 2012년 대선후보 시절 처음으로 '사람이 먼저다(부제 : 문재인의 힘)'라는 책을 냈다. 그 책 표지 제목은 당연히 골수 공산주의자 신영복의 글씨체다. 그는 책에서 그 어떤 것보다 사람이 먼저인 나라, 사람이 중심이고 사람이 주인인 나라를 만들겠다고 적었다. 그는 결국 2017년 5월 박근혜 전 대통령의 탄핵사태를 거치고 자칭 민중이 주인이 되는 '촛불시민혁명'을 통해서 대통령 자리에 올랐다.

그의 세계관은 북한 김일성의 혁명사상인 주체사상, '사람 중심' 세계관과 묘하게 닮아있다(북한 헌법 제3조). 사회의 모든 것이 근로 인민 대중을 위하여 복무한다는 북한식 '사람 중심' 사회제도를 동경한 것으로 보인다(북한 헌법 제8조). 그러나 문 정권 5년은 출산율, 자살률, 비정규직 비율, 산재사망률 등 중요 인간지표들 모두가 완전 거꾸로 나타났다. 그의 속셈은 '일반 국민인 사람' 중심이 아니라 '586 운동권 사람'이 중심인 나라가 아닌지 모르겠다.

'내(개인) 삶을 책임지는 국가' : '국가 주도' 사회주의 선언

　문 정권은 집권 초기 국정 목표로 '내 삶을 책임지는 국가'라는 다소 생소하면서도 달콤한 말을 내 걸었다. 자유주의, 개인주의가 발달한 사회에서 내가 아닌 누가 내 개인의 삶을 책임진다는 말인가. 국민 개인의 건전한 근로의식을 저하시키는 이 말은 '국가 주도'의 극단적 사회주의, 공산주의 이념과 다르지 않다.

　그들은 '국가 주도'의 사회가 완성되면 '더불어 잘 사는' 새로운 경제체제가 이룩된다고 큰소리쳤다. 영어식으로 좀 멋을 내면 'all for one, one for all'이다. 이는 결국 '조선민주주의인민공화국 사회주의헌법'의 한 구절을 표절한 것에 불과하다. 북한 헌법 제63조 '공민의 권리와 의무는 [하나는 전체를 위하여, 전체는 하나를 위하여]라는 집단주의원칙에 기초한다.'는 조항을 그대로 베낀 것이다. 아마 문재인은 북한식으로 '국가는 모든 근로자들에게 먹고 입고 쓰고 살 수 있는 온갖 조건을 마련해준다'거나, '세금이 없어진 우리나라에서 늘어나는 사회의 물질적 부는 전적으로 근로자들의 복리증진에 돌려진다'고 말하고 싶었을지도 모른다(북한 헌법 제25조).

'한 번도 경험하지 못한 나라' : 국가개조 선언

　문재인은 2017년 5월 제19대 대통령으로 취임하면서 '한 번도 경험하지 못한 나라'를 만들겠다고 큰소리쳤다. 자유민주주의 국가체제를 유지해 온 우리나라를 한 번도 경험하지 못한 나라로 바꾸겠다는 '국가개조(國家改造)' 선언이다. 그러면서 그는 '기회는 평등하고, 과정은 공정하고, 결과는 정의로울 것'이라고 약속했다. 우리 국민은 이 말을 듣고 얼마나 감격했던가. 그동안 기회에서 차별을 받고 과정에서 불합리함을 느끼며 결과는 정의롭지 못하다고 분노해 온 대중들에게 얼마나 달콤한 약속의 말인가. 드디어 한 번도 경험하지 못한 완전히 새로운 세상이 찾아올 것만 같았다.

그러나 머지않아 조국 일가족의 '내로남불' 사태가 발생했다. 뒤이어 서초동 법원 인근에서는 '조국 수호'를 내세운 촛불집회의 광란이 다시 일어났다. 발푸르기스의 밤 마녀들의 축제가 시작되면서 '한 번도 경험하지 못한 나라'의 민주주의가 어떻게 끝장나는지 눈앞에서 보게 된 것이다. 그런데 '기회는 평등하고, 과정은 공정하고, 결과는 정의로울 것'이라는 약속의 말도 알고 보니 중국몽(夢)에서 표절한 것에 불과했다(2015년 4월 중국 공산당 기관지 인민일보 참조).

국가개조 : 입법독재와 절대반지의 유혹

문재인은 집권 초기부터 그들이 원하는 '국가개조'의 프레임을 짜기 위한 핵심 인물로 청와대 민정수석 조국을 동원했다. 조국은 과거 사회주의 국가건설을 목표로 하는 사노맹(남한사회주의노동자동맹) 활동에 가담해서 실형을 선고받았던 전력이 있다. 그는 2018년 3월 청와대에서 문 대통령 집권 초에 발의할 개헌안의 주요 내용을 직접 발표하면서 '새로운 대한민국은 개헌으로 시작될 것'이라고 강조했다.

그는 법무장관 인사청문회에서도 자신은 '사회주의자인 동시에 자유주의자'라고 말하면서 사회주의 사상 전향에 대해서는 끝까지 답변하지 않았다. 공교롭게도 그의 석사학위 논문은 구 러시아 제국이 레닌의 공산혁명 이후 소비에트 사회주의 체제를 구축해 나가는 과정을 법 이론적으로 연구한 것이다. 그 제목은 '소비에트 사회주의 법, 형법 이론의 형성과 전개에 관한 연구(1989년)'였으며, 그 밖에 울산대 교수 시절 발표된 논문으로 '현단계 맑스주의 법이론의 반성과 전진을 위한 시론' 등이 있다. 다행히도 조국 민정수석을 앞세운 문 정권의 개헌 시도는 불발되었으나 그들은 포기하지 않고 개헌에 버금가는 국가개조를 입법 농단, 입법독재로 달성하고자 했다.

문 정권의 화려한 말 잔치 속에 숨겨진 의도는 결국 자유민주주의 체제 전복, 국가정체성 파괴였다. 그들의 목표는 어떻게 하든 자유민주주의를 끝장내는 것이다. '민주주의가 망할 때까지 민주주의를 외쳐라'는 구호를 실천하는 것이었다. 문재인은 집권 기간 내내 레닌의 공산혁명 전략 그대로 (자유)민주주의가 망할 때까지 (인민)민주주의를 외쳐왔다.

그러면서 그들은 대중들에게 헷갈리면서도 재미가 있는 수많은 쓰레기 정보, 가짜뉴스를 만들어 던져주었다. 이렇게 놀고 즐길 거리를 마구 던져주면서 '문빠'로 상징되는 정치적 팬덤(fandom)을 양산해 왔다. 그렇게 그들은 올더스 헉슬리(Aldous Huxley)의 '멋진 신세계'에서처럼 대중들 스스로 억압을 선택하도록 만들었다. 궁극적으로 그들은 입법부와 사법부의 장악을 통한 '법률에 의한 독재', '합법적 독재'를 노렸다. 법의 이름으로 모든 걸 감시하고, 통제하고, 억압하는 조지 오웰(George Orwell)의 '빅 브라더(big brother)'가 되고자 했다. 그러기 위해서는 무엇보다 입법권이라는 마법의 반지, 무소불위의 절대반지(The One Ring)가 필요했다.

그리하여 2020년 21대 4.15총선에서 집권 여당 더불어민주당은 비례 전문 위성정당과 합쳐서 183석이라는 절대다수 국회 의석을 차지했다. 드디어 문 정권은 대통령중심제의 행정권, 사법권과 함께 무소불위의 입법 권을 완벽하게 장악했다. 이제 그 누구도 통제할 수 없는, 마법의 힘을 상 징하는 절대반지를 손가락에 끼게 된 것이다.

역사왜곡과 국가정체성 파괴를 위한 입법

조지 오웰은 '과거를 지배하는 자가 미래를 지배한다. 현재를 지배하는 자는 과거를 지배한다'고 말했다. 과거의 역사를 특정한 방향으로 왜곡함 으로써 미래까지 결정하고자 하는 '빅 브라더'의 욕망을 드러낸 것이다.

문재인도 입법권이라는 절대반지를 차지하게 되자 바로 근현대사 역사 왜곡을 통한 자유민주주의 대한민국의 국가정체성 파괴에 나섰다. 입법 권 남용에 의한 '제주4.3사건 특별법', '광주5.18사건 특별법', '여수·순천 10.19 반란사건 특별법' 등의 제정과 개정이 이어졌다.

그들이 획책하는 국가정체성 파괴의 바탕에는 대한민국 건국의 부정이 있다. 처음부터 '대한민국은 태어나서는 안 될 나라'라는 인식을 벗어나지 못한 것이다. 해방정국으로부터 시작해서 북한 정권의 정통성을 인정하고 싶은 것이다. 대한민국은 일제 식민지배로부터 해방은 되었으나 '진정한 해방'이 아니고 미 제국주의 식민 상태가 지속되었다고 본다. 그러다 보니 대한민국 역사는 '정의가 패배하고 기회주의가 득세한 역사'라는 것이다. ("반칙과 특권이 용납되는 시대는 이제 끝나야 합니다. 정의가 패배하고 기회주의 가 득세하는 굴절된 풍토는 청산되어야 합니다." - 제16대 노무현 대통령 취임사)

'제주4.3사건 특별법'의 전면 개정 및 추가 개정

그런데 문재인은 한 발 더 나아갔다. 2020년 4월 3일, 문재인 대통령은 제주4.3사건 희생자 추념식에서 "제주는 해방을 넘어 진정한 독립을 꿈꿨고, 분단을 넘어 평화와 통일을 열망했습니다. 제주도민들은 오직 민족의 자존심을 지키고자 했으며 되찾은 나라를 온전히 일으키고자 했습니다. 그러나 누구보다 먼저 꿈을 꾸었다는 이유로 제주는 처참한 죽음과 마주했습니다"고 강변했다. 노무현 대통령 시절 처음 발간된 '제주4.3사건진상조사보고서(기획단장 박원순 변호사)'에서 민간인 집단살상 책임을 당시 군 통수권자인 이승만 대통령과 한국군 작전통제권을 쥐고 있던 미군에게 전가하였던 반(反)대한민국, 반(反)국군, 반미(反美) 의식을 저변에 깔고 있다.

문 정권은 2018년 한시법으로 종료됐던 제주4.3사건 희생자와 유족 추가신고 사업을 재개했다. 그리하여 2022년 12월 말까지 제주4.3사건 관련 희생자 14,738명, 유족 94,143명 등 합계 108,881명을 결정했다.(다시 2023년 1월부터 6개월간 4.3희생자 및 유족에 대한 추가신고를 받은 결과 총 19,493명이 추가로 접수했다.)

2021년 및 2022년 문재인 정권은 '제주4.3사건 특별법(제주4.3사건 진상규명 및 희생자 명예회복에 관한 특별법)'의 전면 개정 및 추가 개정을 통하여 정부가 제시한 제주4.3사건 희생자 보상기준의 제도화 방안을 마련했다. 이에 따라 2022년부터 지급되는 정부의 4.3사건 희생자 배상금 및 보상금 기준에서 희생자 1인당 지급액은 수형 중 사망의 경우를 포함해서 9,000만원으로 최종 결정되었다. 그 밖에 후유장애나 수형인 등에 대해서는 장해정도나 구금일수 등을 고려해서 9,000만 원 범위 내에서 지급되었다. 당시 정부는 위자료 배상 및 보상 규모와 관련해서 1조 3,000억 원 정도의 막대한 예산을 추계한 바 있다.

나아가서 절대다수 의석을 가진 더불어민주당은 제주4.3사건 관련 '역사왜곡처벌법'도 추진했다. 즉 제주4.3사건의 진상조사 결과를 부인 또는 왜곡하거나 제주4.3사건에 관한 허위의 사실을 유포하여 희생자, 유족 또는 유족회 등 제주4.3사건 관련 단체의 명예를 훼손하는 경우 5년 이하의 징역 등으로 처벌하겠다는 것이다.(이는 그 전에 먼저 제정된 '광주 5.18민주화운동 관련 허위사실유포금지 특별법' 규정을 그대로 흉내낸 것이다.)

광주 '5.18 민주화운동' 관련 특별법의 개정 및 제정

지금 시행되고 있는 광주 '5.18민주화운동' 관련 특별법은 이름도 묵직하지만 비슷비슷해서 그 내용이 헷갈리는 것만 해도 4가지에 이른다. '5.18 보상법(5.18민주화운동 관련자 보상 등에 관한 법률)', '5.18 유공자법(5.18민주유공자 예우 및 단체설립에 관한 법률)', '5.18 민주화운동법(5.18민주화운동 등에 관한 특별법)', '5.18 진상규명법(5.18민주화운동 진상규명을 위한 특별법)' 등이다.

문 정권은 2021년 '5.18 보상법'을 개정하면서 실질적 보상의 대상이 되는 '5.18민주화운동 관련자'의 범위를 확대했다. 5.18민주화운동과 관련하여 사망자, 행방불명자나 상이자뿐만 아니라 성폭력 피해자, 수배·연행 또는 구금된 자, 공소기각·유죄판결·면소판결·해직자 또는 학사징계자도 포함시킨 것이다. 그러다 보니 5.18민주화운동 관련 유공자들이 40년 이상 지난 지금도 고무줄처럼 늘어나고 있다는 지적을 피할 수 없다.(2018년 말 기준 국가보훈처가 밝힌 '5.18민주유공자' 수는 사망자와 행방불명자 181명, 부상자 2,762명, 기타 희생자 1,472명 등 합계 4,415명이다.)

더구나 '5.18 민주화운동법'을 개정하여 '5.18민주화운동'에 대한 허위사실유포 금지규정을 신설함으로써 '5.18역사'의 성역 만들기를 시도했다. 누구나 신문, 잡지, 방송, 그 밖에 출판물 또는 정보통신망의 이용하거나 그 밖에 토론회, 간담회, 기자회견, 집회, 가두연설 발언 등으로 5.18민주화운동에 대한 허위의 사실을 유포한 경우에는 5년 이하의 징역 등으로 처벌한다는 것이다(5.18 민주화운동법 제8조).

그러나 형법과 '정보통신망 이용촉진 및 정보보호 등에 관한 법률' 등 일반법에는 허위사실유포나 역사왜곡에 대한 처벌 규정을 따로 두지 않는다. 허위사실유포로 특정인의 명예를 훼손하거나 모욕하는 경우를 한정하여 명예훼손죄나 모욕죄로 다루는 것이다. 이러한 형태의 '역사왜곡금지법'은 특정한 세력이 역사적 사건의 의미와 성격을 일방적으로 규정하는 방식으로 역사를 장악하고 성역화하려는 전체주의 사고의 산물이다. 역사는 과거와 현재의 끊임없는 대화일 뿐만 아니라 특히 5.18민주화운동의 진상이나 성격규명은 현재도 진행 중인 역사적 과제임을 망각한 것이다.

이에 그치지 않고 문 정권은 2018년 3월 5.18민주화운동 30년 이상이 지난 시점에 다시금 '5.18민주화운동 진상규명을 위한 특별법'을 제정했다. 당시 새롭게 제기된 광주 전일빌딩 헬기 사격, 암매장 등 의혹에 따라 진상규명이 더 필요하다는 것이다. 당연히 군의 시민들에 대한 최초 발포와 집단 발포 책임자 및 경위, 헬기 사격 경위와 사격명령자 및 시민 피해자 현황도 재조사 대상에 포함되었다. 광주 5.18민주화운동 당시 국가권력에 의한 반인권적 민간인 학살, 헌정질서 파괴행위 등을 재조사하여 왜

곡되거나 은폐된 진실을 파헤친다는 명분으로 새로운 특별법이 하나 더 추가된 것이다.

그런데 아이러니하게 앞으로 누구라도 '전두환의 발포명령'으로 무고한 광주시민을 학살했다고 주장하면 '역사왜곡금지법'에 따른 허위사실 유포 죄로 처벌될 전망이다. 2023년 12월 '5.18진상규명조사위원회(위원장 송선태)'가 막대한 예산을 들여 4년간의 추가 진상규명조사 활동을 마쳤으나 당시 전두환 합동수사본부장의 발포 명령을 규명하지 못했다. 그들이 희망하던 최초 발포나 집단 발포 책임자로서 '전두환의 발포명령'은 역사적으로 존재하지 않은 사실이 된 것이다.

'여순사건특별법'의 제정

여순사건(여수·순천 반란사건)은 1948년 10월 대한민국의 건국 직후 정국의 혼란을 틈타서 남로당 세력의 군인들이 북한에 동조해서 일으킨 대규모 폭동과 군사반란 사건이다. 당시 전남 여수 주둔 국방경비대 제14연대 내부에 침투한 남로당 세력 일부 군인들이 제주4.3사건 진압 및 파병 명령을 거부하고 반란을 일으켜 국군과 경찰, 민간인 다수를 살해하면서 시작되었다.

그들은 대한민국 정부 수립 반대, 미군 철수를 주장하며 순식간에 여수, 순천, 구례, 광양 등 전남 동부 지역을 광범위하게 점령했다. 이 사건을 계기로 정부는 '국가보안법'을 제정하고 강력한 반공 국가를 구축하게 되었으나, 거꾸로 국가보안법 폐지는 향후 종북좌파 진영의 중요 투쟁 목표가 되었다.

'여순사건특별법(여수·순천 10.19사건 진상규명 및 희생자 명예회복에 관한 특별법)'은 여순사건의 시기적 범위를 제14연대가 제주4.3사건 진압명령을 거부하고 봉기한 1948년 10월 19일부터 지리산 입산금지 조처를 해제한 1955년 4월 1일까지 길게 잡고 있다. 또한 장소적 범위도 여수·순천을 비롯해 전남·북, 경남 일부 지역으로 명시하는 등 광범위하게 인정된다. 역사적 성격은 당시의 혼란과 무력 충돌, 이의 진압과정에서 민간인 다수가 희생당한 사건으로 명시하는 등 처음부터 국가폭력의 관점에서 규정하고 있다.

'여순사건특별법'은 제16대 국회에서 처음 발의된 후 난항을 거듭하다가 20년 만에 문 정권에서 비로소 국회를 통과하고 2022년부터 시행되고 있다. 기회를 엿보던 좌파 진영이 일사천리로 그들의 묵혀둔 숙원을 단칼에 해결한 것이다. 근 30년에 걸쳐 집요하게 시도된 공수처의 설치도 그랬고 그런 예는 넘친다. 국회 회기가 끝나면 포기하리라고 생각한 것은 자유우파의 순진한 착각이고 오산이었다. 그들은 우리 전래의 호랑이 동화 '어흥, 떡 하나 주면 안 잡아먹지'와 같은 살라미 전술은 알아도 포기할 줄은 모른다. '여순사건'도 '제주4.3사건'과 마찬가지로 '정부 차원'의 이른바 광범위한 진상규명과 명예회복이 이루어지게 되었다. 이제 남은 것은 해방 직후 대한민국의 건국 이전인 1946년 미군정 하에서 최초로 일어났던 '대구10.1 폭동사건(10월 인민항쟁)' 정도가 될 것이다.

'동학농민혁명 명예회복법'의 개정

'동학농민혁명 명예회복법(동학농민혁명 참여자 등의 명예회복에 관한 특별법)'은 2004년 처음 노무현 정권 당시 제정되었다. 이 특별법은 '1894년 봉건체제 개혁과 일본 제국주의 침략으로부터 국권을 수호하기 위한 농민

중심의 민중혁명 참여자의 애국애족정신 계승으로 민족정기를 선양하고 동학농민혁명 참여자와 그 유족의 명예회복'이 목적이었다. 처음부터 좌파 정권은 동학농민혁명의 성격에 대하여 특별법 제정으로 '농민 중심의 민중혁명'으로 규정한 것이다. 이에 따라 동학농민혁명은 봉건 지배와 제국주의에 대항한 계급혁명이고 사상 최초의 '프롤레탈리아 농민혁명'으로 자리매김하게 되었다. 동학농민혁명은 이렇게 '좌파 혁명운동의 시조'로 등극함에 따라 좌파 진영 내부에서도 그 위상이 한껏 높아진 것이다.

그런데 처음 위 특별법에 따른 동학농민혁명 참여자의 유족 등록 신청 기한은 2007년 7월 종료되었다. 그러나 학계에서 조사된 동학농민혁명 참여자 규모와 비교하여 그 당시 유족 등록 신청이 상대적으로 적게 나타났다. 이를 근거로 해서 문재인 정권은 2017년 12월 위 특별법을 다시 개정했다. 막대한 추가예산이 들더라도 동학농민혁명 참여자와 유족 등록 신청 관련 업무가 무한정 계속될 필요가 있다고 본 것이다. 이미 설립된 '동학농민혁명 기념재단'이 기념공원 조성사업을 원활하게 하도록 국유 또는 공유재산을 재단에 무상으로 넘길 수 있는 근거 규정도 두었다. 이쯤이면 '태어나서는 안 될 나라'의 예산은 과거를 지배하는 자의 손아귀에 들어있다는 것을 선언한 것과 마찬가지다.

'민주유공자 예우법'의 입법 추진

이들 좌파 진영의 파렴치한 행태는 1989년 5월 발생한 부산 동의대 사건에서도 잘 나타난다. 부산 동의대 사건은 당시 학교에 감금된 전투경찰을 구출하는 과정에서 시위 학생들이 화염병을 투척해서 경찰관 및 전투경찰 7명이 순직하고 10명이 부상을 입게 된 사건이다. 그런데 2002년 김대중 정권 당시 '민주화운동 관련자 명예회복 및 보상 등에 관한 법률(민주화보상법)'에 따라 동의대 사건으로 유죄판결을 받은 주동 학생 46명을 '민주화운동 관련자'로 결정하고 보상금을 먼저 지급했다. 그 후 여론을 살피다가 10년이 더 지난 2012년 비로소 당시 순직하거나 부상당한 경찰관 등에 대한 명예회복과 적절한 보상을 위한 법률이 뒤늦게 제정되었다.

문 정권은 2020년 이후 '민주화보상법'의 제정, 시행에 그치지 않고 새로운 '민주유공자 예우법(민주유공자 예우에 관한 법률)'의 제정을 거듭 시도했다. 관련 법률의 제정으로 민주화운동 관련 유공자의 자녀, 유족들에게까지 특별 혜택을 주고자 했지만 결국 무산되었다.

그런데 윤석열 정부에 들어와서도 거대 야당 더불어민주당은 법률 제정을 포기하지 않고 있다. '운동권 특권 계급화', '운동권 셀프 특혜법', '현대판 음서제' 등 수많은 비판에도 불구하고 '민주유공자 예우법'을 집요하게 추진하고 있다. 기존의 '민주화보상법'에 포함되지 않는 70, 80년대 자칭 민주화운동을 했던 사람들과 그 가족들에게도 '국가유공자' 수준의 혜택을 준다는 것이다.

그렇게 되면 유신반대 투쟁, 6월 민주화운동 등 더욱 폭넓게 민주화운동에 참여한 사람들도 국가폭력 피해자라는 명분으로 민주유공자로 등극하게 된다. 머잖아 태어나서는 안 될 나라가 각종 '유공자의 천국'이 되고, 내 삶을 책임지는 나라도 눈앞에 현실이 될 것이다.

'베트남전쟁 피해조사 특별법'의 입법 추진

문 정권의 이념을 추종하는 더불어민주당의 '내 삶을 책임지는 나라'는 그 오지랖을 넓히기 시작하면 끝이 없다. 드디어 그들은 2023년 2월 '베트남인의 삶'을 책임지는 '베트남전쟁 피해조사 특별법(베트남전쟁 시기 대한민국 군대에 의한 민간인 피해사건 조사에 관한 특별법)'의 제정에 나섰다. 이 법은 60, 70년대 베트남전쟁 당시 '대한민국 군대에 의해 발생한 베트남 민간인 학살 등에 대한 진상을 규명함으로써 피해자의 명예를 회복하고, 양국 사이 인권과 평화를 바탕으로 한 미래지향적 유대 수립을 목적으로 한다.'는 거창한 명분으로 제안되었다.

그 법안은 대표발의자로 더불어민주당 소속 강민정 의원이 나섰고, 공동발의자로는 예외 없이 이재명, 최강욱, 김용민, 김의겸, 민형배, 이수진, 윤미향, 김홍걸 의원 등이 이름을 올렸다. 그들은 베트남전쟁의 진실에 기반해서 우리나라가 어두운 역사를 사과할 때 베트남과 진정한 화해, 협력이 가능하다고 주장한다. 이렇게 해서 역사를 왜곡하는 군국주의 일본이나 미국과 차별화하면서 그들의 고질적인 반일 및 반미 정서를 유감없이 드러내고 있다.

그 무렵 서울중앙지방법원은 1968년 당시 베트남전쟁에 참전하여 작전 중이던 한국군 청룡부대의 베트남 민간인 학살에 따른 국가의 손해배상책임을 인정하는 판결을 내렸다. 2020년 4월 베트남 국민인 피해자 1명이 민변의 '베트남전쟁 민간인 학살 진상규명을 위한 TF'를 통하여 대한민국 정부를 상대로 손해배상청구소송을 처음 제기했다. 위 소송에서 서울중앙지법 재판부(박진수 부장판사)는 우리 정부가 3,000만 원의 손해배상금을 베트남 국민인 피해자에게 지급하라고 판결한 것이다.

위 판결은 베트남전쟁에서 참전 국가의 불법행위를 인정한 세계 최초이고 유일한 판결에 해당한다. 오랜 인류의 역사를 돌이켜 보면 전쟁이야말로 국가가 수행하는 가장 최악의 극단적이고 비극적인 폭력이다. 최근 러시아와 우크라이나 전쟁, 이스라엘과 팔레스타인의 하마스 전쟁 등에서 보는 것처럼 어떤 전쟁이든 정규군보다는 민간인, 여성, 노인과 어린이 등 약자의 피해가 훨씬 크게 나타난다. 그래서 전쟁의 역사를 기록하는 것은 피해자인 패자가 아니라 승자의 몫이라고 하지 않았던가.

위 판결에 고무된 좌파 진영에서는 새삼 다른 선진국에서도 전례가 없는 '베트남전쟁 피해조사 특별법'을 추진하고 있다. 이는 결국 우리 국군과 미군, 나아가서 대한민국과 미국을 전범 학살자로 규정하여 반국가운동, 반미운동을 전개하려는 불순한 의도로 보인다.(최근 2024년 2월에도 윤미향 의원은 위안부 할머니들 공금을 횡령한 일로 재판을 받는 바쁜 와중에 베트남전쟁 파병 60주년을 맞이하여 진상규명과 피해회복이 더 이상 지연되지 않도록 특별법의 제정을 촉구하는 기자회견을 개최했다.)

자유민주적 기본질서를 훼손하는 입법

미성년 학생, 청소년의 정치참여 확대

문 정권은 2020년 제21대 4.15 총선을 앞두고 청소년의 선거권 확대를 빌미로 공직선거법을 개정했다. 핵심은 선거권 하한 연령을 성년 나이인 19세에서 미성년자 연령인 18세로 낮춘 것이다. 선거 결과 집권 여당인 더불어민주당은 지역구 의석 253석 중 과반보다 훨씬 넘게 163석을 석권했다. 당시 사전투표율이 26.7%로 이례적으로 높았을 뿐만 아니라 청소년 유권자 약 55만 명이 증가한 것도 어느 정도 영향을 준 것으로 보인다.

총선에서 압승한 문 정권은 내친김에 피선거권 연령도 하향시켰다. 국회의원, 지방의회 의원, 지방자치단체장의 피선거권을 25세 이상에서 18세 이상으로 낮추었다. 또 정당법을 개정해서 정당의 발기인이나 당원이 될 수 있는 연령을 18세 이상에서 고1 학생 정도인 16세 이상으로 낮추었다. 그들은 청소년의 참정권 확대로 민주주의 발전에 미칠 긍정적 효과를 기대한다고 주장했다. 지난 대선 과정에서 TV토론에 나선 문재인 후보는 선거권 연령과 관련해서 북한은 17세에 선거권을 준다고 했다. 그러나 본인도 북한의 선거는 제대로 '선거다운 선거'가 아님을 모르지는 않겠지만 그냥 한번 내질러 본 것이다.

이제 미성년자인 고등학생이 선거권과 피선거권, 국민투표권을 가지게 되었다. 이와 함께 고등학교 내에서 특정 정치인을 위한 선거운동, 정당설립과 가입 등 본격적인 정치 활동이 허용된다. 그러나 과연 우리 중등교육을 담당하는 고등학교 제도 내에서 이를 감당해 낼 수 있을 것인지 의문이다. 현행 민법상 18세 이하의 행위능력을 제한하는 미성년자 제도는 청소년에 대한 규제가 아니라 청소년을 보호하기 위한 제도이다. 소위 '18금'이 상징하는, '청소년보호법'에 따른 보호 대상인 18세 청소년에 대한 술이나 담배 등의 판매금지, 유해업소 출입제한 등도 규제가 아닌 청소년 보호 제도에 속한다. 마찬가지로 선거연령 제한은 거짓과 유언비어, 흑색선전과 선동이 난무하는 후진적 정치판으로부터 청소년을 보호하기 위하여 마련된 제도이다.

민법과 공직선거법이 정한 성인 연령과 선거권 연령 19세 이상은 모두 교육기본법상 초·중등교육 과정을 12년(6년, 3년, 3년)으로 하는 우리 교육 편제에 기반을 두고 있다. 무엇보다 선거권, 헌법개정안이나 국가 중요 정책에 대한 국민투표권과 같은 참정권의 행사능력은 국가의 안위와 운명을 좌우할 수 있는 정치적 행위능력이다. 이러한 정치적 행위능력이 민법상 법률행위에 필요한 행위능력보다 낮을 수 없다. 나아가서 투표권이 없고 선거운동도 할 수 없는 16세 청소년들이 정당의 발기인이나 당원이 되어 정치 활동을 할 수 있다는 것은 법의 정합성(整合性) 요구에도 맞지 않는다.

최근 2024년 총선을 앞두고 주로 진보 진영에서 고등학생들을 상대로 정당 가입을 독려하는 캠페인을 벌이고 있다. 이에 따라 특정 정치세력에 의한 중등교육 담당 학교의 정치화, 학생의 정치 도구화가 논란이 되고 있다. 대학입시를 목전에 둔 학생들의 정치 참여가 학교 내 편 가르기, 교사의 정치적 중립 의무 등과 맞물려 심각한 혼란을 초래할 우려도 있다.

공교롭게도 2024년 1월 국민의힘 소속 배현진 의원에 대한 흉기 습격 테러범도 15세 청소년으로 더불어민주당을 지지하는 행태를 보였다고 한다. 과거 제2차 세계대전 당시 나치 독일의 청소년 단체 '히틀러유겐트(Hitlerjugend)'가 연상된다. 중국 문화혁명 초기 마오쩌둥의 정치이념을 관철하기 위하여 조직된 청년 학생 전위대 '홍위병'도 마찬가지다. 그들은 기존체제를 전복하고 반대파를 폭력으로 제거하는 등 극단적인 행동을 위한 전위대 노릇을 했다.

의원들도 헷갈리는 준연동형 비례대표제 도입

더불어민주당은 제21대 4.15총선을 앞두고 정당득표율과 의석점유율 사이의 불일치에 의한 사표방지를 주장하면서 종래의 정당명부식 병립형 비례대표제를 폐지하고 준연동형 비례대표제를 도입했다.(공직선거법 제189조 및 부칙 제4조 참조) 우리 헌정 사상 초유의 이 제도는 표면상으로는 다수정당제에서 소수정당을 보호한다는 명분을 내세운 것이다. 그러나 실상은 심상정의 정의당 등 자칭 진보 진영이 갈수록 강고해지는 양당제의 틈바구니에서 살아남기 위해서 더불어민주당에 야합한 것에 불과하다. 그 야합의 대가로 더불어민주당은 오매불망 목매고 있던 '공수처법'을 패스트트랙 날치기 수법으로 국회 본회의를 통과시키는 성과를 얻었다.

준연동형 비례대표제는 비례대표 의석을 해당 정당의 비례대표 선거 득표비율과 연동해서 의석할당 정당에 배분하기 위한 연동배분 의석수, 잔여배분 의석수 및 조정의석수 등의 계산방법을 미리 정해 두는 것이다. 이 제도는 우리 정치풍토 상 처음부터 '위성 정당'이나 '비례대표 전문당'의 급조 논란에서 벗어나기 어려웠다. 선거 결과 더불어민주당은 더불어시민당 17석, 열린민주당 3석 등 위성 정당을 통하여 비례대표 의석수 20석을 차지했고, 미래통합당은 위성 정당인 미래한국당을 통하여 의석수 19석을 차지했다.

당시 유권자인 국민이 이해하기 어려운 이 제도에 대해서 기자들이 심상정 정의당 대표에게 물어본 일이 있었다. 그러자 심상정 의원은 준연동형 비례대표제로 정당별 의석을 나누는 계산법에 대하여 '국민은 몰라도 된다'는 식으로 궁색하게 답변했다. 그렇게 '말도 안 되는 답변'을 한 것으로 보이는 그녀도 사실은 준연동형 비례대표제의 의석 배분 계산식이 너무 복잡해서 제대로 몰랐던 것이 아닐까 한다. 이 제도는 비례대표 전문 '위성 정당', 중소형 정당의 난립 및 이로 인한 야권분열 조장 등 우려와 함께 위헌논란도 있어 우리 선거제도의 골칫거리로 남아있다.

'간첩 천국' 조장하는 국가정보원의 대공 수사권 박탈

오랜 기간 종북좌파 진영은 국가정보원 개혁을 명분으로 국가보안법과 국가정보원 폐지를 숙원으로 삼아왔다. 특히 2012년 국정원 대선개입 댓글 사건과 2013년 서울시 공무원 간첩 사건을 계기로 종북좌파 진영은 그들의 숙원사업인 국가보안법과 국정원 폐지에 적극 나섰다. 당시 그들이 내세운 것은 대공수사 과정에서 인권침해 등 국정원의 권한 남용, 정보기관의 국내정치 개입 등 국정원의 정치적 일탈 행위 차단과 정치적 중립 확보였다.

그러나 국가보안법과 국정원의 전면 폐지에 대하여 국민적 지지를 받지 못하게 되자 문 정권은 국정원법 개정으로 방향을 선회했다. 실질적인 국정원의 형해화(形骸化)와 함께 국가보안법의 무력화(無力化)를 달성하고자 했다. 그리하여 2020년 12월 거대 여당인 더불어민주당은 필리버스터 정국을 이용하여 국정원법을 개정하는 데 성공했다. 국정원의 대공 수사기능 폐지, 국정원의 정보업무 중 국내 보안정보를 삭제하는 등 국정원법의 핵심적 규정을 개정한 것이다.

이제 형법상 간첩죄, 이적죄, 국가보안법위반 범죄 등에 대한 대공수사 업무는 경찰청 국가수사본부 내 '안보수사국'이 단독으로 담당하게 되었다. 그러나 일반 형사사건을 담당하는 경찰청 '국가수사본부'에 간첩 등 대공 사건을 담당하는 안보수사국을 두는 것은 국가안보 수사의 특수성을 무시한 행태다. 국정원의 대공 수사권 박탈에 따라 앞으로는 외국을 통한 우회 침투 간첩 등 중요한 국가안보 수사에 심각한 위기가 올 것이다. 간첩이 큰소리치면서 떳떳하게 돌아다니는 간첩 천국이 머지않은 것으로 보인다.

한편 경찰은 국정원과 달리 그동안 독자적으로 구축된 해외나 대북 정보망이 존재하지 않는다. 더구나 경찰은 국내에서 합법적 범위에서 치안 활동이 전제되는 조직으로 국가정보, 안보기관과 달리 국내외에서 활동할 수 있는 비(非)합법, 반(半)합법 영역이 존재하지 않는다. 최근 엄중해지고 있는 국가안보 환경에서 지난 60년 이상 장기간 구축된 안보 및 대공 정보와 수사 시스템이 무너지고 있는 현실이 안타깝다.(독일의 경우 통일 전 서독에서 활동한 동독 간첩이 4,000명 정도로 추산되었으나 실제로 통일 후에는 30,000명 이상으로 드러났다.)

위헌적인 공수처(고위공직자범죄수사처)의 설치

2019년 12월 야당이 된 국민의힘의 극렬한 반대 속에 집권 여당인 더불어민주당은 바른미래당, 정의당, 민주평화당 등과 연대하여 '공수처법(고위공직자범죄수사처 설치 및 운영에 관한 법률)'을 변칙으로 통과시켰다. 당시 문 대통령의 대선공약 제1호가 검찰개혁을 명분으로 검찰 이외 따로 특별 수사기관인 공수처를 설치하는 것이었다.(문 정권은 다시 2020년 집권 여당의 절대다수 의석을 앞세워서 공수처장 후보 추천에 관한 야당의 비토권을 박탈하고, 추천의결 정족수를 완화하는 내용으로 공수처법을 개정했다.)

공수처는 고위공직자 관련 범죄에 대한 검찰의 기소독점주의를 제한하고 수사권을 분산하기 위하여 도입한 제도로서 선진국에서는 그 예를 찾을 수 없는 특별한 수사기관이다. 약 30년 전 처음 우리나라에서는 좌파 진영을 중심으로 공수처를 홍콩의 염정공서(廉政公署, ICAC)나 싱가포르의 탐오조사국(貪汚調査局, CPIB)처럼 독립된 부패방지 전담 기구로 설치하는 방안을 주로 논의했다.

그러다가 1999년 10월 보수 진영의 양보에 따라 공수처의 대안으로 공직사회의 부패방지를 목적으로 최초의 미국식 특검제(특별검사제)가 도입되었다. 다시 2001년 좌파 진영의 줄기찬 요구로 처음 부패방지법이 제정되면서 공수처의 대안으로 '부패방지위원회'가 출범했다. 부패방지위원회는 다시 2005년 '국가청렴위원회'로 명칭이 변경되었다가 2008년에는 '국민권익위원회'로 그 업무가 통합되었다. 그러다가 2014년 박근혜 정부에 들어와서는 개별 입법에 따른 특별검사제에서 더 나아가 상설특검제(제도적 특별검사제)를 도입했다. 마지막으로는 대통령 친인척 등 측근들의 비위를 감찰하는 특별감찰관제도를 법제화했다.

그런데 문 정권은 외국에서는 그 사례를 찾기 어려울 정도로 여러 가지 부패방지 제도를 갖추고 있음에도 불구하고 공수처를 따로 설치했다. 그들은 이미 자살로 생을 마감한 박원순과 참여연대의 30년 묵은 염원인 공수처 설치를 기어이 해내고 만 것이다. 흔히들 '살라미 전술'이라고 하지만 막상 좌파 진영의 그 치밀성과 집요함에 대해서는 새삼 혀를 내두르지 않을 수 없다.

또한 문 정권이 검찰개혁의 핵심이라고 주장하는 공수처의 설치 후 그 운영 실태를 살펴보면 무능과 비효율의 극치라고 하지 않을 수 없다. 공수처는 처장과 차장 외 검사 25명, 수사관 40명 등으로 조직되어 매년 약 200억 원의 적지 않은 예산을 사용하고 있다. 그러나 문 정권 1기 공수처장의 임기 3년 동안 접수된 사건 6,000여 건 중 겨우 3건 만 기소되고 구속영장이 발부된 사건을 1건도 없다.

공수처는 헌법재판소, 법원, 검찰, 중앙선관위, 감사원 등 헌법기관을 직접 통제할 수 있는 초헌법적 조직이다. 그런데도 검찰총장에 대한 법무장관의 수사지휘권과 같이 공수처에 대한 민주적 통제장치는 마련되어 있지 않다. 그동안 실태로 나타난 것처럼 '공수처의 민변화'와 함께 주로 '검수완박' 상태의 검사를 대상으로 하는 수사기관으로 전락할 우려가 있다.

검찰개혁의 완성판 '검수완박'

문재인 정권의 막판 무렵 2022년 윤석열 검찰총장의 사퇴를 전후로 해서 그동안 검찰개혁 방안으로 내세우던 검경수사권 조정이 느닷없이 '검수완박(검찰 수사권 완전 박탈)'으로 방향을 전환하게 되었다. 그때까지 검경수사권 조정으로 일반 범죄의 수사권은 경찰이 전담하게 되고, 검찰에 남겨진 것은 부패사범, 경제사범, 공직자 사범, 선거사범, 방위사업 사범, 대형 참사 등 6개 분야의 중대 범죄에 대한 수사권뿐이었다. 그러나 문 정권은 '검수완박'으로 6대 중대 범죄에 대한 직접 수사개시권 및 수사지휘권도 검찰로부터 완전히 박탈한 것이다.

'검수완박'은 절대다수 의석의 집권 여당이 '조국사태'를 계기로 정권에 대한 견제 역할을 하던 검찰의 해체를 노린 입법권 남용이고 입법 농단, 나아가서 입법독재의 산물이 아닐 수 없다. '검수완박'으로 그동안 범죄에 대한 수사권과 기소권을 갖고 있던 검찰은 이제 단순히 공소제기 및 공수유지만 담당하는 기소(소추) 기관으로 전락하게 된 것이다.(검찰로부터 박탈한 6개 중대 범죄에 대한 수사권은 경찰의 수사권과 분리해서 따로 '중대범죄수사청[중수청]'이라는 기구를 신설하여 전담시키기로 했으나 정권교체로 인하여 성사되지 못하고 있다.)

무엇보다 한자 용어상 검찰(檢察) 또는 검사(檢事)의 '檢'이란 한자는 원래 조사하거나 수사한다는 뜻을 내포하고 있다. 따라서 검찰의 직무기능에서 수사 기능을 박탈하는 것은 의사의 직무에서 진찰과 치료를 빼는 것과 마찬가지로 논리적 모순에 빠지게 된다. 실무적으로도 수사와 기소를 분리하면 증거나 법리가 어렵고 복잡한 사건의 경우 재판 과정에서 효과적인 대응이 어렵게 된다.

사회의 안전을 위협하는 각종 범죄에 대한 효율적 대처를 위해서는 당장 경찰의 독자적 수사권 확보나 중수청의 설립보다는 경찰의 수사역량 강화가 중요하다. 같은 국가 내에서 범죄의 수사 및 기소와 관련하여 경찰, 검찰, 공수처, 중수청 등으로 조직과 권한을 복잡하게 나누게 되면 '중복 수사'나 '떠넘기기 수사' 등 국민의 인권보장 측면에서도 문제가 있다.

'풀뿌리 민주주의' 환상, 자치경찰제의 도입

문 정권은 자치경찰을 국가경찰과 분리, 이원화해서 전국의 시·도 소속 자치경찰관이 자치경찰 사무를 집행하는 자치경찰제를 도입했다. 2020년 연말을 기해서 기존 '경찰법'을 '국가경찰과 자치경찰의 조직 및 운영에 관한 법률'로 전면 개정한 것이다. 자치경찰제는 시·도지사가 시·도자치경찰위원회의 심의, 의결을 통해서 자치경찰의 지휘권과 인사권을 행사하는 것으로 국가경찰과 함께 이원화된 경찰제도다. 이러한 자치경찰의 개선모델 마련을 위해서 범정부 추진체계를 구성하고 관련 특별법 개정을 통하여 제주, 세종, 강원부터 이원화된 자치경찰 모델을 시범적으로 실시하고 있다. 향후 '지방자치법'에는 자치경찰에 관한 근거를 마련하고, 국가경찰은 '국가경찰법', 자치경찰은 '지방자치경찰법'으로 법을 나누는 방안도 병행 추진하고 있다.

좌파 정권은 일찍부터 진정한 지방자치를 위해서는 '경찰 권한의 분권화'와 함께 지역 특성에 적합한 치안서비스 제공할 필요가 있다고 주장해왔다. 그러나 자치경찰제의 전면 시행은 아직도 유치한 '풀뿌리 민주주의' 구호에 갇혀있는 환상에 불과하다. 아니면 북한식 '낮은 단계의 연방제'를 의식한 것은 아닌지 모르겠다.

문 정권은 집권 기간 내내 '낮은 단계 연방제'를 연상시키는 수상한 언행을 계속했다. 문재인 대통령은 2017년 6월 전국 17개 광역지방자치단체장들을 불러모은 청와대 간담회에서 '(개헌을 통해) 연방제에 버금가는 강력한 지방분권제'를 실시하겠다고 약속했다. 북한과의 '연방제 통일'을 위한 선행 포석이 아닌가 의심하기에 충분한 말이다. 그 말을 받아 더불어민주당 민형배 의원은 그 무렵 광주광역시장에 출마하면서 '광주공화국'을 선포했다. 아무리 자칭 '촛불시민혁명'으로 집권했다고 우기는 집단이지만 제정신으로 할 수 있는 말들이 아니다.(민형배 의원은 '검수완박'의 변칙 입법 당시 더불어민주당에서 위장 탈당했다가 1년 만에 복당하는 뻔뻔함의 극치를 보였다.)

지방자치제도는 유럽이나 미국, 일본 등과 같이 지방분권 봉건제와 함께 중앙집권 국가가 발전해 온 '역사적 경험의 산물'이다. 그러나 우리나라는 과거 오랫동안 중앙집권적 관료체제를 유지해 왔으며, 역사적으로 지방분권 봉건제를 경험한 적이 없다. 더구나 광역화, 세계화가 고도로 진행된 국가에서 중앙정부의 권한은 오히려 강화되는 추세다. 첨단 인터넷 시대에 범죄와 치안 분야에서 지역적 특성을 구분하기는 쉽지 않다. 최근 마약, 조직폭력, 경제사범 등 각종 범죄의 양상이 특정 지역을 벗어나 전국적 광역화가 진행되는 현실에서 경찰력을 관할 지역에 분산시키는 것은 국가적 낭비가 아닐 수 없다.

또한 자치경찰에 대한 업무 지휘를 임기가 있는 정치인인 시장, 도지사 등 자치 단체장에게 맡겨두면 그들의 전횡과 함께 정치적 인기 유지를 위한 '치안 포퓰리즘'이 우려된다. 더구나 각 자치단체의 재정 자립도, 관할 지역의 면적이나 범위, 지역 주민의 수에서 편차가 적지 않다. 이에 따라 자치단체별 지역 주민에 대한 치안서비스의 극심한 편차도 심각해질 것이다. 무엇보다 치안 업무와 국가형벌권의 집행은 단일적이어야 한다는 점에서 경찰 사무를 국가경찰 사무와 자치경찰 사무로 구분하는 것은 무의미한 일이다.

헌법 정신에 반하는 대북 확성기방송 및 전단 살포 금지 조치

문 정권은 2020년 연말 군사분계선 일대에서 정부의 승인 없이 북한에 확성기 방송이나 현수막 게시, 전단·USB·현금 등을 살포할 경우 3년 이하의 징역 등으로 처벌하는 '대북전단금지법(남북관계발전법)' 해당 조항을 개정했다. '대북전단금지법'은 집권 여당인 더불어민주당이 김여정 북한 노동당 부부장의 대북 전단 살포에 대한 비판 성명이 나오자마자 하루 만에 발의해서 제정된 법안이다. 당시 문 정권은 야당의 필리버스터를 강제로 종료시킨 상태에서 국회 재적 의원 180명 전원의 찬성으로 '대북전단금지법'을 강행 처리하는 등 북한 정권의 하수인 노릇을 제대로 했다.

국제사회는 처음부터 '대북전단금지법'이 표현의 자유를 침해하고 북한 주민들의 외부 정보 접근을 가로막는다는 이유로 반대했다. 법안이 통과된 직후에는 미국, 영국, 캐나다, EU 등의 정부와 의회가 직접 나서서 인권과 표현의 자유를 무시한 처사라고 비판했다. 심지어 국제인권단체 '휴

먼라이트 워치(HRW)'는 한국 정부가 김정은의 행복에만 관심이 있다고 비판했으며, 미국 국무부의 '2020 한국 인권 보고서'에도 국제인권단체들의 비판 의견을 적시했다. 더구나 당시 통일부가 대북전단을 살포해 왔던 탈북민단체 2곳의 법인설립을 전격 취소하자 국제인권단체들과 관련 인사들은 즉시 한국 정부를 비판하는 데 앞장섰다.

다행히 정권교체 후 2023년 9월 헌법재판소는 예상대로 '대북전단금지법' 해당 조항에 대해서 표현의 자유에 대한 지나친 제한을 이유로, 전체 재판관 7대 2의 다수 의견으로 위헌 결정을 내렸다. 그 후속 조치로 의정부지검은 2023년 11월 인천 강화에서 풍선으로 성경책과 식료품 등을 북한으로 보낸 행위로 경찰이 기소 의견으로 송치한 피의자 9명에 대해서 전원 불기소 처분을 내렸다. 이런 식으로 문 정권은 거대 여당의 힘을 이용해서 처음부터 위헌논란에도 불구하고 무소불위의 입법권을 행사한 것이다.

공영방송 지배구조 개편을 통한 공영방송 영구장악 기도

문 정권은 집권기간 동안 줄기차게 민주노총 소속 언론노조를 이용해서 KBS와 MBC, EBS 등 공영방송을 영구적으로 장악하려는 시도를 해 왔다. 그러나 대다수 여론의 반대로 그 뜻을 이루지 못하고 정권이 바뀐 후 2023년 11월 야당으로 변신한 더불어민주당은 절대다수 의석을 앞세워 '방송 3법' 개정안을 기어이 통과시켰다. 그들은 공영방송 지배구조 변경을 목표로 공영방송 영구장악을 위한 방송법, 방송문화진흥회법, 한국교육방송공사법 등 '방송 3법' 개정에 성공한 것이다. 그 내용은 주로 공영방송 이사회 규모의 대폭 확대와 함께 이사 추천 권한, 사장 선출 방식을 근본적으로 바꾸기 위한 것이다. 그러나 그들은 공영방송 지배구조의 변경은 그 중요성에 비추어 사회적 합의가 무엇보다 필요한 사안임을 애써 무시했다.

'방송 3법' 개정안에 의하면, 방송사 이사 21명 중 국회 추천 5명을 제외한 이사 16명 모두 방송 분야 종사자로 되어 있어 이사회 구성의 직역 편중이 심각하다. 그러다 보니 경제와 경영, 법률, 지역 등 관련 분야별 대표성이 절대적으로 부족하다. 더구나 국회 추천 이사 5명도 방송 분야라면 그 편중은 더욱 심각하게 된다. 언론노조 등 특정 이념 편향적인 이사가 다수를 구성하는 공영방송 이사회가 그 취지에 맞게 공정하게 운영되리라는 보장은 어디에도 없다. 방송사 집행부나 노조 대표의 의사에 따라 조직되는 시청자위원회가 방송사 이사를 추천하도록 하는 방안도 마찬가지다.

공영방송의 방만 경영에 대한 국민적 불만이 높은 상황에서 이사 수를 9명에서 21명으로 대폭 확대하면, 이사회 운영 비용의 증가와 함께 효율적 의사결정에 심각한 장애가 생길 수 있다. 공영방송 지배구조 변경에 대해서는 지난 20대 국회에서부터 여러 가지 논의가 있었다. 특히 그들이 집권 여당이었을 때는 여론의 눈치를 보고 있다가 정권이 바뀐 후에는 여·야 간 논의도 없이 일방적으로 개정안을 처리했다. 더불어민주당이 대선에 패하여 정권을 내어 주었으나 방송 권력만은 내줄 수 없다는 의지를 천명한 것으로 보인다. 좌파 진영은 공영방송 지배구조 개편을 내세우면서 민노총 소속 언론노조를 통한 '노영 방송(勞營 放送)' 체제를 구축하여 공영방송을 영구적으로 장악하겠다는 속셈을 숨기지 않고 있다.

경제심리 위축시키는 산업재해의 처벌 강화

경제활동과 경기변동 등 경제 상황을 심리적으로 파악하는 경제심리가 실물경제에 미치는 중대한 영향에 착안하여 '경제는 심리다'라는 말이 있다. '경제심리지수(ESI, Economic Sentiment Index)'는 경제주체인 기업과 소비자의 경제심리를 종합적으로 파악하기 위한 통합 지수에 해당한다.

한국은행은 2012년 6월부터 매월 말 경제심리지수를 조사하여 발표한다. 특정 시기의 경제심리지수가 높아지면 경제 상황의 개선이 예상되어 기업의 투자심리가 촉진된다고 한다. 그러나 문 정권 당시 2021년 11월부터 기업의 경제심리지수는 지속적인 하강상태를 보였다.

그 과정에서 2022년 1월부터 시행된 '중대재해처벌법(중대재해 처벌 등에 관한 법률)'은 당시 집권 여당인 더불어민주당이 주도해서 졸속으로 제정되어 기업의 경제심리를 위축시키는 대표적 악법이다. 중대재해처벌법은 제정 당시부터 형벌 구성요건 규정의 명확성이나 구체성, 완결성이 떨어지는 등 많은 문제점을 노출하고 있었다. 사업장 내에서 근로자와 사업주를 나누어 서로 적대적으로 갈라치는 전형적 악법이라는 지적도 적지 않았다. 또한 중대재해처벌법은 중대재해에 대해서만 따로 엄격한 형벌과 함께 과도한 징벌적 손해배상제를 도입하고 있다. 이에 따라 중복처벌과 과잉처벌 금지의 원칙, 죄형법정주의 원칙 위배에 의한 위헌 문제도 제기되고 있다.

중대재해처벌법은 기존의 '산업안전보건법'과 별개로 제정, 시행되어 법률상 산업재해, 중대재해, 중대산업재해 등 상호 개념 범위가 중첩되고, 처벌 범위도 중첩된다는 모순이 지적되었다. 산업재해의 처벌과 관련해서는 기존에 형법의 업무상 과실치사상죄에 대한 특별법으로 산업안전보건

법이 적용되고 있다. 그런데 다시 재(再)특별법으로 산업재해를 더 강하게 규제하는 것은 당시 만연한 '법률만능주의' 사조에 따른 전형적 과잉 입법이고, 기업의 경제심리지수를 악화시키는 처사라고 할 것이다.

문재인 정권에서 제정된 중대재해처벌법은 민노총 등 급진적 노동자 집단의 눈치를 보면서 사업주와 경영책임자에게 과도한 주의의무를 부담시키는 '정치적 포퓰리즘' 법률이다. 더불어 기업의 자유로운 경제활동에 대한 대표적 규제 법률이다. 기업경영과 관련해서 사업주, 경영책임자의 처벌을 유도하고 기업의 법률비용 부담을 더욱 가중하게 하고 있다. 인그래노 어려운 기업경영 환경에서 중대재해처벌법의 시행으로 호황을 누리는 사업체는 대형 법무법인밖에 없다는 지적도 있다.

김명수 대법원장, 한 번도 경험하지 못한 법원을 만들다

이호선 국민대학교 법과대학 학장

"이름 속에 뭐가 있나요? 우리가 장미라 부르는 것, 거기에 다른 이름을 붙여도 그 달콤한 향기는 여전하겠지요."

'로미오와 줄리엣'에 나오는 대사 중 하나다. 이름이 본질을 바꾸거나 흐리게 할 수 없다는 것이다. 맞는 말이다. 그러나 한편으로 우리에게는 사회적으로 이름에 기대하는 공통된 그 무엇이 있다. 장미라는 이름 속에서는 향기를, 판사에게서는 정의를 기대한다. 그러나 지금 대한민국 사법부에 대하여 국민은 정의를 기대하는가? 비극적이게도 사법부를 향한 국민의 불신은 끝없이 치솟고 있다. 그 원인의 모든 것이 특정 시기, 특정 인물에 있다고 보는 것은 무리지만, 적어도 김명수 대법원장 체제 하에서 사법불신이 급속히 증폭되었고, 이를 뒷받침할 수 있는 자료도 풍부한 것이 사실이다.

2017년 9월 25일 대법원장에 취임한 김명수 판사는 전임 양승태 대법원장보다 사법시험 기수가 13년이나 아래였고, 현역으로 있던 대법관 중 무려 9명이 그보다 윗 기수였으며, 2023년 9월 24일 퇴임한 그의 뒤를 이어받은 조희대 대법원장이 그보다 2회나 앞선 선배라는 사실을 종합하면 판사 김명수의 대법원장 임명이야말로 벼락출세 그 자체였다. 바로 직전까지 그는 춘천지방법원장으로 있었고, 딱히 사법부 수장으로 거론될 만한 경력도, 능력도 검증된 바 없었다. 그의 경력 중에 눈에 띄는 것은 이른바 법원 내의 진보 성향 판사들의 모임인 우리법연구회와 국제인권법연구회의 초대 회장을 지냈다는 정도에 지나지 않았다.

신임 김명수 대법원장은 취임식에서 아주 호기롭게 공언하였다.

"판결에 대한 합리적 비판을 넘어 급기야 법관마저도 이념의 잣대로 나눠 공격의 대상으로 삼기에 이르렀습니다. 저는 대법원장으로서 법관의 독립을 침해하려는 어떠한 시도도 온몸으로 막아내고 사법부의 독립을 확고히 하는 것이 국민의 준엄한 명령임을 한시도 잊지 않겠습니다."

하지만, 온몸으로 법관의 독립을 지켜내겠다던 그는 현직 판사가 정치적 이유로 탄핵당할 수 있는 여건을 만들어 주기 위해 당사자가 낸 사표를 반려하고, 국회에 거짓말을 한 혐의로 검찰 수사 대상에 올라 있다. 그리고 이 사건으로 인해 여기에서 소개할 '김명수 방탄 소송'의 주인공이 되었다.

엉망진창이 된 김명수 코트

이른바 '김명수 코트' 하에서 우리 사법은 양 방면으로 무너져 내렸다. 하나는 비정치적인 일반 사건에 있어서의 악성 미제 사건의 증가이다. 관련 통계에 따르면, 합의제 민사재판의 경우 2년이 넘도록 1심 판결이 내려지지 않은 소위 '악성미제사건'이 2021년 2,836건에서 2022년 3,512건으로 24% 정도 증가했다고 한다. 형사 악성미제사건은 2017년에서 2021년 사이 398건에서 735건으로 85% 증가했고, 재판기간은 불구속 사건의 경우 168일에서 217일로 49일 늘어났다.

언론에 보도된 사례들은 평생에 한번 있을까 말까 하지만 한 번 송사가 있으면 일상의 평온함이 깨지고 막대한 물질적 손해와 정신적 스트레스를 감내할 수 밖에 없는 보통 사람들의 억장을 무너지게 한다. 스포츠대회 출전 준비를 이유로 석 달간 선고기일을 잡지 말라고 요구한 배석판사가 있는가 하면, 실연당했으니 한 달은 판결문 쓰지 못한다고 부장판사에게 통보한 판사도 있다는 것이다.[39)]

판사들의 황당한 사보타주는 김명수 대법원장에게서 그 원인을 찾을 수 있다. 그는 법관들에게서 명예와 자긍심을 빼앗고 법원 행정을 포퓰리즘에 내맡겼다. 김명수 대법원장은 2020년 3월 5일 고법 부장판사 승진제도를 폐지하는 법원조직법을 밀어붙였다. 국회에서 통과되자 "사법부가 본래의 자리로 돌아가 국민으로부터 부여받은 헌법적 사명을 다하기 위한 방법으로 사법행정제도의 개혁을 추진"해 왔다면서 "국민이 충실한 재판을 받을 수 있는 토대가 마련"됐다고 소감을 늘어놓았다. 그러나 그의 말은 지연된 정의로 돌아왔다.

그는 '법관마저 이념의 잣대로 나눠 공격의 대상으로 삼는' 사회적 현상을 개탄했지만, 김명수 코트 6년이 지난 지금 이젠 거꾸로 판사가 법복을 입고 정치 편향성을 판결에 담는 세상이 됐다.

김명수 키즈들이 만들어 낸 풍경들

대표적 사례가 노무현 전 대통령 명예훼손 관련 국민의 힘 정진석 의원 사건이다. 검사는 정진석 의원에게 벌금 500만 원을 구형하였음에도 징역 6개월 실형이 선고되었다. 이 판결을 내린 서울중앙지방법원 박병곤 판사

---

39) https://www.munhwa.com/news/view.html?no=2023032801073111000003

는 '판결로 정치했다'는 의심을 받고 있다. 그는 더불어민주당 이재명 대표가 낙선한 작년 3월 대선 직후 '울분을 터뜨리고 절망도 하고 슬퍼도 했다가 사흘째부터는 일어나야 한다'고 적기도 했고, 민주당이 패한 2021년 4월 서울시장 재·보궐 선거 직후에는 '울긴 왜 울어', '승패는 병가지상사'라는 대사가 적힌 중국 드라마 캡처 사진을 올렸다고도 한다.[40] 2023년 2월 수원지법에서 서울중앙지법 형사 단독 재판부로 배치된 후 '문제의 SNS 글'을 삭제했다. 또 4월 중순에는 법조인 프로필을 인터넷에 제공하는 '한국법조인대관' 운영사 측에 자신의 등재 정보를 삭제해 달라는 요청을 한 것으로도 알려져 있다. 이를 두고 세간에서는 정진서 의원에게 징역형 판결을 내릴 경우 무리한 결론으로 인해 '사회적 이슈'가 될 것을 예상하고 있었던 것 아닌가 하는 말도 있었다.[41] 실제로 그가 법관 임용 이후 관여한 명예훼손 판결 총 35건 중에 실형(實刑)을 내린 경우는 정 의원 사건이 유일하고, 나머지 33건은 벌금이나 무죄였고, 다른 1건은 집행유예였던 것으로 밝혀졌다.[42] 그는 실형 선고를 끌어내기 위해서 그랬는지 몰라도 "전직 대통령은 공인이 아니다"라는 독특하고 억지스러운 해석을 했는데, 이로 인해 노무현 전 대통령은 졸지에 장삼이사(張三李四) 필부로 전락했다. 피고인뿐 아니라 노 전 대통령도 '의문의 1패'를 당한 셈이 된 것이다.

이 정도면 박병곤 판사가 노골적으로 판결을 정치 무기·수단으로 삼았다는 합리적 의심을 하기에 충분할 것으로 보이는데, 그래도 박 판사의 경우는 그나마 순진한(?) 편이다. 김명수 체제가 들어서면서 정치인이 관련

40) https://www.segye.com/newsView/20231116521331?OutUrl=naver
41) https://www.imaeil.com/page/view/2023081714262870634
42) https://www.chosun.com/national/court_law/2023/08/26/V6OEUEICQVD2BEWA5V7NH6LCIM/

된 재판에서 판사들이 지능적으로 재판 사보타주를 통해 자신이 지지하는 정파의 인물들에게 사법적 혜택을 안기는 것이 아닌가 하는 의구심이 드는 사례들이 적잖이 눈에 띈다.

최강욱 전 더불어민주당 의원은 2023년 9월 대법원에서 '징역 8개월에 집행유예 2년'을 선고받으면서 의원직을 상실했는데, 원래 제대로 된 재판이었다면 공직선거법에 따라 기소 후 6개월 이내에 선고가 되었어야 한다. 그러나 이 사건에서는 공직선거법상의 규정이 완전히 무시되고 말았다. 1심에 1년 정도, 2심에 1년 4개월이 걸렸고, 대법원에서 전원합의체 회부 등을 통해 1년 3개월을 잡아 먹은 것이다. 그 덕분에 최강욱 의원은 국회의원 임기 48개월 중 43개월간 그 직을 유지할 수 있었다. 이른바 울산시장 선거개입 의혹을 받고 있는 황운하 의원과 송철호 전 울산시장 등에 대한 재판은 2023년 11월 29일 3년 10개월만에 1심 판결이 선고되었다. 송철호 전 울산시장은 임기를 마쳤고, 항소한 황운하 역시 이 재판으로 배지 날아갈 걱정을 할 필요는 없다.

2020년 8월 정대협 후원금을 유용한 혐의로 기소된 윤미향 전 민주당, 현 무소속 의원 재판의 경우 2023년 2월 1심에서 후원금 횡령으로 1,500만 원의 벌금형이 선고되었으나, 2023년 9월 항소심에서는 횡령금액이 늘어나고 1심에서 무죄였던 혐의들이 유죄로 인정됨에 따라 징역형이 내려졌다. 항소심 판결이 확정될 경우 윤미향 역시 국회의원직을 상실하나, 대법원에 상고 중이어서 2024년 4월 10일 총선 전에 선고될지도 미지수이다. 그 사이 윤미향은 '북한의 전쟁은 정의의 전쟁관' '북이 전쟁으로라도 통일을 결심한 이상 우리도 그 방향에 맞춰야' '통일 전쟁이 일어나 그 전쟁으로 결과의 평화가 만들어질 수 있다면, 그 전쟁관도 수용해야 한다'

는 발언이 거침없이 나오는 공개토론회를 국회에서 주최하는 등 의정활동에 열심이다.[43]

지연된 정의는 정의가 아니라는 말이 맞다면, 지금 대한민국에서 정치재판에서 정의는 없다고 해도 과언이 아니다. 이런 현상의 깊숙한 곳엔 이른바 김명수 키즈라 불리는 여의도 진출에 성공한 몇몇 법복 입은 '정치판사들'이 선례로 작용한 탓도 크다고 본다. 사법 시스템에 대한 신뢰를 통째로 무너뜨려 공동체를 와해시키는 이 행위를 범죄와 반역으로 부르는 것이 과한 것일까. 절대로 그렇지 않다. 필자가 속해 있는 '사회정의를바라는전국교수모임(정교모)' 교수들 58명은 2021년 2월 9일 대법원장 김명수를 상대로 1인당 120만 원씩의 손해배상을 구하는 소송을 제기한 바 있다. 김명수 대법원장이 2020년 4월 건강악화를 이유로 사표를 낸 임성근 부산고법부장판사에게 "내가 사표를 받으면 탄핵이 안 되지 않느냐"며 이를 반려하고, 기어코 임 부장판사를 현직에 둠으로써 민주당의 탄핵 계획에 보조를 맞춘 정황이 드러난 것이 그 계기가 되었다.[44] 사법부 독립, 법관의 양심과 자존심을 팽개친 이 저열하고 비루한 행태에 대하여 정교모는 다음과 같은 성명서를 발표하고, 이어 배상청구에 들어갔다.

---

43) https://www.chosun.com/politics/assembly/2024/01/31/IH22T5HACFD
L3CXKRFNDK4VK2I/
44) https://www.chosun.com/national/court_law/2021/02/03/WQPBO22V6BGPV
KHKNYEPXYHECA/

〈 성명서 〉

툭 까놓고 말해 김명수 대법원장은 탄핵되었다!

김명수 대법원장에게 묻는다. 당신이 애용하는 언어를 쓴다. "툭 까놓고" 말해 보라. 김명수가 그 자리에, 대한민국의 대법원장의 자리에 그대로 머물러 있어야 하는 이유를 툭 까놓고 답해 보라.

김명수 대법원장은 2020. 5. 25. 전국법관대표회의에서 "국민 눈높이에서 어떤 재판이 '좋은 재판'인지를 생각하고 실천해야 한다"면서 '국민'을 수차례 언급하였는데, 그 발언 시기와 상황이 청와대의 울산시장 선거 개입, 조국 전 법무부장관 가족 입시 비리, 청와대의 유재수 전 부산시 경제부시장 감찰 무마, 김경수 경남지사 댓글 조작 공모 의혹 사건 등을 맡은 법관들에게 부담을 줄 수 밖에 없어 부적절하다는 비판을 받은 바 있다. 대법원장 김명수의 '국민'은 누구인가에 대하여 그간 보인 행태에 비추어 모든 국민이 아닌 파당을 염두에 둔 것이 아닌가 하는 시각이 있었던 것이다. 그리고 그것은 결코 과장되거나 기우가 아닌 것으로 드러났다.

김명수 대법원장은 사표를 반려할 여하한 사유도 없는 상태에서 일선 법관이 건강의 악화 등으로 제출한 사표를 탄핵이 거론되고 있어 부담이 된다는 이유로 반려함으로써 형법상 명백한 직권남용죄를 저질렀고, 그로부터 8개월 후 실제로 탄핵으로 이어져 대법원장이 앞장 서서 집권당과의 탄핵 거래를 하였다는 공분을 사고 있다.

그 뿐 아니라 탄핵을 거론하며 사표를 반려하였다는 언론 보도가 있자 즉각 그러한 사실이 없다면서 불과 몇 시간 후에 밝혀질 거짓말을 하였고, 그 말이 거짓으로 밝혀지자 이번엔 불완전한 기억 탓으로 돌렸다.

툭 까놓고 말하면, 김명수 대법원장의 이런 행동은 위증죄를 범한 자들이 수사기관이나 법정에서 단골로 내놓는 변명 아닌가. 두 번째 해명 역시 객관적인 정황에 비추어 보통 사람들이 판단할 때는 거짓이다. 위증의 선서를 하지 않았다고 하여 위증죄가 되지 않는 것이 아니다. 수명죄으로 '실제적 신실을 찾아서 공정한 판단을 내려야 하는 법관, 법정에서 증인으로 하여금 선서를 하도록 하고, 진실을 말하게 하며 거짓에 대하여 준엄하게 꾸짖는 법관은 늘 거룩한 맹세 앞에 서 있는 존재이다. 이런 법관들이 모인 법원의 최고 수뇌로서, 그 역시 대법관으로서 직접 재판을 하는 사람으로서 판사 김명수가 위증의 선서를 하지 않았다고 하여 두 번의 명백한 거짓말의 책임을 벗을 수 없다.

이미 대법원장 김명수는 정치적, 도덕적 위증을 하였고, 법적인 정치적 중립성을 저버렸으며, 헌법에 따라 전체 국민의 봉사자가 되어야 할 직업 공무원의 최소한의 기준마저 스스로 팽개친 자로서 탄핵된 것이다. 김명수 대법원장은 법적인 절차를 밟지 않고 있다고 해서 탄핵되지 않았다고 착각하지 말기 바란다. 사상 최초로 집권당에 의하여 탄핵 소추된 임성근 부장판사의 행위가 개별 재판을 둘러싸고 동료 법관에 대하여 의견을 개진한 것으로서 사법부의 담벼락에 낙서나 그 위의 벽지를 훼손한 정도라면, 김명수의 행위는 삼권분립의 한 기둥인 사법부라는 기둥을 송두리째 흔들어 대한민국의 헌정질서를 위태롭게 하고, 사법에 대한 불신을 자아내어 민주 공화정의 근간을 흔든 반역에 해당한다.

이에 우리 정교모는 김명수 대법원장을 국민의 이름으로 탄핵한다. 그대는 더 이상 대한민국 최고법원의 수장인 대법원장이 아닐 뿐 더러 판사의 자격도 없음을 확인한다. 지금 대한민국은 대법원장 궐위 상태이다. 김명수는 묵묵히 법관의 양심을 쫓아 진실을 발견하고, 공정과 정의를 실현하기 위하여 구도자적인 자세로 사는 대다수 법관들의 명예를 더럽히지 말고, 혼백이 떠난 그 누추한 껍데기만이라도 수습하여 자리에서 내려오기 바란다. 툭 까놓고 말해 보라. 그만하면 출세와 영달도 충분하지 않은가.

2021. 2. 8.

사회정의를 바라는 전국교수 모임

청구원인: 당사자들의 지위

원고들은 대한민국의 국민으로서 헌법 제27조 제1항에 따른 법관에 의한 재판 받을 권리, 동조 제3항 소정의 신속하고도 공개적인 재판을 받을 권리, 그리고 재판에 앞서 체포와 구속 등의 사유가 있는 경우 법관이 발부한 영장의 제시와 확인을 요구할 수 있는 권리(헌법 제12조 제1항, 제3항), 구속되었을 경우 그 적부에 대한 심사 청구권(헌법 제12조 제6항)을 갖고 있고, 한편으로 법원을 통한 위헌법률심판제청 요구권(헌법 제107조 제1항) 및 대법원에 대한 위헌법령심사청구권(헌법 제107조 제2항)을 인정받고 있으며, 무엇보다 비록 명문 규정은 없으나 헌법의 정신 상 당연히 민주공화국 대한민국의 국민으로서 삼권분립이 정상적으로 작동하리라는 기대권을 갖고 있는 바, 이러한 권리는 통상적으로 추상적 권리 선언에 그치는 헌법상의 여타 기본권 등과 달리 그 권리의 실현을 위해 추가적인 입법 조치를 요하지 않는, 그 자체로서 헌법에 의해 현재 원고들이 누리고 있는 완결된 구체적·직접적 권리입니다.

피고는 대법원장으로 재직 중인 자인 바, 하급심에 대하여 기속력을 갖고 있는(법원조직법 제8조) 최고법원(동법 제11조)의 수장으로서, 대법관에 대한 제청권을 갖고 있고(동법 제41조 제2항), 일반 법관에 대하여는 임명권을 갖고 있으며(동조 제3항), 법관인사위원회의 위원에 대한 임명 및 위촉권을 갖고 있고(동법 제25조의 2), 판사의 임명 및 연임에 대한 동의 의결권 등을 갖는 대법관회의의 의장으로서 표결권을 갖고, 가부동수일 경우에는 결정권까지 가지며(동법 제17조, 제16조), 사법행정사무의 총괄자로서(동법 제9조), 대법원의 일반사무는 물론 각급 법원과 그 소속 기관의 사법행정 사무에 관하여 직원을 지휘·감독(동법 제13조 제2항)하는 등 법관의 인사 및 법원 운영에 있어 사실상 전권을 갖고 있는 자입니다. 또한 헌법기관 구성에도 간여하여 헌법재판소의 헌법재판관 9인 중 3인, 중앙선거관리위원회의 9인의 위원 중 3인을 각 지명하는 권한을 갖고 있습니다(헌법 제111조 제3항, 114조 제2항).

청구원인: 피고 김명수의 불법행위

▶ 1차 불법행위 – 직권남용, 정치적 중립의무 위반 등

피고는 2020. 5. 22. 부산고등법원 판사인 소외 임성근이 건강 악화 등

심신상의 이유로 법원행정처에 사직서를 기 제출하고, 피고를 만나 사직 의사를 밝힌 자리에서 소외인에 대한 탄핵이 거론되고 있어 그러한 상황에서 자신이 소외인의 사직서를 수리하게 되면 비난이 (자신에게) 돌아올 수 있고, 특히 법률적인 문제를 떠나 정치적인 상황을 살펴야 한다는 이유로 소외인의 사표를 반려하였습니다. 이러한 피고의 행위는 아래 나. 항에서 보듯이 소외인의 정당한 사직원을 반려할 수 있는 아무런 사유가 없는 상태에서 대법원장이라는 권한을 남용하여 불법적으로 소외인의 사직의 권리를 방해하고, 정치적 중립을 지키고 사법권의 독립을 지켜야 할 대법원장이 스스로 법관 탄핵을 방조하거나 내통한 것입니다. 이하는 피고가 소외인의 사직을 받아들일 수 없다면서 한 말입니다.

"이제 사표 수리 제출 그러한 <u>법률적인 그런 것은 차치하고, 나로서는 여러 영향이랄까 뭐 그걸 생각해야 하잖아. 그 중에는 정치적인 상황도 살펴야 되고,</u> 지난번에도 얘기했지만 나는 지금 사표 내는 것은 좋아. 좋은데 내가 그것에 관해서는 많이 고민도 해야 하고 여러 가지 상황도 지켜봐야 되는데…지금 상황을 잘 보고 더 툭 까놓고 얘기하면 지금 뭐 탄핵하자고 저렇게 설치고 있는데 <u>내가 사표 수리했다 하면 국회에서 무슨 얘기를 듣겠냐 말이야.</u> 게다가 임 부장 경우는 임기도 사실 얼마 안 남았고 1심에서도 무죄를 받았잖아….탄핵이라는 제도 있지. 나도 현실성이 있다고 생각하거나 탄핵이 되어야 한다는 그런 생각을 갖고 있지 않은데. 그래도 정치적인 그런 것은 또 상황은 다른 문제니까. 탄핵이라는 얘기를 꺼내지도 못하게, <u>오늘 그냥 확 수리해버리면 탄핵 얘기를 못하잖아. 그런 비난을 받는 것은 굉장히 적절하지 않아.</u>"[45]

---

45) 매일경제 2021.02.04., 〈https://mk.co.kr/news/society/view/2021/02/116852/〉

▶ 2차 불법행위(1차 거짓말) - 대(對) 국회 거짓말 및 명예훼손

2021. 2. 3. 국내 언론에 피고가 2020. 4. 소외인이 건강 악화를 이유로 직접 사표를 낸 자리에서 "내가 사표를 받으면 탄핵이 안 되지 않느냐"며 반려했던 것으로 알려졌다는 기사가 나가자[46], 피고는 같은 날 국민의힘 김도읍 국회의원에 서면질의 답변서를 보내 "임 부장판사의 건강 문제와 신상에 관한 얘기가 오간 것은 사실이나, 임 부장판사가 대법원장에게 정식으로 사표를 제출한 것은 아니다…탄핵 문제로 사표를 수리할 수 없다는 취지로 말한 사실이 없다"고 주장하였습니다.[47] 그러나 이는 위 (1)에서 보는 바와 같이 전혀 사실과 다른 피고의 거짓 해명이었음이 곧 밝혀졌습니다.

▶ 3차 불법행위(2차 거짓말) - 원고들을 포함한 대(對) 국민 거짓말

피고는 소외인의 녹취록 및 녹음 파일 공개로 인해 자신의 거짓말이 드러나자 2021. 2. 4. 언론에 배포한 입장문을 통해 "언론에 공개된 녹음 자료를 토대로 기억을 되짚어 보니, 2020년 5월경에 있었던 임성근 부장판사와의 면담 과정에서 '정기인사 시점이 아닌 중도에 사직하는 것은 원칙적으로 적절하지 않다'는 판단 하에 녹음 자료에서와 같은 내용을 말한 것으로 기억하고 있다…약 9개월 전의 불분명한 기억에 의존했던 기존 답변에서 이와 다르게 답변한 것에 대하여 송구하다"고 하면서[48], 마치 제1차 거짓말은 자신이 기억을 하지 못한 탓에 결과적으로 부정확한 답변을 한 것이라는 취지로 변명하였으나, 이 또한 여러 가지 객관적 상황에 비춰보

---

46) https://www.chosun.com/national/court_law/2021/02/03/WQPBO22V6BGP VKHKNYEPXYHECA/. 조선일보 2021.02.03.
47) https://www.sedaily.com/NewsVIew/22IEGL6A9L. 서울경제 2021.02.04.
48) https://www.sedaily.com/NewsVIew/22IEGL6A9L. 서울경제 2021.02.04.

면 통상의 경험칙에 비춰 믿을 수 없는 거짓말로서, 피고의 2차 해명(?)이 또 한번의 원고를 포함하여 국민을 우롱하는 거짓말임은 민사소송법 제367조에 따라 피고 김명수에 대한 본인 신문 신청을 하여 밝히도록 하겠습니다(우선 본 소장의 진술로 피고에 대한 본인 신문 신청을 하는 바입니다).

▶ 부작위에 의한 불법행위 - 사퇴 거부

피고의 위 세 가지 불법행위는 아래에서 보듯이 헌법은 물론 형법상의 범죄를 구성하고, 피고의 대법원장으로서의 지위와 그 권한에 비춰 볼 때 그 직위에 있는 것이 헌법 질서에 부합하지 아니하고, 원고들과 같은 국민이 누리는 헌법상의 재판 받을 권리 등 구체적 권리를 침해하고 부당한 영향을 끼치거나 끼칠 것이 객관적으로 예상되어 심히 국민의 대 사법 기능에 대한 신뢰가 무너지고 있음에도 불구하고, 그 직위에서 물러나지 아니함으로써 부작위에 의한 불법상태를 지속적으로 초래하고 있습니다.

▶ 형사범죄 구성요건 해당 - 직권남용 및 명예훼손

형법 제123조는 "공무원이 직권을 남용하여 사람으로 하여금 의무없는 일을 하게 하거나 사람의 권리행사를 방해한 때에는 5년 이하의 징역, 10년 이하의 자격정지 또는 1,000만 원 이하의 벌금에 처한다"고 하고 있는 바, 이미 법원행정처에 사표를 제출하고 난 뒤 대법원장인 피고를 독대하여 사직의사를 분명하게 밝히는 소외인을 상대로 피고가 여하한 사표불수리 사유가 없음에도 불구하고 이를 반려한 행위는 사표수리권자로서의 그 권한을 남용하여 소외인의 사직의 권리행사를 방해한 것으로서 마땅히 직권남용권리행사방해죄에 의율되어 처단되어야 합니다. 뿐만 아니라 자신의 위와 같은 행위를 덮기 위하여 국회의원실에 서면 답변을 통해 소외인과의 독대 자리에서 탄핵 운운이 없었다면서 소외인을 거짓말하는 사람으로 인식되도록 하였고, 이러한 서면 답변은 대법원의 공식 입장으로서 공중에 공개될 것임은 넉넉히 알 수 있었고 실제로 자신의 변명이 언론을 통해 공표되길 기대하였다고 봄이 상당하므로, 피고의 두 번째 불법행위("1차 거짓말")는 '공연히 허위의 사실을 적시하여 사람의 명예를 훼손'한 것에 해당하여 명예훼손죄로 처벌되어야 하는 범죄입니다.

▶ 헌법상의 명문 규정 위반 – 정치적 중립성 위반 등

피고의 행위는 헌법 제103조 및 제7조를 위반한 것입니다. 헌법 제103조는 '법관은 헌법과 법률에 의하여 그 양심에 따라 독립하여 심판한다'라고 하고 있는 바, 여기에서의 독립은 특히 정파적 이해관계, 사회적 제 세력으로부터의 독립을 의미하는 것입니다. 피고는 그 자신이 대법관으로서 법관일 뿐만 아니라, 대법원장으로서 대법관 임명 제청권, 일반 법관들에 대한 임명권, 연임 가부 동의권, 법관 인사권을 갖고 있는 자이므로 누구보다 헌법 제103조를 준수하여야 할 책무를 지니고 있으나, 소외인을 상대로 한 대화 중 "…법률적인 그런 것은 차치하고. 나로서는 여러 영향이랄까 뭐 그걸 생각해야 하잖아. 그 중에는 정치적인 상황도 살펴야 되고…"라는 말이 대변하듯이 스스로 법관의 양심에 정치를 끌여들였을 뿐 아니라, 특정 정파와 세력의 정치적 일정을 염두에 둠으로써 독립성과 중립성을 지키지 않는 자임을 공언함으로써 헌법 제103조를 정면으로 위반하였습니다.

이렇게 피고는 법관이라는 특수한 직위에 따른 헌법적 기대를 저버렸을 뿐만 아니라, 공무원에게 전반적으로 요구되는 최소한의 기준 또한 위반하였습니다. 우리 헌법 제7조는 '공무원은 국민전체에 대한 봉사자이며, 국민에 대하여 책임을 진다(제1항)', '공무원의 신분과 정치적 중립성은 법률이 정하는 바에 의하여 보장된다(제2항)'고 하고 있습니다. 2020. 5. 당시 국회에서 정식으로 공론화되지도 않고 사회적 관심도 그리 많지 않던 상황에서 집권 세력 내부에서 소외인에 대한 탄핵이 거론되고 있다는 이유만으로 이를 염두에 두고 자신에 대한 비난을 우려하여 소외인의 사표를 반려한 소행은 국민 전체에 대한 봉사자가 아니라 특정 정치 세력에 빌붙은 사법하청업자로서, 법으로 보장된 정치적 중립성의 장벽을 스스로 거두어 들이고, 특정 정파의 하수인으로 원고들과 같은 대다수 국민을 헌법상의 국민에서 제외시켰다는 비난을 면키 어렵습니다.

▶ 헌법수호의 책무 방기 및 삼권분립의 파괴

△ 헌법의 수호자는 제1차적으로는 공무원으로서, 즉 공권력의 담당자인 공무원에게는 당연히 헌법 수호의 책임이 있습니다. 비록 우리 헌법 상의 명문 규정은 없으나, 실정 헌법을 통해 이를 명문으로 규정한 사례들이 드물지 않습니다. 과거 프로이센 헌법 제78조가 그러하였고, 현행 미국 헌법 제6조 3, 일본 헌법 제99조 등이 공무원에게 헌법 수호의 책무가 있음을 명시하고 있는 바[49], 사법부의 수장인 피고에게 이러한 책무가 요구됨은 더 말할 나위가 없으나, 피고는 특정 정파의 정치적 움직임을 고려하여 처신함으로써 헌법과 국민의 신임을 배반하였습니다.

△ 피고는 일찍이 법원 내부에서 '우리법연구회'의 회장을 지낼 정도로 많은 공부를 한 바 있고, 더구나 위 연구회는 지금은 '국제인권법연구회'로 변신한 것으로 알려져 있는 바, 법조인으로서는 물론 인권과 비교법제, 법의 역사와 그 정신에 대하여 누구보다도 잘 알고 있다고 할 것입니다. 따라서 본인이 행한 위와 같은 정치 편향적 태도와 의사결정, 그 의사결정

---

49) 김철수, 『헌법학신론』, 61쪽, 박영사, 2013.

이 초래한 결과 및 그 이후의 거듭된 거짓말과 몰염치한 자리보전 행위가 헌정질서에 어떤 의미를 갖고 있는지, 원고와 같은 국민들에게 직접적으로 어떠한 피해를 끼칠지 충분히 예견하고 있었다고 보아야 할 것입니다. 물론 피고가 무지하여 원고들과 같은 일반 국민의 자유 보전을 위해서는 아래와 같은 헌법상의 삼권분립, 권력의 견제와 균형 원리가 올바로 작동해야 하고, 사법권에 대한 국민의 신뢰가 있어야 한다는 점을 몰랐다고 하여 그 불법행위 책임에서 벗어나는 것은 아닙니다.

대한민국 헌법의 정신과 그 체제는 서구, 그 중에서도 미국의 헌법에서 절대적으로 영향을 받았는 바[50], 미국 건국 헌법의 아버지들 중의 한 명인 제임스 매디슨(미국의 제4대 대통령)이 삼권분립의 가치와 의의에 대하여 피력한 아래의 글은 자유 민주 공화정인 우리 대한민국 하에서 대법원장이 가져야 할 덕목과 자세, 책무가 무엇인지, 그리고 원고들과 같은 국민이 사법부와 사법부의 수장인 대법원장에게 어떤 기대를 갖고 있는지를 잘 보여줍니다.

자유의 보존을 위해 우리 모두가 어느 정도 필수적이라고 인정하는 바, 정부의 각기 다른 권한들을 분리하여 별개로 행사하기 위한 적절한 기초를 놓기 위해서는 각 권력마다 그 자신의 의지를 가져야만 하고, 이에 따라 각 권력의 구성원이 다른 부문의 구성원의 임명에 되도록 영향력을 끼칠 수 없도록 조직되어야 한다는 점은 자명하다. 이런 원칙이 엄격하게 준수되기 위해서는 입법, 사법 및 행정부의 최고 수반은 서로 완전하게 단절된 통로를 통하되, 권위의 공통 원천인 국민들에 의하여 임명될 것을 요한다. 각 권력이 한 부문에 점차로 집중되는 것을 방지하는 가장 확실한 안전장치는 각 부문의 최고 수반들에게 다른

---

50) 서희경, 『대한민국 헌법의 탄생』 194쪽 각주 3번 참조, 창비, 2012.

부문으로부터의 권리 침해가 있을 때 이를 저지할 수 있는 필요한 헌법적 수단과 개인적 동기를 부여하는 것이다.

인간들을 다스리는 인간들의 정부를 구성함에 있어서의 최대 어려움은 바로 이것이다. 먼저 정부가 피치자들을 통제할 수 있도록 해야 하고, 다음으론 정부가 스스로를 통제하게 해야 한다. 공화정체 하의 정부에서 입법부가 우월해 지는 것은 필연적이다. 이에 따른 폐해를 시정하는 대책은 입법부를 쪼개어 선출 방식과 행동 원칙을 달리하도록 함으로써, 그들 사이의 공통적 기능 및 사회에 대한 공동의 의존성이 허용하는 한 상호 간의 연결고리를 가능한 없애는 것이다.[51]

위 글은 제임스 매디슨 개인의 정치적 견해가 아니라, 인류가 정치 체제를 갖고 자유와 자주, 민권과 공화의 원리에 따라 살기로 한 사회에서는 당연히 받아들여지는 사회 구성의 토대라 할 것입니다. 그 중에서도 특히 견제와 균형을 가능케 하는 삼권분립은 비단 미국 건국 헌법의 정신만에 그치는 것이 아니라 인간과 시민의 자유를 염두에 둔 정치체제라면 보편적으로 언제, 어느 상황에서나 인정되는 것입니다. 예컨대, 이 문제에 관하여 지적한 몽테스키외는 그의 『법의 정신』에서 다음과 같이 아주 명확하게 권력의 남용과 자유는 양립할 수 없으며, 개인의 정치적 자유는 그 구성과 운영에 있어 권력의 분산이 없이는 존재할 수 없다고 단언하고 있습니다.

민주정 및 귀족정체는 그 본성상 자유로운 국가는 아니다. 정치적 자유는 제한정체 속에서만 찾을 수 있으나, 그렇다고 이 정체 속에서도 늘 정치적 자유가 있는 것은 아니다. 거기에도 권력의 남용이 없는 경우라야만 존재하는 것이다.

---

51) James Madison(1788. 2. 6), Federalist No.51.

하지만 항상 경험하는 바와 같이 권력을 부여 받은 모든 인간은 이를 남용하고, 자신의 권한을 극한에 이르기까지 행사하기 쉽다. 심지어 덕성(德性) 그 자체에도 한계를 지울 필요가 있다는 말도 전혀 이상하지 않다. 이 남용을 억제하기 위하여는 힘은 힘에 의하여 제어되어야만 한다는 사물의 본성에서 원리를 도출할 필요가 있다. 국가의 통치구조는 어느 누구에 대하여도 법이 강제하지 않는 일을 강제하거나, 법이 허용하는 것을 행하지 못하도록 금지하여서는 안 되도록 구성되어야 한다.[52]

백성의 정치적 자유는 각자가 자기는 안전하다고 생각하는데서 오는 정신적 안정감이다. 이런 자유를 갖기 위해서는 한 시민이 다른 시민을 두려워할 필요가 없도록 통치 체제를 구성하는 것이 필요하다.

입법권과 행정권이 동일인 내지 같은 집정관들의 무리 속에서 하나가 될 때, 자유란 있을 수 없다. 왜냐하면 동일한 군주나 원로원이 전제적인 입법을 하고, 그것을 전제적 방식으로 집행할 우려가 있기 때문이다. 사법권이 입법권 및 행정권과 분리되어 있지 않을 때에도 자유는 존재하지 않는다. 사법권이 입법권과 결합되어 있다면, 판사가 곧 입법자가 될 것이기에 백성의 생명과 자유는 자의적 통제에 노출될 것이다. 사법권이 행정권과 결부되어 있다면, 판사는 폭압을 자행할 수 있다. 귀족이 되었건 일반 시민이 되었건 간에, 법을 만들고(입법), 공공적 결정을 집행하고(행정), 개인 간의 소송을 심리(사법)하는 세 가지 권력 같은 인간, 같은 기구의 수중에 있다면 만사는 끝장날 것이다.[53]

---

52) Montesquieu, 〈The Spirit of the Laws,1748)〉, trans. by. Thomas Nugent(1752) Book XI. *Of the Laws Which Establish Political Liberty, with Regard to the Constitution. 4. In What Liberty consists.*

53) Montesquieu, 〈The Spirit of the Laws,1748)〉, trans. by. Thomas Nugent(1752) Book XI. *Of the Laws Which Establish Political Liberty, with Regard to the Constitution. 6. Of the Constitution of England.*

이상을 볼 때 피고의 행위는 삼권분립 기둥 자체를 허물고자 한 용납할 수 없는 반헌법, 반민주적 행위로서 공화정의 적이라는 지탄을 받아 마땅합니다. 다른 사람도 아닌 대법원 수장인 피고와 같은 자가 삼권분립, 견제와 균형이라는 헌법적 근간 원리를 앞장 서서 무너뜨리는 상황에서는 원고들과 같은 국민은 현재 및 장래 사법 제도가 정당하고 신뢰할 수 있는 방식으로 작동하여 헌법이 보장하는 권리를 지켜줄 것이라는 기대권이 침해당한 것에서 나아가, 한 집안의 세 기둥과도 같은 삼권분립이 흔들림으로 인하여 언제, 어떻게 자유를 박탈당할지 불안할 수밖에 없고, 이는 직접적으로 원고들에게 정신적 피해를 끼치고 있는 것입니다.

▶ 법관으로서 사실상 위증죄 해당

법관의 덕목 중 으뜸은 불편부당함과 정직입니다. 실체적 진실은 올바른 법 적용의 전제이고, 실체적 진실은 법관 자신의 불편부당한 엄정한 중립성과 재판 상대방은 물론 자신에 대하여도 엄격하게 요구되는 정직성입니다. 형사법적으로 처벌되는 위증은 법률에 의하여 선서할 것을 요합니다. 범죄의 구성요건으로서 선서를 요구하는 것은 자신의 거짓말에 책임을 져야 한다는 본인의 약속을 통해 거짓의 위험에 대한 주의를 환기시키고, 나아가 개인과 사회는 진실함에서만 온전한 실존적 존재가 된다는 점을 돌이켜 생각하게 하는데 있다고 할 것입니다.

그런데 법관은 늘 거짓과 변명 속에서 실체적 진실을 찾아내는 것을 그 직무로 하고 있어, 진실의 중요성과 거짓이 초래하는 영혼과 사회적 폐해에 대하여 잘 알고 있는 까닭에 새삼 보통 사람에 의하여 요구되는 선서가 없더라도, 그는 늘 거룩한 진실의 서약 앞에 서 있는 사람입니다. 그렇기에 법정에서 타인에게 선서를 시킬 수도 있는 것입니다. 이런 피고가 명백하게 거짓말을 하였습니다. 첫 번째 거짓말은 자신을 위한 방어를 넘어 상대방을 거짓말쟁이로 몰고자 하는 명예훼손의 성격까지 있었습니다.

만일 소외인이 녹취록을 공개하지 않았더라면 지금까지 드러난 피고의 성정 상 "하늘에 대하여 맹세컨대, 나의 분명한 기억에 의하면 절대 탄핵 이야기는 없었다"고 거듭 거듭 주장하여, 대중을 기망할 소지가 없지 않습니다. 두 번째 해명 역시 경험칙 상 거짓이 분명한 바, 피고는 본인 신문에 응하여 법정에서 선서 후 그와 같은 진술을 다시 해야 할 것입니다. 물론 우리 형법이 자신에 대하여는 설령 선서 후 거짓을 이야기 했더라도 위증죄로 처벌할 수 없어, 본인 신문에서도 기존 주장을 되풀이할 가능성이 매우 농후하지만, 원고들은 그럼에도 불구하고 피고의 주장이 거짓임을 신문과정을 통해 밝혀 내도록 하겠습니다.

법관이 되는 순간 진실의 선서를 한 피고가 이를 어긴 이상 그 도덕적, 정치적 위증만으로도 피고는 법관의 자격을 상실하였다고 할 것인 바, 이런 행위는 비단 피고 개인에 대한 비난을 넘어서, 원고들과 같은 극히 정상적인 국민이라면 사법부에 대한 신뢰가 추락함으로 인해 물질적으로 환산할 수 없는 정신적 고통을 입는 것이 당연합니다. 그렇잖아도 무고와 위증이 범람하는 사회에서 대법원장의 거짓말, 그것도 한번이 아니라 두 번에 걸친 거짓말은 사회적 신뢰를 급격히 무너뜨린 용납할 수 없는 불법행위입니다.

청구원인: 피고의 불법행위와 원고들 손해 사이의 상당인과관계

피고의 행위는 그 발단은 소외인과 둘 사이에 벌어진 것이지만, 그 전후의 전개과정 및 이로 인해 드러난 명백한 피고의 정치판사로서의 뚜렷한 편향성, 부정직함은 공정하고 신뢰성있는 사법기관을 통하여 권리와 의무를 확인 받아야 하는 일반 국민이 직접 이해당사자로서 영향을 받고 있습니다. 전 국민이 공정하게, 안심하고 사용할 사법시스템이라는 우물에 그 우물을 지키는 최고 책임자가 앞장 서서 오물을 뿌린 것입니다. 원고를 비롯한 대한민국 국민은 싫건 좋건 선택의 여지 없이 이 우물에서 물을 길을 수 밖에 없습니다.

"모든 국민은 헌법과 법률이 정한 법관에 의하여 법률에 의한 재판을 받을 권리를 가진다"는 헌법 제27조 제1항의 의미에 관하여 헌법재판소는 물적독립과 인적독립이 보장된 법관에 의하여 합헌적인 법률이 정한 내용과 절차에 따라 재판을 받을 권리"라고 부연 설명을 하고 있는 바(2001 헌가18), 헌재의 이 결정 내용과 위에서 본 삼권분립의 성격, 역할, 국민의 자유에 관한 고전적, 제도적 전통의 정신에 비춰보면, 국민이 누리는 '법관에 의한 재판을 받을 권리'란 단지 임명과 조직이 별도의 법에 의하여 뒷받침된다는 의미에서 더 나아가 그 '독립성에 대한 신뢰가 있는 법관'에 의하여 재판을 받을 권리라고 보아야 할 것입니다. 그런데 헌법의 명문 규정은 물론 그 근간이 되는 삼권분립의 토대인 사법권 독립을 스스로 해치며, 실정법상 범죄에 해당하는 행위를 하고, 사실상 국민과 국가를 상대로 위증 행위를 일삼은 피고가 대법원장으로서 위에서 본 바와 같이 법관의 임명과 인사 전보를 좌지우지하여 얼마든지 개별 법관에 영향을 줄 수 있고, 이로 인한 피해가 바로 원고들과 같은 국민의 피해로 이어질 수 있음은 짐작하기 크게 어렵지 않습니다.

실제로 피고는 2020. 5. 25. 전국법관대표회의에서 "국민 눈높이에서 어떤 재판이 '좋은 재판'인지를 생각하고 실천해야 한다"면서 '국민'을 수차례 언급하였는데, 그 발언 시기가 청와대의 울산시장 선거 개입, 조국 전 법무부장관 가족 입시 비리, 청와대의 유재수 전 부산시 경제부시장 감찰 무마, 김경수 경남지사 댓글 조작 공모 의혹 사건 등 여권 인사들이 기소된 재판의 1·2심이 동시에 진행 중인 상태여서, 전직 헌법재판관 등으로부터 "여권 관계자 사건을 맡는 법관에게 부담을 줄 수밖에 없는 발언", "대법원장은 여론과 정치의 외풍을 막아줘야 하는 자리인데 오히려 외부 바람을 들이는 관문 역할을 하고 있다"는 지적을 받은 바 있습니다.[54]

2021. 2. 9. 자로 단행한 인사에 있어서도, 예컨대 대한민국의 법원 중 제일 중요한 사건들을 처리한다고 할 수 있는 서울중앙지방법원의 경우, 법관들을 어떤 재판부로 배치할지 정하는 사무분담 권한과 사건 배당 권한을 갖고 있고, 영장전담부장 판사에 대한 배치도 결정할 수 있는 요직들을 자기 편 판사들로 채웠다는 비판을 받고 있는데, 서울중앙지법원장에 임명되는 소외 성지용과 서울중앙지법 형사수석부장판사 소외 고연금은 피고가 초대 회장을 지냈던 국제인권법연구회 출신이고, 서울중앙지법 민사1 수석부장판사 소외 송경근도 정치적 현안에 피고와 의견을 같이 하는 것으로 알려져 있습니다.[55]

헌법상 탄핵의 대상이자 수사와 재판의 대상이 되어야 할 피고가 대법원 수장으로서 위와 같이 노골적으로 정치적 편향성을 드러내고, 법관 인사권에 반영하는 현실에서 원고들은 헌법이 직접 보장하고 있는 법관에 의한 재판을 받을 권리 및 그 이전의 영장주의 등에 의한 인신보호청구권을 제대로 누린다고 할 수 없고, 이로 인한 큰 정신적 피해를 입고 있으며, 이러한 피해는 직접적이고 현실적인 것입니다.

헌법이 보장하는 권리에 대한 이러한 직접적 피해 이외에 원고들은 헌정 질서, 공익과 관련한 엄정한 재판에 있어 정권의 눈치를 보는 편향된

---

54) https://www.chosun.com/site/data/html_dir/2020/05/26/2020052600110.html. 조선일보, 2020.05.26.
55) https://www.donga.com/news/Society/article/all/20210204/105290420/1. 동아일보, 2021.02.05.

재판을 우려하지 않을 수 없는 바, 특히 공무원들의 경우 설령 피고의 영향력에도 불구하고 하급심에서 소신있게 판결을 하더라도 피고가 대법원 장으로 버티고 있고, 그가 지명하는 대법관들, 피고가 내통하고 있는 행정부의 정치적 이해와 같이 하는 대법관들이 자리를 차지하고 있는 최고법원 내에서 불의한 집권 세력의 입맛에 맞는 최종 결론이 나온다는 그릇된 믿음이 퍼지게 되면 헌법상의 직업공무원 제도가 형해화 되어 특정 세력에 부역하는 자들의 득세함으로 인한 피해를 원고와 같은 국민들이 고스란히 받게 됩니다. 결국 파당이 득세하여 국가의 이해관계를 사유화하는 불법의 고착화를 부추기게 되는 셈인데, 이로 인한 원고들의 피해 역시 현실적인 피해로서 원인제공자인 피고가 배상해야 합니다.

그리고 정치적 편향성을 유감없이 드러내는 피고와 같은 자가 이미 저지른 불법행위로 인하여, 또한 그 자리에서 버티고 있음으로 인하여 헌법적 정신에 투철하게 오로지 법관의 직업적 양심에만 기대어 판결을 하는 대다수 법관들의 사기를 저하시키고, 그들의 재판에 대한 열정을 감소시킴으로 인하여 돌아오는 사법의 질적, 양적 저하로 인한 피해 역시 고스란히 원고들의 몫입니다.

여기에 피고의 존재 자체가 이미 원고들에게는 씻을 수 없는 치욕입니다. 21세기 이런 자가 대한민국 법원의 수장으로 버티고 서 있다는 것이 원고들로서는 전세계 앞에서 낯을 들 수 없습니다. 군인, 경찰 등 민중을 상대로 하는 다수의 조직원들이 제복을 입는 것을 제외하고, 공직자의 신분으로서 국민을 대함에 있어 별도의 제복을 입는 신분은 법관이 유일합니다. 우리는 그 옷을 제복이라 하지 않고, 법복이라 부릅니다. 그리고 그 법복을 입은 법관은 법대에 앉아서 내려다 봅니다. 법대를 높여 놓은 것은 법관들의 앉은 키가 작아서 그런게 아닙니다. 법정의 문을 열고 들어설 때, 그리고 나갈 때 적어도 법조인인 변호사들은 고개를 숙여 그 높이 있는 법대에서 법복을 입고 있는 법관에게 인사를 합니다. 법관이 보건 안보건 그것은 관행이고, 그 관행은 모든 자유 근대 문명사회의 관행이기도 합니다. 법관 앞에 나갈 때 변호인이나 소송대리인은 적어도 말끔하게 정장을 차려 입고 예의를 갖춥니다. 어느 법에도 그렇게 하라는 강제규정이 없지만 그렇게 하는 것 역시 자유사회의 명예로운 전통입니다. 죄 중에 법정모욕죄가 있습니다. 일반 공무원 모욕죄는 없습니다. 있다면 공무집행 방해이나, 그 구성요건은 매우 엄격합니다. 법관만이 특별한 옷을 걸치고, 특별히 높은 곳에 앉아서, 그들보다 하나도 못할 것이 없는 동료 시민들로부터 인사를 받고, 그들에 대하여 약간의 모욕적인 언동이 있어도 모욕죄로 처벌받아야 하는 이유가 뭘까요?.

이것은 그 법관 개인이 잘났기 때문이 아닙니다. 그것은 우리가 몽테스키외나 제임스 매디슨의 논지에서 보듯이, 사회의 정치적 자유를 지켜주는 최후의 보루가 법관이고, 법관에 대한 신뢰는 사회적 약속이며 합의이기 때문에, 우리 모두가 우리 모두에게 스스로 경의를 표하며 진실을 다짐하는데서 나오는 것입니다. 그런데 피고는 이 모든 신뢰와 사회적 합의를 깨뜨렸습니다.

앞으로 법정에 들어서는 국민들은 법복이 주는 신뢰가 아니라, 법복 속에 숨겨져 있는 비열한 정치적 야심, 편견, 부정직을 떠올릴지도 모릅니다. 높은 법대는 우리의 신성한 약속을 모셔 둔 곳이 아니라 부역 판사들의 오만함이 똬리를 틀고 있는 것으로 보일 것이고, 아마도 형식적 인사는 하겠지만 그 인사는 욕을 담고 있는 비웃음이 될 수도 있을 겁니다. 법정모욕죄는 얼마든지 속으로 범하고 싶은 갈망의 대상이 될지도 모릅니다. 이 모든 비극과 불행에는 자신이 누구인지, 무엇을 해야 하는지도 모르고, 그 자리를 차지하고 불법을 자행한 피고로 인하여 비롯된 것입니다. 그래서 원고들은 슬프기도 합니다. 우리 세대, 다음 세대, 이 기본적인 사회적 신뢰가 회복되기까지 얼마나 걸릴까, 이 신뢰가 무너진 세상에서 살아야 하는 미래의 세대들은 얼마나 불의와 불공정, 세상에 믿을 것이 없다는 불안함의 실존 의식으로 살면서 고통을 받아야 할까 분노와 슬픔이 교차하는 것입니다. 피고는 경험하지 않았어야 할, 경험할 필요도 없는 이 고통을 원고들에게 안겨준데 대하여 마땅히 금전으로나마 위자할 책임이 있습니다.

1심 판사 강영훈, 김명수 방탄 의혹

그런데 이 사건은 전혀 예상치 못한 데서 제동이 걸렸다. 사건을 맡은 서울중앙지방법원 강영훈 판사가 원고들에게 소송비용담보제공결정을 내린 것이다. 소송비용담보제공이란 원고가 패소하였을 경우 피고 쪽에서 소송비용을 내라고 할 수도 있는데, 그 때 소송비용을 확보하지 못할 경우를 대비하는 것이어서 이 제도는 원고의 편의를 위한 규정이다. 그래서 관련 규정은 피고의 신청이 있으면 법원이 소송비용에 대한 담보를 제공하도록 명하도록 하고 있고, 직권으로 명하는 것은 예외적으로 하고 있다. 그래서 이에 대하여 원고들은 아래와 같이 항고하였다.

소송비용담보제공결정 명령에 대한 원고들의 항고

귀원의 위 결정의 이유는 다음과 같습니다.

※ 이 사건 기록에 의하면, 소송비용에 대한 담보제공이 필요하다고 판단되므로 민사소송법 제117조 제2항, 제120조 제1항에 의하여 주문과 같이 결정한다.

법원이 소송비용담보결정을 함에 있어서 민사소송법은 두 가지 경우를 들고 있는 바, 위 법 제117조 제1항은 "원고가 대한민국에 주소·사무소와 영업소를 두지 아니한 때 또는 소장·준비서면, 그 밖의 소송기록에 의하여 청구가 이유 없음이 명백한 때 등 소송비용에 대한 담보제공이 필요하다고 판단되는 경우에 피고의 신청이 있으면 법원은 원고에게 소송비용에 대한 담보를 제공하도록 명하여야 한다"고 하고 있고, 제2항은 "제1항의 경우에 법원은 직권으로 원고에게 소송비용에 대한 담보를 제공하도록 명할 수 있다"고 하고 있습니다.

귀원은 피고 김명수의 신청이 없음에도 직권으로 제2항에 따라 원고들에게 소송비용담보제공을 명하였다는 것인 바, 원고들이 대한민국 국민으로 그 주소지를 명확하게 밝히고 있으므로, 결국 귀원은 스스로 '소송기록에 의하여 청구가 이유없음이 명백한 때'라고 판단하였다는 것이니, 이는 재판을 통해 원고들과 피고 사이의 다툼을 통해 종국적으로 판단에 이르러야 할 사안에 대하여 귀원이 이미 일방 당사자인 피고에게 유리한 심각한 예단과 편견을 갖고 있음을 보여주는 것이라 하지 아니할 수 없습니다. 민사 소송에 있어서는 당사자주의의 대원칙에 쫓아 법원은 중립적이고 공정한 심판자로서 당사자 쌍방의 주장과 입증을 쫓아 판단하여야 함이 마땅하고, 피고의 요구가 없음에도 불구하고 궁극적으로 피고의 경제적 이익에 귀착되는 소송비용을 법원이 앞장 서서 원고들에게 담보제공토록 함으로써 사실상 원고들의 소제기권, 재판청구권을 제한하여서는 안 되는 것입니다.

법원이 직권으로 담보제공결정을 할 수 있도록 한 민사소송법 제117조 제2항은 2010. 7. 23. 신설된 조항입니다. 이는 소송비용부담은 원, 피고 쌍방 사이에서 해결해야 할 문제이고, 극히 예외적인 경우가 아니면 법원이 직권으로 나서서는 안 된다는 법적 정의와 민사소송법의 대원칙을 연혁적으로 보여주는 것입니다. 실제로 귀원이 피고의 신청이 없었음에도 불구하고 원고에게 직권으로 소송비용담보제공을 명한 사례가 지금까지 몇 건이나 있었고, 어떤 사건에서 있었는지 묻지 아니할 수 없습니다. 피고가 현직 대법원장이라는 이유로 법원의 직권에 의한 소송비용담보제공 결정이라는 우산을 쓰지 않았기를 바랍니다. 이 결정으로 인해 원고들은 귀원이 이미 본안 심리에 들어가기도 전에 심각한 예단을 갖고 있음에 우려를 표하면서, 부당하게 직권을 남용하여 원고들의 재판청구권을 직접적으로 침해하는 소송비용담보제공결정에 불복하는 바, 위 결정을 즉시 취소하여 주기 바랍니다.

시간끌기, 동어반복 서울중앙지법 신한미 부장판사

그러나 이 항고를 받은 서울중앙지방법원 제5민사부(재판장 신한미)는 이를 기각하였는데, 그 기각 사유는 결정문 어디에도 당사자들이 납득할 수 있도록 적시되어 있지 않았다. 그저 관련 규정을 나열하고 난 뒤 제1심 법원이 위와 같은 사유가 있다고 판단한 것은 정당하다는 그야말로 원님 재판이었다. 짐이 곧 국가라는 절대군주에 못지 않은, 내가 그렇게 생각하면 그게 이유라는 오만방자하고 사법을 능멸하는 행태가 아닐 수 없다. 아래 성명서가 이를 잘 지적하고 있다.

성명서

김명수 호위무사를 자처하는 법관들, 부끄럽지도 않은가.

사상초유의 판사 탄핵을 스스로 유도하는 등 사법부 독립을 스스로 침해하고 사법부 수장의 자리를 오욕으로 점철한 김명수 대법원장을 상대로 소송을 제기하였던 사회정의를 바라는 전국교수모임(정교모) 소속 교수들은 2021. 11. 7. 서울중앙지방법원 제5민사부(재판장 신한미)의 결정문을 통지받았다.

이 사건(2021가단5028825호)의 담당 판사인 서울중앙지법 민사49단독 강영훈 판사가 2021. 4. 5. 원고들에게 소송비용담보제공을 요구하는 결정에 대하여 하였던 즉시항고에 대한 결정이었다.

2021. 2. 9. 제기된 소송에 대하여 두 달여 가까이 되어 법원이 직권으로 소송비용담보제공을 명하고, 이에 대하여 즉시항고를 하자 6개월 반이 넘도록 이를 결정을 내리지 않고 있다가 아무런 구체적 이유도 적시하지 않은 채 관련 소송법규정만 나열하고 "제1심 법원이 위와 같은 사유가 있다고 판단"하여 "소송비용에 대한 담보를 제공하도록 명한 것은 정당"하다는 달랑 세 줄의 판단을 보내온 담당재판부의 행태는 지금 위중증에 빠진 대한민국 사법부의 현실을 단적으로 보여준다.

원래 소송비용담보제공에 관한 민사소송법 제117조는 "원고가 대한민국에 주소·사무소와 영업소를 두지 아니한 경우에는 법원은 피고의 신청에 따라 원고에게 소송비용에 대한 담보를 제공하도록 명하여야 한다"고 되어 있었는데, 2010. 7. 여기에 "소장·준비서면, 그 밖의 소송기록에 의하여 청구가 이유 없음이 명백한 때 등"을 추가하여, 이때에도 피고의 신청에 따라 담보제공을 명하되, 제2항을 신설하여 법원이 직권으로 명할 수도 있도록 해둔 것이다.

그런데 원고들이 즉시항고 이유에서 지적하였던 것처럼 피고가 주장하지 않는한 법원이 이를 직권으로 행사하는 것은 민사소송의 당사자주의, 쌍방주의, 변론주의의 대원칙에 위반하는 것으로서 극히 예외적인 경우가 아니면 행사하여서는 안 되는 것이다.

왜냐하면 원고의 청구가 이유 없다고 판단되면 재판을 통해 각하나 기각하면되는 것이지, '명백히 이유없음'을 이유로 법원이 직권으로 소송비용담보제공을 요구하는 식으로 개입하게 되면 사실상 피고 측을 편드는 셈이 되고, 국민의 재판받을 기본권을 심각히 침해하는 결과가 초래되기 때문이다.

우리는 묻는다.

서울지방법원 민사49단독 강영훈 판사에게 묻는다.

귀하는 이 사건 외에 지금까지 피고가 신청한 바도 없는데, 직권으로 원고 측에게 소송비용담보제공을 명한 사례가 있었는가.

우리는 묻는다.

서울지방법원 제5민사부 재판장 신한미(조정환, 오승이)에게 묻는다. 귀하가 지금까지 재판하면서 직권으로 소송비용담보제공을 명한 적이 있는가. 귀하가 지금까지 즉시항고 사건을 담당하면서 결정을 내리는데 6개월 반 이상 걸린 적이 있는가.

원고들은 재항고를 통해 김명수가 수장으로 있는 대법원의 판사들이 어떤 결정을 내릴 것인지 지켜 볼 것이다. 법관의 정의감과 양식을 저버리고, 자기 수장의 호위무사를 자처하는 판사들의 비루한 행태 역시 김명수라는 비루한 대법원장의 이름과 함께 역사에 기록될 것임을 경고한다.

2021. 11. 22.
사회정의를 바라는 전국교수모임

고대 로마의 시인 중에 사회상을 통렬하고도 유쾌하게 풍자한 시로 유명한 쥬브널(Juvenal, 55-140)이 있다. 그의 작품 중에 제멋대로 고집 센 아내가 로마인 남편에게 아무 까닭없이 노예를 십자가에 못 박아 죽이라고 닦달하는 대목이 있다. 남편이 왜 꼭 그래야 하는지 묻자, 그녀는 이렇게 대답한다. "Hoc volo; sic jubeo; sit pro ratione vluntas. 내가 원하니까요, 그래서 요구하는 거구요. 그게 바로 이유죠." 일부겠지만 대한민국 판사들 중에는 자기의지가 곧 법이라는 사고를 하면서 법관의 독립, 자유심증주의 등 자유민주 공화정의 핵심을 지키도록 만들어 둔 제도를 자기의 정치 성향, 장래에 대한 정치 보험, 자기 성향과 편견의 도구로 거리낌없이 쓰고 있는 것이 현실이다.

김명수의 셀프 재판, 예상을 벗어나지 않다

저 로마의 여인이 내렸음직한 기각 결정에 대하여 원고들은 당연히 재항고(대법원 2021마7252)하였으나, 눈치 빠른 독자들이 짐작하는 바와 같이 대법원에서는 이를 심리불속행으로 2022. 3. 25. 기각하였고, 원고들이 끝내 담보제공을 하지 않자 1심 법원(이 때는 임범석 판사로 바뀜)에서는 2022. 5. 12. 무변론 각하 판결을 내렸다. 그리고 원고들은 불복이 무의미하다고 보아 항소를 포기함으로써 이 사건은 그대로 확정되고 말았다.

'소송비용 담보를 미리 제공하지 않는다는 이유로 재판할 수 없다'는 결론을 내리는데 대한민국 3심이 다 동원되어 1년 3개월을 끌었다. 비록 허망하게 끝난 사건이긴 하지만, 여기엔 위에서 말한 재판 사보타주와 재판을 아부와 징치바라기 수단으로 쓰고자 하는 행태가 직·간접적으로 드러나 있다. 지금도 궁금한 것은 피고인 김명수가 1심 법원에 원고들이 담보제공을 하지 않으면 응소할 수 없다는 뜻을 1심 법원에 전달했는지 여부이다. 기록만으로 보면 답변서 등을 통한 피고의 신청이 명시되어 있지 않으므로 1심 강영훈 판사가 직권으로 내렸다고 보아야 한다. 그가 과연 법관의 양식에 맞게 건전한 법리와 상식에 따라 부끄럼없이 그런 결정을 직권으로 내렸는지의 여부는 그가 지금까지 판사 생활을 하면서 그런 결정을 과연 몇 번이나 내린 적이 있었는지에 달려있다. 만일 그런 전력이 없다면 그는 피고 김명수가 대법원장이라는 이유로 알아서 긴 것밖에 되지 않는다.

이 사건을 취재한 월간조선은 다음과 같이 정리한 바 있다.

소송비용담보제공 명령은 판사 출신 변호사들조차 "법원이 소송담보제공을 명한 것은 굉장히 이례적"이라고 입을 모을 정도로 실제로 적용된 사례가 드문 제도이다. 지법 부장판사 출신인 A변호사는 "20여년 동안 판사와 변호사로 일했지만, 그런 명령을 해 본 적도, 하는 것을 본 적도 없다"고 말했다. 판사 출신인 B 변호사 역시 "원고가 대한민국에 주소가 없을 때에나 하는 것으로, 법원이 직권으로 이를 명령한 것은 매우 이례적인 일"이라고 말했다. 정교모가 김명수 대법원장을 상대로 낸 민사소송에서 법원이 소송비용담보제공 명령을 했다고 전하자 두 사람 모두 실소를 터뜨리면서 "담당 판사의 과잉충성 아니겠느냐"고 말했다.[56]

이들 외에 서울중앙지법 정성균 부장판사(사법연수원 제31기)도 국제인권법연구회 출신으로 알려져 있다. 김명수라는 이름에 세익스피어의 대사를 다시 소환해 본다.

"우리가 대법원장이라고 부르는 것, 거기에 다른 이름을 붙여도 그 악취는 여전하겠지요." 어느 특정 자연인을 비난하는 것이 아니다. 김명수로 시작하여 김명수로 끝난 대한민국 사법부의 흑역사를 정리하고 넘어가야 권력에 빌붙으며 멀쩡한 시스템을 사욕의 도구로 채우는 무리의 등장에 경고를 울릴 수 있기 때문이다. 김명수도 물러났다. 혹여라도 김명수 키즈를 꿈꾸는 자들이 법복을 입고 있다면 그 자리에서 깨끗이 물러나야 한다. 정치판사들은 여의도로 가고, 워라밸 판사들은 집으로 가는 것이 떳떳하고 맞는 처신이다. 그래서 정의의 수건으로 눈물을 닦아주는 것을 천직으로 알고 수도승처럼 오늘도 재판을 진행하며 노심초사하는 많은 판사들을 도매금으로 욕먹이고, 대한민국의 골격을 바탕에서부터 위험에 빠뜨리는 일이 이제는 바로 잡혀야 한다.

---

56) http://monthly.chosun.com/client/mdaily/daily_view.asp?idx=12211&Newsnumb=20210412211

사건번호	2021가단5028825	사건명	[전자] 손해배상(기)
원고	고재용 외 57인	피고	김명수
재판부	민사49단독		
접수일	2021.02.09	종국결과	2022.05.12 각하판결
원고소가	69,600,000	피고소가	
수리구분	제소	병합구분	없음
상소인		상소일	
상소각하일		보존여부	기록보존됨
인지액	286,300원		

관련사건내용

법 원	사건번호	구 분
서울중앙지방법원	2021라277	항고
대법원	2021마7252	항고

당사자내용

구 분	이 름	종국결과	판결도달일	확정일
원고	1. 고재용 외 57인	2022.05.12 각하판결	2022.05.16	2022.05.31
피고	1. 김명수	2022.05.12 각하판결	2022.05.18	

대리인내용

구 분	이 름
원고 소송대리인	변호사 이호선

"우리는 고발한다"
헌법기관의 반(反)헌법 범죄와 국가파괴의 작폐에 대한 고발장

조성환 전 경기대 정치전문대학원 교수

가증스러운 느네쀠스 사건이라니, 당신 이름에 대해, 게다가 당신 통치에 대해 이 얼마나 말도 안 되는 멱칠인지요! 군사 법정은 에스테라지라고 불리는 자, 모름지기 진실과 정의에 대한 최대의 모욕인 이 자에게 이제 막 감히, 명령에 따라, 무죄를 선고했습니다. 끝났습니다. 프랑스의 얼굴에는 지울 수 없는 오점이 생겼고, '역사'는 당신이 대통령일 때 그런 사회적 범죄가 저질러졌다고 기록할 겁니다. (…) 진실, 저는 진실을 말하겠습니다. 왜냐하면 정식으로 재판을 담당한 사법부가 만천하에 진실을 밝히지 않는다면 제가 진실을 밝히겠다고 약속했기 때문입니다. 제 의무는 말을 하는 겁니다. 저는 '역사의 공범자'가 되고 싶지 않습니다. 만일 제가 공범자가 된다면, 앞으로 제가 보낼 밤들은 가장 잔혹한 고문으로 저지르지도 않은 죄를 속죄하고 있는 저 무고한 사람의 유령으로 가득한 밤이 될 것입니다.(에밀 졸라, '나는 고발한다' 중에서)

건국헌법과 대한민국 입헌주의의 의의

우리는 1948년 8월 15일 대한민국이라는 자유·민주·공화·법치의 현대국가를 세웠습니다. 헌법이 제정된 이래 지금까지 총 8회의 헌법 개정이 있었습니다. 개정이 잦았던 사정으로 우리 헌법의 헌정사적 의미를 경시하거나 심지어 본원적 가치를 훼절(毁折)하는 반(反)헌법 세력까지 준동할 수 있는 여지가 있습니다. 그러나 8차에 걸친 헌법 개정은 주로 통치권(국가조직)의 개정에 집중되었습니다. 그러나 제헌헌법 이래의 헌법 전문(前文), 총강과 기본권 조항은 중요한 변동 없이 유지되어 현재의 이르고 있습니다.

모든 성문헌법에서 총강과 기본권 조항은 '헌법 중의 헌법'입니다. 제헌헌법 "제1조 대한민국은 민주공화국이다. 제2조 대한민국의 주권은 국민에게 있고 모든 권력은 국민으로부터 나온다"를 규정한 총강 조항으로 우리는 조선 왕조의 '백성', 일제의 '신민'이 아니라 주권자 '국민'이 되었습니다. 우리 헌법의 기본권 조항 역시 제헌헌법의 요체(要諦)를 고스란히 유지하고 있습니다. 아울러 우리의 제헌헌법은 그 구성의 측면에서 기본권을 통치조직 앞에 규정함으로써 1919년 바이마르 헌법보다 더 근본적인 의미를 지닙니다. 20세기 초 최고의 헌법이자 우리 제헌헌법의 모범이었던 바이마르 헌법이 히틀러의 '수권법'(授權法)에 의해 고작 14년 만에 폐기되었습니다. 그러나 우리 대한민국은 제헌헌법 이래 75년의 문명적 입헌주의(Constitutionalism) 역사를 이어왔습니다.

한국의 입헌주의는 결코 외눈박이 '분단사관'으로 폄훼되거나 반(反)대한민국 이념세력에 의해 파괴될 수 있는 사안이 아닙니다. 식민지를 경험하고 미소 패권국가가 개입된 한반도에서 대한민국이 건국된 것은 역사의 우연, 혹은 미국의 후견의 결과라고 냉소적으로 판단될 사안이 아닌 것입니다. 1919년 3.1운동과 임시정부의 수립, 해방 직후의 혼란기에서 우리 국민과 탁월한 지도자들이 혼연일체로 뭉쳐 각고의 노력으로 수립한 입헌적 민주공화국입니다.

우리 국민이 목전에 닥친 수많은 위기를 극복하고 기적 같은 번영을 이룰 수 있었던 것은 바로 자유민주공화국 헌법이라는 문명의 주춧돌이 있었기 때문입니다. 우리의 위대한 국민은 나라의 주인으로서 국토 산하에 붉은 피를 쏟아 소중한 자유를 지켰고, 세계 어떤 나라 국민보다 많은 땀을 흘려 큰 강물을 만들어 지금은 번영의 바다에 도달했습니다. 그러나 이 자랑스러운 현대사에서 최근 우리는 '이데올로기를 현실로 착각한 문제인(問題人)' 세력의 혁명적, 전복적 도발로 인하여 체제의 정당성과 국가의 정체성이 동시에 훼손되는 위기를 겪었습니다.

소위 문재인 '촛불혁명정부'의 반(反)입헌주의 도발

문재인 정권은 우리의 헌법이 부여한 주권자인 국민의 투표에 의해 당선되었습니다. 그래서 그는 대한민국 헌법이 명(命)하는 헌법수호의 신성한 책무에 대한 선서를 하고 대통령에 취임했습니다. 그러나 문재인은 천부의 인권, 입헌적 법치(Rule of Law), 개방된 시장, 영성에 대한 존중이라는 현대문명의 핵심가치가 침전된 자유민주공화국을 '촛불시민'이라는 집단적 우상을 내세우며 사실상의 '혁명정부'를 선언하고 운영했습니다. 이로써 우리 국민의 독립과 자립의 정신, 그리고 피와 땀을 쏟아 만든 자랑스러운 대한민국은 졸지에 '촛불시민' 우상과 혁명의 도그마에 의해 파괴와 해체의 대상으로 전락하고 말았습니다.

그들은 시대착오적 망상에 휩싸여, 기만과 선동정치를 혁명적 열정이라 강변하며 음험한 공작정치로 대한민국을 해체하는 반헌법·반국가 범죄를 서슴지 않았습니다. '촛불혁명' 세력은 대한민국 헌법을 충직하게 수호하는 것이 아니라 헌법을 선택적으로 오용하며 끊임없이 그 조항과 내용, 해석을 변경하는 것을 자행했습니다. 문재인 정부는 문명적 현대국가의 권력 원칙을 변경하였습니다. 2017년 7월에 발표된 『문재인 정부 5개년 계획』에서 '문재인 촛불시민정부'는 지금까지 문명적 입헌민주주의 국가의 헌정적 원칙인 '위임(대표)된 권력'이 아니라, '생성적 권력'으로 정부를 운영하겠다고 공언했습니다.

이것으로 문재인 대통령을 포함한 헌법기관의 실세들은 대표된(위임된) 권력이 아니라 '생성적 권력'의 영수(領袖)와 간부(幹部)를 자처했습니다. 문재인 혁명정권의 헌법기관은 선거에 의해 '위임된 권력'이 아닌 레닌의 '민주집중제', 히틀러의 '영도자론', 북한의 '수령론'에서 유래한 전체주의 권력 개념, '생성적 권력'을 차용했습니다. 그들은 국민의 주권을 선거에 의해 그 권한을 위임받아 국가의 최고규범인 헌법을 수호하는 본연의 책무를 외면했습니다. 문재인 정권의 헌법기관은 헌법 위에 군림하는 초헌법적 '권력(지배) 카르텔'로 변모했고, '촛불우상'의 명령에 따라 체제를 변경하고 국가를 파괴하는 데에 여념이 없었습니다.

"기회는 평등하고, 과정은 공정할 것이며, 결과는 정의로울 것이다"라는 문재인의 취임식 약속은 대한민국을 "한 번도 경험하지 못한" 거짓과 기만의 세상, 집권 권력층 이권카르텔을 조직하고 국민을 약탈하는 무도한 세태, 북한에 굴종하고 중국에 부역하는 친전체주의·반문명의 나라로 실현되었습니다.

헌법에 충성하여 자유 대한민국을 회복하겠다고 약속한 윤석열 정부가 들어선 것은 거의 기적에 가깝습니다. 한 번도 경험하지 않았던 반(反)대한민국 정권의 시대착오적이고 파괴적인 작폐로 자유 대한민국은 사멸의 위기에 처하였으나, 위대한 자유 국민의 결집으로 대한민국의 심장은 다시 뛰기 시작했습니다. 새 대통령이 집권했지만, 헌법 위에 군림하는 오만하고 타락한 헌법기관의 헌법 유린이 여전히 지속되고 있습니다. 대한민국은 헌법 회복을 통한 번영이냐, 아니면 헌법 유린에 의한 혼란과 쇠락이냐를 선택해야 하는 역사의 분기점을 지나고 있습니다.

문재인 정권 헌법기관의 헌법 범죄에 대한 고발장

대한민국은 헌법 유린에 의한 쇠락의 위기가 극복되고 헌법의 회복에 의한 번영의 길을 지속할 것입니다. 우리 국민은 능히 헌법 회복을 통해 대한민국을 더 위대하게 부활시키고 번영된 미래를 개척해 나갈 것입니다. 2019년 9월 국내외 6,200여 교수들이 모여 결성한 '사회정의를 바라는 전국교수모임(정교모)'은 "대한민국 헌법과 보편적인 양심에 따라 자유·진실·정의를 수호하기 위해 노력"하고 있습니다. 우리 정교모 회원은 대한민국 헌법 제정 75주년을 맞아 문재인 정권 헌법기관의 헌법 유린행위에 대해 '공론과 시대의 법정'에 아래와 같이 고발합니다.

첫째, 문재인 전 대통령을 헌법 파괴와 헌정질서 유린의 주범으로 고발합니다.

문재인은 주권자 국민의 투표로 대통령에 당선되었으나 대한민국 헌법의 최고 수호자 책무를 다하기는커녕 소위 '촛불시민혁명정부'의 수장을 자임한 후, '생성적 권력' 개념을 내세워 대의민주주의의 헌정질서를 교란했고, 헌법규범에서 자유의 개념을 소거하기 위해 각종 정치적, 법적 조치를 주도함으로써 자유민주주의의 체제정당성을 훼손했습니다. 아울러 집권당에 하명하여 공수처 등 위헌적 권력기관을 설치했을 뿐만 아니라, 임기 말에는 위헌의 논란이 명백하고 국회법상의 절차를 어긴 이른바 검수완박법 통과를 확정하기 위해 꼼수 국무회의 의결을 강행하는 등 무수한 위법, 탈법을 주도하거나 교사하여 대한민국 헌법체제와 입헌정치의 와해를 주도한 헌법 파괴의 주범으로 고발합니다. 문재인은 입법부 다수 집권당의 위헌·위법적 '정당독재', 사법부와 선거관리위원회의 각종 헌법 유린행위에 대해서도 최종의 책임자임을 고발합니다.

아울러 문재인은 중국과의 삼불합의와 굴종적 사대종중정책, 남북군사합의서 채택, 유엔의 대북제재해제를 위한 국제적 호소 행위, 일방적인 종전선언 추진 등 국가안보주권을 포기하는 정책을 지속적으로 추진한 것은 대통령의 정상적인 통치행위의 범위를 벗어난 '사실상의(de facto) 국가반역행위'였음을 공론장에 고발합니다. 여기에 더하여 문재인 정부는 반국가적인 친북정책을 추진하기 위해 해양수산부 공무원의 해수 표류를 의도적으로 방치하여 결국 북한군에 의해 사살되고 그 시신마저 소각되게 함으로써 정부의 국민보호의무를 위반했고, 이를 은폐하기 위해 그 공무원을 월북자로 둔갑시킨 반인륜모해죄의 최종 책임자임을 고발합니다. 이 사안과 더불어 사선을 넘어온 탈북자를 강제북송한 국민보호의무 위반죄와 반인도범죄의 최종 책임자로 고발합니다. 이 범죄는 개별의 사안에 국한되지 않습니다. 우리는 국민 보호의 의무를 다하지 않고 책임을 호도하는 정부와 대통령이 존재한다면 그 자체가 국가적 범죄임을 선언합니다.

둘째, 유사 '입법자', 다수당 국회의원과 국회의장을 의회독재에 의한 법치주의의 파괴자로 고발합니다.

입법자(국회의원)는 대의민주주의의 중추를 구성하고 각자가 단독의 헌법기관입니다. 국회는 민의의 전당이자, 입헌적 법치의 샘물이며 동시에 행정부·사법부와 견제와 균형의 역할을 다하여 민주공화국의 활력과 지속을 보장하는 기관입니다. 이러한 헌법적 권한과 기능에도 불구하고 입법부는 '정당정치'에 내재된 당파적 이익 추구에 의해 활동과 기능이 왜곡될 수 있고 자칫 회복할 수 없는 타락에 직면할 수 있습니다.

대한민국의 제19대, 제20대, 제21대 국회에서는 박근혜 정부와 문재인 정부를 거쳐 윤석열 정부에 이르는 기간 내내 더불어민주당 계통이 다수당을 차지했습니다. 이 시기에 더불어민주당 절대다수의 국회의원은 정략적, 당파적 이익을 추구하여 대통령 탄핵소추 의결에 이어 '촛불광장정치'를 주도하여 준(準) 혁명적 헌정위기 사태를 야기했습니다. 이를 통해 더불어민주당은 문재인 정권의 탄생을 정치적으로 견인하였으며 집권 후에는 '촛불혁명정부'가 지향하는 헌법 변경(개헌)을 맹목적으로 추진하려 했습니다. 이것을 포기한 이후에는 '권력분립과 견제와 균형'이라는 입헌정치의 근본원칙을 포기하고 대통령(행정부)과 사법부의 일체화를 추구했습니다. 더불어민주당은 위헌적 권력기관 개편에 필요한 불법적 입법조치를 강행했습니다. 그들은 국회법의 일반적 절차를 위반한 기상천외한 입법거래와 편법으로 불법을 저지르는 '정당독재'를 자행했습니다.

'정당독재'는 '국회의원'의 헌법적 지위를 일탈한 행위로서, 정당원으로서의 정치적·정략적 이익에 귀속된 '사적 패거리 독재'입니다. 의회정치에서 국회의원의 헌법적·공적 행위와 정략적, 사적 행위와의 구분이 모호해지고 전도(轉倒)된다면 정당의 위기, 국회의 위기, 입법의 위기, 대의민주주의의 위기는 필연적입니다. 윤석열 정부 이후 야당 대표는 헌법기관에 공적(公的)으로 부여된 '불체포 특권'을 자신이 사적(私的) 권리 방어, 즉 형사체포 방어에 이용하고 있습니다. 더불어민주당 원내 국회의원들은 헌법기관의 공적 책무를 외면하고 당 대표의 개인적 사법 리스크에 대한 기계적·맹목적 방어자로 전락했습니다.

정부가 바뀌어 다수 야당이 된 더불어민주당의 대표와 국회의원들은 헌법이 부여하고 주권자 국민의 투표를 통해 공적으로 위임한 입법권·행정부 견제권을 악법 양산, 괴담정치와 윤석열 대통령 탄핵정국 조성을 위한 광장정치 등 정략정치 집단으로 전락했습니다. 이로써 현재 대한민국의 의회정치는 대의민주주의의 훼손을 넘어 대의제의 몰락에 이를 수 있는 위기에 직면했습니다.

이러한 입법부의 타락과 무도한 '정략정치'의 발호에 대한민국 국회를 대표하는 국회의장에게도 정치적·사법적 책임이 있음을 고발합니다. 국회의장은 다수당에 의해 선임되나 의장의 직무는 정략정치나 정당독재의 조력자나 추인자가 아닌 의회정치와 국회법 수호의 최고책임자이며 대한민국 제2위의 권력자이기도 합니다. 따라서 더불어민주당의 정당독재와 방탄국회를 막지 못한 제19대, 제20대, 제21대 국회의 의장은 공론과 시대의 법정에서 고발되어야 합니다.

셋째, 김명수 대법관과 특정 연구회 출신 법관들을 고발합니다.

대한민국 헌법 제103조에는 "법관은 헌법과 법률에 의하여 그 양심에 따라 독립하여 심판한다"고 명시하고 있다. 현대 입헌주의는 통치권(국가조직) 구성에서의 '권력분립', 그리고 그 기능에 있어서는 '견제와 균형'을 기본요소로 삼고 있습니다. 우리 헌법 103조 규정은 사법부의 독립, 법관(판관)의 지위와 재판의 독립성을 보장하는 것입니다. 민주공화국에 있어 사법부는 행정부와 입법부를 형성시키는 주권자 국민의 투표로부터도 독립하여 양심에 따라 정의의 원칙에 의거하여 인권을 보호하고 국가(공화국)를 수호하는 신성한 지위와 책임을 집니다.

그런데 언제인가부터 사법부 내에 특정 연구회가 결성되기 시작했습니다. 이른바 '우리법연구회'라는 사조직이 만들어졌고, 이에 대한 국민들의 우려를 외면한 채 또 '국제인권법연구회'라는 것이 만들어졌습니다. 이들 연구회는 시대와 정부의 변화에 따라 단순한 연구모임을 넘어선 사법부 내의 집단이익조직으로 변모하였습니다. 그들은 '정의(재판)의 독립적 구현'이라는 본연의 헌법적 책무를 넘어 '권력과 특정이념'을 배타적으로 추구하는 정치이념집단체로 변모했습니다. 이로써 사법부는 내부로부터 조직의 독립성이 깨어지기 시작했고, 재판의 독립성까지 허물어지기 시작했습니다. 특정 연구회는 '기관과 재판'의 독립성을 보장한 헌법 규범을 일탈하여 정치·이념·이익 카르텔로 변모하게 된 것입니다. 대한민국의 사법 체계는 법관 카르텔을 시작으로 변호사 집단(소위 '민변')과 전관예우관행 조직으로 확대되어 한국 사회의 새로운 배타적(이념적)·특권적 법률 카르텔로 변모하였습니다.

문재인 정부에서 임명된 김명수 대법원장이 수장으로 있는 대한민국의 사법부에서는 '정의의 독립된 구현'이 아닌 '정의의 집단적·선택적·특권적 조작'이 노골적으로 전개되었습니다. 인권보호, 공화국 수호의 최후 보루를 튼튼하게 하는 헌법이 보장한 사법부와 재판의 독립성이 특정 집단의 결성과 내부 권력화에 의해 큰 손상을 입었습니다 대한민국의 삼권분립은 사법부 내 권력 카르텔의 형성으로 깨어지기 시작했고, 법원 내 특정 연구회를 초기부터 이끈 김명수가 문재인 정권의 대법관으로 임명되면서 대한민국에서 '정의의 구현'은 치명적으로 깨어져 버렸습니다.

'문재인 촛불정부'의 사법부와 특정 연구회 출신 법관은 시민단체와 지식인들이 냉소적으로 지칭하듯이 정치권력에 대해서는 '홍위병 집단'이자 '패거리 판사'로 전락하였습니다. 이들은 사법부와 재판의 독립이라는 신성한 책무를 수행하는 것이 아니라 집단적 이념과 이해관계에 따라 선택적 기준에 따라 재판권을 오용하고 남용하고 있습니다. 대한민국의 중요한 재판은 상식과 윤리, 보편적 양심과 가치가 아니라 금전과 권력, 이념의 잣대가 침습하여 크게 타락했고 일부 법관은 고결한 판관의 양식과 양심이 아니라 '비상식적이고 비논리적이며 이념적이기까지 한 법해석'을 남용하여 선택적 정의와 지체된 정의를 남발하고 있습니다.

정의 실현의 최고책임자 대한민국 대법관이 자신의 정치적 이해와 체면을 위해 수하 법관의 중병 사표를 겁박하여 반려하여 국회로부터 탄핵을 강제하고, 이에 대한 반복된 거짓 해명이 만천하에 탄로 난 상황은 양심에 따라 재판하려는 수많은 법관들의 신성한 명예심에 비수를 박는 일입니다. 최고 재판관의 비루한 거짓말에 대해 그 당사자는 시종 뻔뻔한 태도를 보이는데 왜 부끄러움은 우리 국민의 몫이 되어야 하는지 질문을 던져야 하는 상황입니다.

넷째, 선거관리위원회 위원장과 위원들의 오만과 부패를 고발하며, 헌법재판소의 정치재판·지연재판을 고발합니다.

먼저 선관위는 북한의 해킹에 대한 국가정보원의 보안점검 권고를 독립된 헌법기관이라는 이유로 거부했습니다. 이에 더하여 선관위 사무총장과 사무차장이 포함된 고위직들의 기막힌 '고용세습'의 문제도 불거졌습니다. 두 문제 모두 주요 헌법기관의 헌법적 책임성에 비추어 결코 용납될 수 없는 '오만과 타락'의 끝판입니다. 이미 시작된 감사원 감사가 엄정하고 치밀하게 진행되어 헌법기관의 타락과 반헌법 범죄의 여부에 따라 분명한 사법적 처리가 이어져야 합니다.

1987년 제6공화국 헌법은 헌법재판소(헌재)를 설치하여 헌법수호에 만전을 기하려 했습니다. 그러나 2017년 박근혜 대통령 탄핵판결을 기점으로 헌재는 헌법재판소가 아니라 정치재판소로 변모하기 시작했습니다. 작금의 헌재는 대한민국의 헌법적 가치의 수호에 추상같은 사법권위를 발휘하기는커녕 정치적 역학과 여론 향배를 곁눈질한 기묘한 판결까지 내놓고 있습니다. 이른바 '검수완박' 권한쟁의 판결이 대표적입니다. 헌재는 이를 "절차는 위법이나 법안 통과는 무효가 아니다"라고 판결했습니다. 논리가 생명인 사법판결이 인과(因果)가 유리(배치)된 비논리로 구성된 것입니다. 실소(失笑)가 앞서는 희극이 아닐 수 없습니다.

헌법재판소의 정치기관화를 저지하기 위한 주권자 국민의 저항과 내부 숙정 및 대대적인 제도개혁을 강력히 실천해야 할 단계입니다.

헌법기관의 헌법 유린, 이제 그만!

우리는 1948년 7월 12일에 제정되고 17일에 공포된 대한민국 헌법의 엄존에 무한히 감사하고 있습니다. 오늘 우리가 "헌법 유린, 이제 그만!"이라는 단호한 제목을 걸고 헌법수호 세미나를 개최한 것은 헌법기관의 헌법수호를 촉구하여 문재인 정권과 그 부역자들에 의해 심각하게 훼손된 헌법을 온전하게 회복되도록 하는 공론을 환기하기 위해서입니다.

대한민국은 더 이상 헌법기관에 의한 헌법 유린의 작폐로 국가체제마저 무너져서는 안 됩니다. 이를 위해 우리는 첫째, 모든 헌법기관이 각기 독립성을 유지하면서 대한민국의 문명화와 번영을 위해 자체적인 노력을 경주할 것을 기대하고, 둘째, 문재인 정권에서 자행된 헌법 유린과 반(反)헌법 범죄는 엄정한 정치적·사법적 심판을 통해 광정(匡正)할 것을 요구하며, 셋째, 대한민국의 헌법회복을 위해서 헌법의 최고 수호자인 대통령의 비상한 관심과 엄정한 책무 수행을 요청합니다.

아울러 이러한 헌법 회복과 국가정체성 수호에 대한 전 국민의 관심과 지지를 동시에 촉구합니다.

재앙이 될 문재인의 가덕도신공항

황승연 경희대학교 명예교수

"가덕도신공항 예정지를 보니 가슴이 뜁니다!"

2021년 2월 25일 문재인 대통령은 가덕도를 직접 방문하여 가덕도신공항 추진을 공식 발표했다. 문재인 대통령은 부산의 "숙원이 하루 빨리 이루어질 수 있도록 조속한 입법을 희망한다"며 "가덕도신공항이 들어서면 24시간 하늘길이 열리고, 하늘길과 바닷길, 육지길이 만나 세계적 물류 허브가 될 것"이라며 "정부는 특별법이 제정되는 대로 관련 절차를 최대한 신속히 진행하고, 필요한 지원을 아끼지 않을 것을 약속드린다.… 신공항 예정지를 눈으로 보고 동남권 메가시티 구상을 들으니 가슴이 뛴다"고 했다.

이 때는 여성보좌관을 성추행한 혐의로 더불어민주당 오거돈 부산시장이 사퇴하여 보궐선거가 발생하였고 선거가 채 40여 일밖에 남지 않은 상황이었다. 국민의힘 당에서는 가덕도신공항 추진은 더불어민주당 후보를 지원해주기 위한 명백한 선거개입이라고 비난했다. 청와대에서는 1년 전부터 잡힌 일정이었다며, 선거개입이 아니라고 주장했다. 국민의힘 내부에서는 선거를 치르려니 반대할 수 없다는 의견과 졸속 정책이라고 비난하는 의견으로 크게 갈렸다.

가덕도신공항 특별법 소관부서인 국토교통부, 기획재정부 그리고 법무부는 국회 법안 심사과정에서 예비타당성 조사(예타) 면제와 28조원에 달하는 천문학적 공사비를 이유로 반대 입장을 밝힌 바 있었다. 그러나 대통령의 가덕도 방문으로 이런 분위기가 바뀌었다. 이 자리에는 민주당 이낙연 대표, 김태년 원내대표, 홍남기 경제부총리, 전해철 행안부장관, 변창흠 국토교통부장관, 경남지사. 울산지사 등이 참석했다. 이런 가운데 국회는 법제사법위원회에서 가덕도신공항특별법을 처리했다. 이 특별법은 신공항 건설기간 단축을 위해 예비타당성 조사들을 면제할 수 있는 특혜 조항을 담고 있었다. 이렇게 지역 선거를 위한 대표적인 포퓰리즘 정책이 등장했고 부산은 가덕도신공항이라는 거대한 늪으로 빠져들었다. 오로지 선거판을 흔들어보겠다는 하나의 목표 이외에는 보이지 않았다. 바른말을 하면 시장도 국회의원도 날아갈 판이었다. 대통령의 심복 장관인 국토교통부장관도 결국 경질되었다. 지역이나 나라야 거덜이 나든 말든 표만 된다면 일단 퍼붓고 보는 것이었다.

국회의 국토교통위 전체회의에서 가덕도신공항특별법이 가결된 후 이낙연 더불어민주당 대표는 "되돌릴 수 없는 국책사업이 되도록 법제화할 것"이라고 강조했다. 신공항을 건설하는 데 총사업비가 얼마나 들지 이에 대한 어떤 설명도 없었다. 안전한 공항을 건설할 수 있을지 아무 것도 정해진 것이 없었다. 공항건설 때 환경에 미칠 영향도 사전분석 자료가 존재하지 않았다. 왜 김해신공항이 아니고 가덕도신공항이어야 하는지 설명하지 않았다. 대통령은 국토부가 '역할 의지'를 가져야 한다며 '2030년 이전에 완공시키려면 속도가 필요하다'고 했다.

국토부는 '가덕공항보고' 문건에서 가덕도신공항을 기술적 측면에서 문제 삼았고, 공항건설을 위해 무리해서 만들어야 하는 특별법에 대해서는 법적·절차적 이유를 들어 반대의사를 표명했다. 선거를 앞두고 부산 여론을 유리하게 이끌려는 정부와 여당의 꼼수 움직임에 제동을 거는 그러한 내용이다. 국토부는 "국제선만 외곽으로 이전했던 도쿄, 몬트리올 등 공항들도 운영 실패로 결국 통합 운영으로 전환했다"며 국제선만 가덕도신공항에 유치하고 국내선 기능은 기존의 김해공항이 수행한다는 부산시의 계획을 비판했다. 공사 과정에 대해서도 가덕도가 방파제가 없는 외해에 위치해 해상매립공사만 6년 이상의 난공사가 예상된다고 했고, 입지에 대해서도 영남권 대부분 지역에서 김해신공항보다 접근성이 떨어진다고 지적했다. 국토부는 이러한 문제점을 지적하며 "절차상 문제를 인지한 상황에서 가덕신공항 특별법에 반대하지 않는 것은 직무유기에 해당할 수 있다"며 "2016년 사전타당성을 통해 가덕신공항의 문제점을 인지한 상황에서 특별법 수용시 공무원으로서의 국가공무원법 56조에 의한 성실 의무 위반우려가 있다"고도 말했다. 대통령의 심복이었던 국토교통부장관은 결국 경질되었다.

국회가 통과시킨 가덕도신공항건설특별법에 의해 법률 31개가 무력화된다는 비판이 나왔다. 국민의힘 송언석 의원은 가덕도신공항 특별법을 올마이티(Almighty, 전지전능한)법이라고 평가했다. 특별법은 일반법에 우선하여 적용되기 때문에 붙여진 이름이다. 아마도 이런 법은 우리 헌정 사상 전무후무한 일이었을 것이다. 정의당의 심상정 의원은 "대통령의 가덕도 행을 보면서 가슴이 뛰는 게 아니라 '이 나라가 나라답게 가고 있나' 가슴이 내려앉았다"고 말했다.

가덕도신공항이라는 신기루

가덕도신공항에 대한 관심은 필자가 부산을 고향으로 두고 있어서만은 아니다. 사회정책에 대한 평가는 Evaluation Research라는 사회학의 한 분야이기도 하다. 그 평가연구에 공항과 같은 사회간접자본 시설의 건설도 포함되는 이유는 이 시설을 기획하고 설계하고 건설하고 활용하는 모든 것이 사람들이 밀접하게 협력하고 지속적으로 함께 만들어 가야하는 과정이기 때문이며, 여기에는 과학적인 자료들도 중요하지만 사람들의 상상력이나 의지나 만족도 같은 것들도 평가할 요소들이 될 수 있기 때문이다. 이와 같은 이유로 지난 12월에 있었던 어떤 세미나에서, 가덕도신공항 건설에 관한 최고의 전문가이신 한국항공대 허희영 교수의 '동남권신공항 이대로 둘 것인가?'라는 세미나에 주제넘게 토론자로 참여한 적이 있다. 이 세미나에서 허희영 교수는 가덕도신공항의 경우 시공에 비용이 많이 들고, 유지관리가 어렵고, 안정성과 확장성에서 불리한 것과 함께 막대한 환경 훼손이 예상됨은 물론이고, 부울경 지역의 항공 수출 물동량이 적어 경제성도 극히 낮다고 했다. 또 경제성을 평가하는 예비타당성조사를 생략하는 것을 큰 문제로 지적하였다. 그리고 기존의 김해공항의 접근성, 안전성, 경제성에 전혀 문제가 없어서 김해공항의 활용이 답이라고 하였다.

이에 관하여 세미나의 토론에서 필자는 가덕도신공항을 만들어야 한다는 부산시민의 정서를 설명하고자 했다. 부산시민이 가덕도신공항 건설에 대하여 예타조사 면제를 원하는 것도 아니고, 과학적이고 논리적인 논의를 해보자는 주장을 하였다. 가덕도신공항이 김해공항 확장보다 비용이 훨씬 많이 든다는 것을 인정하고, 산을 깎고 바다를 매립하는 방식으로 하지 말고, 세계 1위인 우리나라의 조선과 해양구조물에 대한 설계와 시

공능력을 활용하여, 초대형 해상 부유식 구조물 (VLFS Very Large Floating Structure), 즉 물에 떠있는 부유식 공항(Floating Airport)을 만들자는 대안도 제시하였다. 이런 것들이 과학적으로 가능한지 제대로 논의를 해보자는 제안을 했다. 메가플로트(Mega-Float)의 선례나 실적을 찾기 전에, 개척자 정신을 갖고 상상력을 발휘해서 그것을 구현해보려고 하는 부산 사람들의 열망에 대해 이해를 구하고자 하였다. 과학적으로 가능성이 있는지 제대로 따져보고, 경제성이 있는지 합리적인 판단을 해보자는 마음이었다. 모든 국민들 누구나 인정할 수 있는 방안을 찾아보자는 생각이었다.

필자는 한때 가덕도신공항이 태평양 도시국가로 뻗어가기 위해 반드시 필요한 부산의 새로운 상징이 될 수 있다고 생각했었다. 정주영 회장과 같은 위대한 기업가 정신을 가진 분들이라면 가덕도신공항을 동남권 관문공항으로 충분히 발전시킬 수 있으리라 믿었다. 그러나 선거를 앞두고 정부와 여당이 계획도 없이 무리수를 두는 것을 보면서, 또 구체적인 상황들을 더 잘 알게 되면서, 기술입국을 꿈꾸며 고민해온 많은 전문가 학자들 그리고 필자와 같은 비전문가이지만 국가와 지역의 발전에 대한 열정 넘치는 사람들을 속여 왔던, 신기루를 좇아 여기까지 왔다는 생각을 하게 되었다. 무엇이 신기루인가?

선거용 단골 메뉴, '가덕도신공항'

2002년 가덕도신공항 얘기가 처음 나온 지 20년이 훌쩍 지났다. 역대 선거 때마다 이를 선거용으로 활용했고 이 얘기가 나올 때마다 영남의 지역갈등이 불거졌다. '왜 새로운 관문공항을 하필 부산에 만드냐'는 질문에 부산 시민들은 자존심이 상했다. '포화상태에 이른 김해공항의 이전 때문에 시작한 부산 지역의 공항 문제에 왜 다른 지역이 나서서 방해하느냐'고 반응했다. 노무현 정부 때 나온 문제가 이명박 정부에 와서 타당성이 없는 것으로 결론 났다. 이 때부터 본격적으로 소위 PK와 TK사이의 갈등이 시작되었다. 그 후에도 신공항 건설을 반대하면 공항의 건설과 운영에 국가의 지원을 받지 않고 부산의 지역 자체 예산으로 하겠다는 도발적인 제안도 나왔었다. 이 사건을 시작으로 PK와 TK가 서로 등을 돌렸다. PK와 TK에 '우리가 남이가!'라는 정서를 남겨두면 도저히 선거에서 이길 수 없다는 판단을 했는지, 좌파 정당에서 만들어낸 '가덕도신공항' 전략은 우파 정당의 분열로 재미를 톡톡히 보았다. 가덕도신공항 문제는 박근혜 정부 때 불가역적으로 종결한다고 합의했다. 하지만 뒤집고 다시 등장한 것도 역시 선거 때였다. 그래서 아직도 끝나지 않은 문제이고, 심심하면 다시 등장해서 국론 분열의 밑거름으로 쓰이고 있다. 신공항 건설문제의 등장으로 당시의 보궐선거에서 '성추행' 문제는 완전히 잊혀졌다. 선거를 핑계로 선동이 판치는 선거판에서 가덕도신공항 건설에 대한 합리적이고 과학적인 논쟁은 사라졌다.

부산의 상대적 박탈감을 파고든 선거전략

부산의 상대적 박탈감에 대해서도 말하지 않을 수 없다. 부산의 인구가 지속적으로 줄어들고 있다. 합계출산율이 전국 최하위 수준이다. 1인당 국민소득은 전국 최하위 수준이고, 청년실업률과 노인인구비율이 전국 최고 수준이다. 이 때문인지 부산은 옛날의 활기찬 모습은 찾을 수 없고, 우울한 좌절감이 깔려있음을 느낀다. 낙후된 부산을 지칭하는 단어가 '노인과 바다'이다. 멋진 야경의 마천루 아파트들이 즐비한 해운대 마린시티가 화려하다고 느낄 수 있다. 이 지역은 원래 아파트를 지을 수 없는 상업지역으로 개발되었으나, 주상복합건물이나 주거형오피스텔, 생활형숙박시설이라는 이름으로 주거지역이 만들어져서 생산과 취업유발효과가 거의 없는 부유층이 사는 소비도시가 되어버렸다. 따라서 외지에서 온 사람들이 마린시티를 바라보면 부산이 화려한 부자의 도시인 것으로 착각하게 된다. 하지만 사실 부산은 젊은이들이 좋은 일자리가 없어서 능력만 있으면 대부분 수도권으로 올라가버리는 그런 절망감으로 가득한 곳이다. 부산의 최고 인재들이 간다는 부산대학교도 고학년으로 갈수록 학생들은 서울의 대학들로 편입을 해서 정원을 채우지 못한다고 한다. 그래서 부산이 정치적으로, 또 경제적으로 서울에 의존하는 구조에서 벗어나서 개방적인 국제 상업도시, 해양도시, 첨단도시로 나아가야 한다고 주장하는 목소리들이 있다. 태평양 도시국가로 가야한다는 부산의 미래 비전에 대해 듣게 되면 시민들은 가슴이 뛴다. 그러나 김해공항이 포화상태라서 외국으로 가려면 인천공항으로 가야하는 현실 앞에서 이 열망이 꺾이면서, 새로운 관문 공항 건설로 돌파구를 만들고 새로운 미래로 나아가는 꿈을 꾸자는 주장들이 있었다. 그것이 가덕도신공항에 대한 부산 시민들의 열망이었다.

〈가덕도신공항 조감도〉

가덕도신공항의 고도제한과 드나드는 선박의 높이 문제

가덕도신공항에 대한 국민적인 관심과 특히 억지스러운 '가덕도특별법' 때문에 연구를 하게 되면서, 가덕도신공항이 불가능하다는 생각을 하게 되었다. 이런 결정을 하게 된 이유는 컨테이너 항구인 부산신항만과 관계가 있는 고도제한 문제이고, 또 고도제한 때문에 어마어마한 산을 깎아야 하는 비용 문제이다.

공항의 주변에 세워지는 건물은 고도제한이 있는데, 공항 활주로의 두 끝에서 60m 지점부터 반경 4km 수평 표면에 45m 이상의 건축물을 제한하고 있다. 그런데 현재 계획하고 있는 가덕도신공항에는 항공기가 뜨고 내리는 활주로 근처에 바로 부산신항만으로 들어가는 선박의 수로가 있다. 그런데 이 수로에 다니는 대형 컨테이너 선박의 높이는 70~80m에 달한다. 간단하게 얘기하면, 여기서는 항공기가 뜨지 못하거나 아니면 선박이 다니지 못한다. 완공이 되어도 공항으로 승인을 받기 어렵다. 그러면 공항이나 항만 둘 중에 하나는 포기해야 하는데 무엇을 포기할 것인가? 그러니 위치를 잘못 잡았다. 이 문제제기에 궁색해진 국토부는 최근에 새로운 해석을 내 놓았다. 부산신항의 가덕수로를 운항하는 초대형 컨테이너선은 자주 지나다니는 것이 아니라 항공기와 충돌할 가능성이 적고 또 초대형 컨테이너선은 이동식 장애물이어서 고도제한을 적용하지 않아도 된다는 것이다. 해석이 아전인수 격이다. 이것이 국제적으로 인정되어 공항으로서 승인이 나고 외국 국적 항공사들이 안전하다고 판단하여 취항할지는 미지수이다. 공항의 경제성과 외국 항공사들의 취항 가능성은 무시하고 밀어붙여 이것은 이미 논외가 되었다. 자칫 가덕고신공항이 아무도 찾지 않는 고립된 갈라파고스 공항이 되지 않을까 걱정된다. 가적도신공항이 성공해야한다는 결론을 만들어 놓고 주변의 인프라를 획기적으로 개선한다고 한다. 성공조선으로 가덕도와 연결하는 도로, 철도, 국내선 항공 등의 시설들을 제대로 갖춰져야 하는데 이를 정비하고 또 건설하는 데 또 수십조 원의 예산이 들 수 있다. 새로운 계획이 지금도 계속 나오고 있다. 개발 이유로 표를 얻겠다는 선거가 또 다가오고 있기 빼문이다. 정치라는 무대에서 또 마술쇼가 벌어지고 있다.

공항을 만든다는 억지스러운 결론에 맞추어 공항건설에 대한 여러 주장들이 나오니 새로운 구상이 급조되어 제시된 것도 한두 번이 아니다. 한번은 가덕도의 두 봉우리를 깎아서 수로와 평행이 되는 활주로는 놓는다는 안도 있었다. 활주로를 수로와 평행으로 놓지 않아도 깎아야 하는 봉우리인데, 활주로 방향을 바꾸면 산을 더 많이 깎아야 한다. 가덕도의 두 중심 봉우리인 연대봉과 국수봉의 높이가 각각 459m와 265m이다. 이 산들을 해발 45m 높이로 깎아야 한다. 서울 남산의 높이가 265m인 것과 비교하면 가덕도가 얼마나 큰 산인가를 알 수 있다. 이 두 봉우리를 깎는데 얼마의 비용이 들 것이며 시간은 얼마나 소요될 것인가? 이렇게 아무것도 확실하게 정해진 것이 없는데 가덕도신공항을 만든다는 특별법을 통과시켰다. 정해진 것이 없으니 예산이 얼마인지도 모른다. 그 예산이 타당한 것인지 경제성이 있는지 사전 검증을 해보는 것을 면제해준 것을 두고 '쾌

거'라고 말하는 사람들도 있다. 이건 행정도 아니고 정치도 아니다. 즉 가덕도 신공항 건설과 관련하여 정상적인 국가에서라면 결코 있을 수 없는 일들이다.

고도제한 문제가 나오자, 수면으로부터 40m의 높이로 활주로를 건설하자는 얘기가 나온다. 이 경우 3.8km의 활주로 길이로, 폭 수백미터, 높이 40m를 흙을 부어 채워 넣으려면 설계를 포함하여 건설 기간이 얼마나걸릴까? 또 비용은 얼마나 들 것인지 생각해봤을까? 이 가덕도신공항은 선거 때마다 계속 우려먹을 것이다. 이 정책이 잘못되었다는 것은 중요하지 않다. 비용이 아무리 많이 들어도, 선거에서 표를 얻는 데 도움이 된다

면, 후손들의 미래가 어떻게 되든 상관없다. 그래서 훗날 우리 세대는 후손들에게 그들의 미래를 말아먹은 후안무치한 세대로 남을 수 있다.

공항 건설 비용 문제

부산 신항에 토도라는 작은 섬이 있었다. 해발 32m, 2만 4,000m² 크기의 이 작은 섬이 선박과 충돌할 수 있고 항해에 걸림돌이 된다는 지적이 있어서 이를 제거했다. 여기에 3,428억 원이 들었다. 기간도 3년이 걸렸다. 가덕도는 토도보다 면적만 수백 배 이상 더 크고, 부피로는 수천 배 이상 더 큰 섬이다. 가덕도 봉우리를 깎아내는 데 시간과 비용은? 토도와 가덕도의 크기를 비교할 수 있는 사진 하나로 가덕도신공항은 불가능하다는 것을 깨닫게 되었다.

당시에 국토교통부는 '부산시 가덕도신공항 타당성 검토' 보고서에서 안전성, 시공성, 운영성, 환경성, 접근성, 경제성 등의 항목을 들어 건설에 반대 입장을 내놓았다. 또 제대로 기능을 할 수 있는 공항으로 건설하기 위해서는 사업비가 총 28조 7,000억 원 가량 소요된다고 추산하였다. 부산시가 추산한 7조 5,000억 원보다 4배 가까이 높은 비용이다. 그러나 당시 여당이었던 민주당 대표는

'부울경 시도민들의 갈망을 받아들여 2030년 부산엑스포 이전에 개항을 할 것'이라 말했다. 이런 소란 가운데 성추행으로 인한 시장의 사퇴로 치러지는 보궐선거에서 '성추행' 문제는 사라졌고 오로지 가덕도신공항만 보였다. 또 2030 부산엑스포가 마치 열릴 것처럼 얘기했다. 그러나 당시에 엑스포 유치가 확정된 것도 아니고 2023년 12월에 국제박람회기구 총회에서 투표로 결정됨에도 희망고문을 했다. 결국 총회에서 이변없이 사우디 리야드로 결정되었다. 그동안 우리는 무대 위에서 벌어지는 문재인 정부의 현란한 마술 쇼에 모두 정신을 빼앗겼다. 국민의힘은 이 마술 쇼에 넋이 나간 관중들이 자신들에게는 관심을 두지 않는 것을 보고 긴장한 나머지 얼른 무대 위로 뛰어 올라가 함께 그 마술 쇼를 거들며, 자신들도 쇼를 한다는 것을 보이려고 했다. 한편 국민들은 이 모든 것이 자신이 낸 세금으로 비용을 치른다는 것을 깨닫지 못했다.

2023년 말 국제박람회기구 총회에서 우리나라는 2030엑스포 유치에 실패했다. 그러나 지금까지 불가역적인 법으로 만들어버린 가덕도신공항은 어디로 갈 것인가? 당장 지을 필요가 없어지게 되었지만 그러나 한번 약속해놓은 것은 지켜야하고 선거가 코앞에 다가와 있다. 전 정부에서 통과시켜 불가역적으로 만들어버린 신공한 건설을 국민의힘이 백지화시킬 수 있을까?

이런 가운데 국제선 활주로 1본으로 운영하는 것이 처음부터 불가능하다는 것을 드러내는 일이 있었다. 2023년 10월 더불어민주당의 한 의원은 가덕도신공항 2단계 계획 필요성에 대해 묻고 제2활주로 건설 계획의 구체화를 요구했다. 국제선 활주로 하나로 공항이 완성되지 않는다는 것을 모두 다 알고 있었다. 예산을 줄이기 위해 활주로 1본 만 건설하는 것으로 축소해서 예산을 짰다. 모두가 모두를 속인 것이다. 속이는 사람도 속는 사람들도 다 안다. 이것이 우리나라의 정치이다. 이것이 우리나라 정치의 현주소이다. 이렇게 정치과잉 속에서 나라는 골병이 든다.

결국 선거를 위한 쇼

김해공항의 포화상태가 공항 확장이나 공항 이전의 이유였다면 그 해결책은 간단하다. 공군이 함께 사용하고 있는 김해공항에서 공군이 이동한다면 해결된다. 김해공항을 계속 사용하기 위해 공군과 협의하여 군 공항을 이전하고, 김해공항이 공군의 관리에서 벗어나는 순수하게 상업적으로 사용하는 공항으로 사용하면 된다. 아니면 메가플로트에 대한 연구를 하고 그것을 어느 곳에 둘 것인가를 검토하는 것도 또 다른 대안 중의 하나가 될 수 있다. 정치적인 결정 이전에 가덕도신공항에 대해 찬성이든 반대든 각자의 입장에서 과학적으로 논리적으로 합리적으로 설명할 수 있고 상대의 입장을 들어줄 수 있는 토론이 이루어진다면, 부산이 한 단계 더 도약 발전할 수 있을 것이라 믿었다. 그러나 문재인 정부에서 시작하여 민주당은 국민의힘과 함께 공항건설특별법을 만들어 불가역적으로 만들었다. 불가역적이라고 못박았던 합의나 법안을 뒤집은 것이 문재인 정부에서 한두 번이었던가? 위안부 문제에 대한 국제적 합의문도 뒤집었고 가덕도신공항 문제도 종결된 것이며 '불가역적'이라는 단어를 써가며 마무리하였다. 문재인 정부는 불가역적이라는 단어의 뜻을 모르는 듯 손바닥 뒤집듯 간단하게 뒤집었다. 그들의 방식으로 한다면 이 부당한 가덕도신공항은 왜 뒤집지 못하나?

선거에서 누가 승리하든 선거가 끝나고, 국민들이 증오심과 흥분을 가라앉히고, 냉정하게 가덕도신공항 건설 문제를 다시 바라보기를 바랐다. 그러나 논의조차 되지 않았다. 최소한 두 가지 문제만은 확인하고 넘어가야했다. 첫째, 고도제한 문제를 어떻게 해결할 것인가? 둘째, 가덕도 봉우리를 깎아서 활주로를 건설하기 위한 건설기간과 비용은 얼마나 된다고 예측하나? 이 문제에 명확한 답도 없이 가덕도신공항을 건설한다는 말은 사기이다. 결코 진행될 수도 없고, 진행되어서는 안 될 선거를 위한 눈속임 쇼다.

매표의 상징인 가덕도신공항의 후유증은 누가 감당하나?

잔여 임기 1년의 부산시장 보궐선거용으로 28조 원이나 든다는 공항을 세운다 했다. 문재인 대통령의 결단이었다. 그럼에도 부산시장 선거에서 당시 집권당은 패하였다. 그런데 선거를 치르도 난 후에도 그 똥은 치워지지 않고 더 커졌다. 가덕도공항이 대합실이 될지 활주로에서 고추나 멸치를 말리는 날이 올지 미리 검토하는 것이 사전타당성조사 예비타당성조사이다. 이러한 사전 조사를 모두 생략하자고 한 것이 특별법이다. 특별법을 만들어 순전히 선거에서 표를 얻기 위해 벌였던 매표 공항 계획이었다. 국제공항을 만들어 놓고 이 공항에 취항하겠다는 외국 항공사가 없다면 결국 멸치나 말려야 하지 않겠는가? 이곳까지 오는 것보다 인천공항으로 가는 것이 더 편리하다는 사람들이 많다면 역시 활주로에 고추나 말려야 하지 않겠는가? 수십조 원의 예산을 투입하고 만성적자의 공항으로 전락한다면 이에 대해 누가 책임질 것인가? 선거를 앞두고 매표를 위해서 어마무시한 예산을 투입하고도 후손들에게 그 책임을 떠넘기는 문재인과 더불어민주당 국회의원들 그리고 역시 표 때문에 이에 동조했던 국민의힘 국회의원들 그리고 지자체장들과 지역 언론들 모두 그 이름을 비석에 새겨서 오랫동안 기억해야한다. 나라를 팔아먹은 주역들이라고. 거기에 투입된 수십조원의 돈은 우리의 후손들이 갚아야 한다. 내 아들과 딸들이 갚아나 가야 한다.

KTX고속철도를 건설할 때였다. 부산 인근에 위치한 천성산에 터널을 파야 했었다. 천성산이 지율이라는 중이 천성산의 도롱용이 멸종된다고 반대하면서 환경영향평가가 부실하게 진행되었다고 주장했다. 당시 노무현 대통령은 후보시절 천성산 터널을 백지화하겠다고 공약했다. 그럼에도 당선된 후 정부는 터널을 원안대로 감행하기로 결정한다. 지율 승려는 45일간 2차 단식에 들어가고 공사중지 가처분 소송의 제기하였다. 공사를 시작하자 지율 중은 58일간 3차 단식에 또 거의 100일씩 4차 단식과 5차 단식에 들어갔다. 그러는 동안 공사는 전면 중단되었고 결국 대법원에서 도롱뇽소송이 기각된 후 공사가 다시 진행되었다. 개통지연에 따른 비용이 수조 원에 달했다. 환경이 중요하다고 이렇게 강조했던 민주당이었다. 가덕도 주변에는 산학보호지역, 산림유전자원 보호구역, 습지보호구역, 녹지와 자연환경 보존지역 등 10개 이상의 민감한 보호구역이 분포되어 있다. 생물다양성과 보호대상 서식지 측면에서 가덕도는 최하위 평가를 받았다. 그럼에도 어떤 환경단체도 가덕도신공항 건설에 문제제기를 하지 않았다.

결국 가덕도신공항이 만들어지면 우리 후손들이 이로 인하여 두고두고 고통을 받을 것이다. 가덕도신공항이 제 역할을 하기 위해서는 또 얼마나 많은 예산이 투입되어야 할지 모른다. 배보다 배꼽이 더 커질 수도 있다. 이 예산들은 우리 후손들이 두고두고 갚아야 할 빚이다. 이 사실을 감추기 위해 정치 지도자들은 국민을 속여 왔다. 지금이라도 늦지 않았다. 원점에서 재검토해야 한다. 처음에 평가한 김해공항 확장으로 돌아가야 한다. 윤석열 대통령도 부산의 민심을 거스르지 않기 위해 문재인 정권이 만들어 놓은 늪에서 빠져나오지 못하고 헤매고 있다. 윤 대통령은 대통령후보 시절 가덕도신공항 예비타당성조사를 화끈하게 면제시키겠다고 했다. 이미 예타면제특별법이 통과되었는데도 선거 때문에 이렇게 말할 수밖에 없었을 것이다. 윤석열 대통령은 엑스포 유치가 실패로 돌아간 후에도 지역 민심을 달랜다는 이유로 신공항 조기개항을 강조했다. 이 이유 역시 표 때문이다. 한동훈 국민의힘 비상대책위원장도 최근 부산을 찾아서 '조기 개항을 차질없이 추진하겠다'고 언급했다. 이 또한 선거에서 구걸해야 할 표 때문일 것이다. 이번 총선이 끝난 후 다음 대선까지 선거가 없는 3년의 시간이 있다. 지금이 기회다. 어차피 엑스포 유치에 실패했기 때문에 시간은 벌어 놓았다. 이제 양심있는 지식인들과 정치인들이 바로잡자고 목소리를 내야한다. 또 다른 방법으로는 2030 청년들이 나서야 한다. 왜 어른들이 싸질러 놓은 똥을 우리에게 치우라는 것이냐, 우리가 왜 그 빚을 갚아야 하냐며 가덕도공항이 옳은지 토론을 해보자고 나서야 한다. 선거가 끝나고 차분해지면 가덕도신공항 문제를 되돌아봐야한다. 세금이 자기 돈이라면, 이 신공항 공사 때문에 당신의 손자가 평생에 걸쳐 빚을 갚아야 한다면 그래도 추진하겠냐고.

디지털 선거와 오징어게임
- '탈 진실' 시대의 '동료 시민' -

정기애 숙명여자대학교 객원교수

디지털 시대와 '탈진실(Post-truth)'

"선관위 직원 3,000명 중 400명 채용비리 연루"(조선일보 23.9.12), "정부, 선관위의 2020년 총선자료 '삭제된 것'으로 판단"(조선일보 23.10.12), "선관위 해킹 보안 허술… 투개표 결과 조작 가능"(동아일보 23.10.11) 등모두 최근에 나온 언론 기사들이다. 가장 투명하고 공정해야 할 선관위 조직의 비리에 대한 분노와 질타가 얼마 동안 있었지만, 그러나 딱 거기까지였다. 지난 4.15 총선 이후 적지 않은 사람들이 부정선거 의혹을 제기했고, 실제로 무시할 수 없는 물적 증거와 정황들이 나왔다. 그럼에도 불구하고 그들의 문제가 지난 4.15 총선에 대한 본격적인 부정선거 수사로까지는 연결되지 못하고 있다. 수년이 지나 벌써 다음 총선이 얼마 남지 않은 여태까지도 부정선거는 그저 '의혹'과 '논란'으로만 존재할 뿐이다. 기막힌 일들이 겹치면 인간은 맥락을 잊어버리곤 하지만 부정선거는 그렇게 통 치고 넘어갈 일이 아니기에 문제를 아는 사람들은 애만 탈 뿐이다. 이런 비정상적인 상황의 원인은 무엇일까. 정치적 이해관계에 의한 대립과 갈등이 유난히 심한 우리 사회의 병리적 현상 등 다양한 이유가 있겠지만 핵심은 '디지털 선거 시스템'이라는 데 있다. 디지털과 디지털이 만든 시대적 상황을 이해하지 못하면 지난 총선의 부정선거 의혹을 정확히 파악하는 것이 쉽지 않기 때문이다.

디지털 기술은 지금까지 인류가 경험하지 못한 새로운 세상을 열어주었다. 사람, 사물, 공간 등 모든 것(Things)이 서로 연결되는 '초연결사회'에 사는 우리는 SNS와 메신저로 연결되어 공간에 구애받지 않고 실시간으로 소통하며 살아간다. 최근 몇 년간 만들어진 정보의 양은 인류가 지금까지 생산한 정보의 양과 맞먹을 만큼 어마어마하다. 그러나 세상만사에는 늘 반대급부가 있듯 기하급수적으로 늘어난 정보의 홍수 사태는 정작 필요한 정보를 찾아내는 데 한계를 만들고, 눈 뜨면 밀려오는 문자와 영상들 속에서 사람들의 일상은 더 혼란스럽고 피곤해지고 있다. 처음 컴퓨터가 인간사회에 도입될 때 전문가들은 Input과 Output이 정확히 맞아떨어져야 하는 컴퓨터 시스템의 고지식함이 조직의 의사결정과 회계의 투명성에 기여할 것으로 예측했다. 실제로 이전의 아날로그 시대의 주먹구구식 회계장부보다 훨씬 투명하고 효율적인 시스템의 힘을 체험한 것도 사실이다. 한발 더 나아가 사람들은 컴퓨터의 투명한 속성은 인간사회를 더 공명정대하게 만들어 줄 것이라 내다봤다.

그러나 인간사회에 컴퓨터가 들어오면서 만들어진 디지털 세상에는 우리가 미처 생각지 못한 위험이 숨어 있었다. 마치 브레이크 없는 자동차처럼 달려가는 디지털 기술의 '예측불가능성'이다. 위기관리에서 예측이 어려우면 유동성이 올라가고, 유동성이 올라가면 위험도가 올라간다. 이제 우리 앞에는 챗GPT와 메타버스가 열어주는 또 다른 신세계가 놓여 있다. 그러나 우리는 이미 컴퓨터가 열어젖힌 디지털 세상이 처음의 기대처럼 그다지 투명하지도, 예전보다 더 공명정대하지도 않다는 것을 알고 있다. 0과 1로 이루어진 암호 같은 비트 데이터가 주도하는 디지털 세상에 대해 막연한 두려움을 느끼는 이유이다. 여기에 더해서 갑자기 맞닥뜨린 '탈진실의 시대'의 괴이한 현상들은 미래에 대한 우리의 불안감을 높이기에 충분하다.

'탈진실(Post-truth)' 시대의 특징은 '사실(fact)'과 '진실(Truth)'에 대한 외면이다. 코로나 팬데믹 이후 가시화된 인포데믹(Infodemic) 현상은 디지털이 들어간 모든 영역에서 일어나고 있다 인터넷을 통해 전염병처럼 가짜정보가 급속하게 퍼지고, 거짓이 일상이 된 세상에서 사람들은 자신이 듣고 싶은 정보만 편향적으로 취득하면서, 개인과 그룹들은 날이 갈수록 끼리끼리 고립되고 분열되고 있다. 사실(Fact) 전달이 곧 자부심이고 무기였던 주류 언론과 공영 미디어조차도 영상 조작이 흔한 일상이 되었다. 사회적 책임보다는 개인들이 전하는 날 것 그대로의 유튜브를 따라잡기 위해 자신들의 조직과 시스템을 동원한다. '탈진실 시대'의 디지털 세상에서는 법에 명시된 문구보다 감성적 말 한마디가 더 설득력을 얻는다. 이로 인해 헌법에 제시된 국가의 묵직한 이념과 체제조차도 쉽게 흔들리는 현상이 수시로 일어난다. 그리고 그 체제를 지키기 위해 헌신했던 사람들의 희생과 성공의 경험들은 유명인들의 '약자'를 앞세운 '사회주의' 찬양 앞에서 힘을 잃어버리게 된다.

더 큰 문제는 국가 시스템의 최후 보루인 정부 조직과 공공 시스템에 대한 믿음과 신뢰도 예전과 같지 않다는 것이다. 수사 중인 지난 정부의 통계조작 사건과 수시로 터져 나오는 정부 공무원들의 기록 삭제 등의 소식들은 더 이상 공공에 대한 신뢰를 무의미하게 만들고 있다. 거기에 더해서 정권의 성향과 자신의 정치철학에 따라 그때그때 해석이 달라지는 법원의 판결은 법의 권위를 떨어뜨리고 있다. 법이 힘을 잃으면 모호한 정의와 다수로 포장된 여론이 권력이 된다. 그런 세상에서 진실과 거짓의 구분은 의미가 없어지고, 막장의 일들이 넘쳐나게 된다. 그리고 그 막장 스토리 중에 으뜸은 '부정선거' 의혹이다.

동전 천 개 던져 모두 같은 면 나오기
– 게임의 룰이 바뀌었다?

2020년 4월 15일 총선 결과에 대한 '63:36'이라는 이상한 통계에 대한 논란은 그로부터 수년이 지나 다음 총선이 얼마 남지 않은 이 시점까지도 여전히 진행 중이다. 동전 천 개를 던져 모두가 같은 면이 동시에 나올 확률보다 낮다는 어느 통계학자의 말이 굳이 아니더라도 결코 상식적인 일이 아닌 것은 분명하다. 부정선거 논란에 대해 우리 사회의 반응은 두 갈래로 갈라져 있다. 수년 동안 생업을 내려놓고 부정선거의 문제 제기와 소송을 위해 뛰어다니는 사람들이 있는가 하면, 반면 대명천지에 자타가 인정하는 '디지털 선진국'인 대한민국에서 일어날 수 없는 일이라고 의혹 자체를 무시하는 사람들도 있다. 어쨌든 상황이 이쯤 되면 이상한 선거 데이터와 괴이한 부정선거에 대한 진위 여부를 떠나 늘 특종에 허덕이는 주류 언론이나 방송국들은 관심을 가져야 정상인데, 마치 서로 짜기라도 한 것처럼 관심을 안보이고, 더욱 이상한 것은 선거가 자신들의 이해관계에 직접적으로 관련이 있는 정치인들 조차도 여야를 막론하고 침묵하고 있는 것이다.

그럼에도 불구하고 지난 총선이 끝나고 어느 유튜브 채널에서 제기한 130건의 선거구에 대한 이의신청과 선거무효소송이 진행중이다. 그리고 그 과정에서 올라오는 물적 증거와 괴이한 현상들 [57]은 점입가경이라고 할 만큼 충격적이다.

- 더불어민주당과 미래통합당 후보간의 사전투표 득표 비율이 63:36 이라는 이상한 통계가 서울 동대문갑을 비롯한 전국적으로 17개 지역구에서 나타났다.
- 서울 종로구외 10개 지역구에서는 민주당과 통합당의 관내 득표 비율과 관외 득표 비율이 동일하다.
- 법으로 정해져 있는 투표지의 바코드 대신 QR코드 사용과 QR코드 52개의 암호화된 코드가 존재한다는 의혹이 있다.
- 개표장에서 찍은 영상에는 포스트잇처럼 붙어 있는 투표지들이 나오지만 개표사무원은 문제제기를 하지 않는다.
- 여주 관외사전투표지에서는 관외사전투표지를 파쇄한 흔적이 나오고 경기도 구리 선관위는 관외사전투표함을 CCTV가 없는 헬스장에 보관했다.
- 어떤 곳에서는 기표하지 않은 투표지가 무더기로 발견되었다.
- 개표후 투표지를 빵상자에 보관했다.
- 투표지 상자를 봉인하는 특수봉인지는 떼면 전혀 흔적이 남지 않는 포스트잇과 같은 봉인지를 사용했다.
- 선관위의 통합선거인명부 제출 요구가 거부되고 기각되었다.

소송이 제기된 이후 대법원은 법정 기한 180일이 넘도록 아무런 대응이 없다가 1년 4개월 만에 그것도 단지 3곳 만 재검표를 허락했다. 그리고 수년이 지나고 다음 총선이 코 앞에 있는 지금까지도 반 이상의 소송 건에 대한 재검증과 판결이 보류되고 있다. 그나마도 진행된 대법원 재검증 과

---

57) 김학민, 『검증가능한 투표』 203쪽, 도서출판 KHM, 2020.

정에서 나온 이상한 투표지들은 부정선거의 물적 증거로 보기에 충분해서 사람들의 의혹을 확신으로 바꾸는 데 기여하고 있다.

재검표 현장에서 종이가 일부분 초록색으로 물든 소위 '배춧잎 투표지'로 칭해지는 이상한 색의 투표지, 투표지 가장자리가 실오라기처럼 너덜거리는 '이바리 투표지', 투표지들이 서로 붙어 나오는 '자석 투표지', 특히 럭비공처럼 길죽한 기표도장이 찍힌 투표지는 3,000장 가까이 나왔다. 그리고 대부분의 이상한 투표지는 사전선거 투표지에서 나온 현상이다. 더욱 심각한 것은 당시 재검표 현장에 참여했던 대법관과 공무원들에 대한 현장 참관인들의 증언이다. 대법관은 그 이상한 투표지들의 대부분을 유효처리했고, 공무원들은 소송제기인과 참관인들의 사진 촬영을 금지하고 영상도 찍지 못하게 하는가 하면 투표지 종이의 질을 확인하려는 소송인들의 루페 사용을 금지시켰다고 한다. 상식적으로 정말 억울한 사람들은 하나라도 더 보여주기 위해 노력하는 일반적인 패턴과 달리 주최 측은 뭔가 애써 피하고 감추는 모습이 역력하다.

특히 최근에 윤석열 정부가 들어서면서 감사원과 국정원의 조사를 통해 밝혀진 선관위 비리 문제는 그동안의 의혹에 대한 나름의 근거가 되고 있다. 직원 채용 과정에서의 노골적인 인사비리, 수시로 이루어진 것으로 보이는 선관위 전산시스템에 대한 북한 해킹, 선관위 서버 데이터의 무더기 삭제에 이르기까지. 정부조직이나 공무원 사회에서는 절대로 일어날 수 없는 일들이 선관위라는 조직에서는 총체적으로 일어났다. 만약 민간기업에서 이 정도 문제가 드러나면 보통 해당 기업은 비리의 온상으로 지목되고, 바로 수사 대상이 된다. 그러나 아쉬운 것은 정작 문제의 본질인 4.15 총선 의혹에 대해서는 본격적인 조사도 없는 것 같고, 해당 기관은 여전히 명확한 해명을 해주지 않고 있다.

앞에서 기술한 바와 같이 지난 총선의 부정선거 의혹의 핵심은 디지털 선거 시스템이라는 것에 있다. 더 정확히 표현하면 디지털 투개표 시스템이다. 기능이 어떠하든 디지털시스템의 관건은 디지털의 취약한 속성 즉 손쉬운 조작, 은밀한 삭제, 대량의 복제, 데이터 전송 과정에서 해킹이나 위변조의 가능성 등의 문제점을 어떻게 막아내느냐와 사후에 모든 과정을 얼마만큼 투명하게 검증하고, 입증할 수 있는가에 있다. 디지털시스템의 매커니즘은 절대로 사람의 눈으로 확인할 수 없기 때문이다. 디지털은 디지털 방식으로만 검증 가능하다. 그리고 가장 기본 원칙은 모든 선거과정에 대한 보안 규정과 구체적인 절차가 있어야 한다. 만약 그런 기준이 없다면 해당 시스템은 시스템 설계자의 의도나 외부 해킹에 무방비 상태로 놓여있는 것이나 다름없다.

투표는 후보자 개인과 후보를 낸 정당만 아니라, 나라 전체의 운명을 결정짓는 매우 중요한 행위이다. 투표는 우리가 속한 국가 공동체의 미래를 누구에게 맡기고, 어떤 방식으로 살아갈지를 결정하는 일이다. 나랏일의 막강한 권한과 책임을 위임하는 일이며, 그 권력을 책임으로 가질 자와 소유로 가질 자가 누구인지를 구별하고 선택하는 일이다. 만약 선거가 어느 힘 있는 사람들이나 특정한 외부 세력의 개입으로 결정된다면 이제 더 이상 우리가 알고 있던 국가체제는 존재하지 않는 것으로 보아야 한다. 그리고 기존에 알고 있던 공동체의 철학이나 기준으로는 살아가기 어렵다는 것을 의미한다. 40년 가까이 조직에서 일하면서 배운 한가지 원칙이 있다. 문제가 생기면 그에 해당하는 법과 규정을 먼저 살피는 것이다. 법과 규정은 울타리와 같으며, 대부분의 문제는 울타리의 구멍으로부터 발생하기 때문이다. 부정선거 의혹 또한 그에 대한 선거법과 관련 절차를 살펴보면 현재 나타난 문제들이 나올만한 구멍들이 드러나게 마련이다.

우리나라 선거법에는 Chain of Custody가 없다

앞에서 말한 것처럼 법과 절차는 공동체의 울타리와 같다. 공동체의 안과 밖을 구분하는 기준이고, 영역을 보호하는 가장 기본적인 방어선이다. 우리 사회는 전체 영역이 IT기반의 디지털 방식으로 바뀐 지 오래다. 디지털시스템은 그것을 보호하는 개념도 완전히 달라져야 한다. 자동차가 우리 사회에 들어오면서 수많은 법과 규제가 만들어졌다. 규제가 많아지면 효율성이 떨어지지만 자동차 관련 법을 규제라는 이름으로 철폐하는 순간 사람들은 그만큼의 위험을 감수해야 한다. 중앙선과 신호등, 자동차 검사 기준과 도로 안전 기준 등의 규제가 사라지면 자동차를 운전하는 사람이나 거리의 보행인들 모두가 각자도생해야 하는 세상이 된다. 디지털 시스템 역시 자동차처럼 새로운 개념의 규제와 검증 방법이 필요하다. 이를 위해 선진국은 디지털 기술을 적용할 때 필수적으로 '연속성의 원칙(Chain of Custody)[58]'을 적용하고 있다.

연속성의 원칙은 보호해야 할 영역이 누군가로부터 침범을 당하지 않았다는 것을 입증하는 기준이다. 울타리는 보호해야 할 대상과 그 범위를 명확하게 정의하고, 보호해야 할 영역을 일관된 방식을 연속적으로 적용해

---

58) 관리 연속성 혹은 보관 연계성(Chain of Custody)이란 증거법상 개념으로, 증거가 생겨난 이래 그것을 보관한 주체들의 연속적 승계 및 관리의 단절이 있었음을 판단하는 것을 말한다. 이는 기록의 진본성을 판정하는 중요한 기준이다. 증거보관의 연속성이나 증거물 연계성이라고도 한다. 현재의 증거가 최초로 수집된 상태에서 지금까지 어떠한 변경도 되지 않았다는 것을 보증하기 위한 절차적인 방법으로 미국의 경우 관리 연속성이 지켜지지 않으면 해당 증거물은 법적 증거 효력을 갖지 못하게 되며 해당 증거물에서 나오는 모든 증거물은 법적 증거 효력을 가지지 못하게 되며 이는 수사기관 등에서 의도적인 증거조작으로부터 피의자를 보호하려는 성격을 지니고 있다 [https://ko.wikipedia.org/wiki/%EA%B4%80%EB%A6%AC_%EC%97%B0%EC%86%8D%EC%84%B1(2021.9.29.)]

야 효과가 있다. 이 원칙에는 도둑들은 울타리가 가장 낮은 쪽이나 구멍이 나 있는 쪽으로 들어온다는 전제가 깔려 있다. 이해관계가 가장 치열하게 충돌되는 선거는 투표와 개표 전 과정에 대한 촘촘하고 세밀한 보호 기준이 필요하다. 보호해야 할 영역의 물리적 공간에 대한 보호, 보호를 담당하는 사람의 역할과 책임, 보호 시스템의 기능과 프로세스에 대한 일관된 원칙과 기준이 반영되도록 해야 한다. 그리고 무엇보다 중요한 것은 규정과 매뉴얼대로 시스템이 구축, 운영, 관리되었는지 제3자에 의해 언제든 검증할 수 있어야 한다. 그리고 디지털시스템의 무결성과 신뢰성 검증은 그에 대한 전문성과 객관성을 가지고 있는 공식적인 전문 기관이 해야 하고, 그 검증 과정과 결과는 모든 국민들이 이해할 수 있는 방법과 수준으로 투명하게 제시될 수 있어야 한다. 그런 시각에서 우리나라 선거법을 들여다보면 굳이 보안전문가가 아니어도 기본적인 문제점들이 너무나 쉽게 발견된다. 결론적으로 우리 투개표 관련 규정과 시스템은 여기저기 커다란 구멍이 나 있는 취약한 울타리에 비유할 수 있다.

첫째, 사전투표제의 문제이다. 관리해야 할 영역이 두 곳으로 분리되어 있다 보니, 보안성과 신뢰성을 확보하기 위한 자원이 두 배 이상 필요하고, 방식이 다르다 보니 보호 장치와 검증 주체나 과정도 달라야 한다. 한 사람의 한 표도 소중하다는 명제 앞에서 그깟 비용이 문제가 되느냐고 하지만, 그러나 국민의 다수 참여를 유도하는 것이 국민의 선택을 보다 명확하게 알기 위함이라면 투개표의 신뢰성이야말로 국민의 선택을 가장 정확하게 반영하는 조건이 된다. 지금까지의 사례를 통해 나온 문제점을 보면 사전투표제는 우리 선거제도의 낮은 울타리가 되어 있다. 이 허접한 시스템을 왜 굳이 꿋꿋하게 지키려는지 설명되지 않는 부분이기도 하다.

둘째, 투표는 종이로, 개표는 전자식으로 하는 이원화 체계의 문제이다. 즉 종이 투표지에 대해서는 물리적인 보안이 필요하고, 컴퓨터가 담당하는 개표과정은 디지털식 보안이 필요하다. 심각한 것은 현재의 선거법과 관련 매뉴얼을 보면 물리적 보안, 전자적 보안 두 가지 영역 모두에서 문제가 보인다. 먼저 사전투표지를 개표일까지 특정 장소에 보관하는 문제이다. 예를 들어 현재 선거법의 투개표 절차에는 사전투표 후 개표까지 며칠 동안 투표지를 특정 장소에 보관하도록 한다. 그러나 관외사전투표지 보관소에는 CCTV가 의무화 되어 있지 않고, 설사 CCTV가 설치되어 있더라도 몇 분 단위로 영상을 찍는지, 또 그 영상은 누가 실시간으로 감시하며, 영상 보관은 얼마 동안 하는지, 혹시 외부의 가짜 영상으로 대체될 수 있는 여지는 없는지. 이 수많은 의문에 대해 매뉴얼상으로 딱히 제시된 곳이 없다.

셋째, 개표일에 보관된 투표지를 개표장까지 이송하는 과정에 대한 요건이 매우 부실하다. 지난 4.15 총선에서 우편 택배로 배달되는 관외 투표지는 며칠 동안 어디에 보관되고 있다가 어떤 사람들에 의해 운반되는지 일반 국민은 확인조차 할 수가 없다. 어느 유튜버가 포착한 동영상을 보면 (이 영상은 당시 현장을 그대로 중계한 것이었다.) 우체국에서 투표지 봉투를 이사 바구니에 담아서 덮개도 없이 개표장소로 이동하는데 투표지 운송인지 어느 식당의 음식 배달인지 구분이 안 될 정도였다. 투표하는 과정과 투표 후 투표지를 보관하고, 개표장까지 이동하기까지 아무도 그것에 접근하거나 해를 가하지 않았다는 것을 증명할 수 없다. 민간기업에서 보안 감사를 받아 본 사람이라면 그 투표지는 이미 보안상 손실이 있었다고 전제한다는 것을 알 것이다. 결국 우리나라의 투표지에 대한 보안 관리체계는 일개 기업보다 못한 수준이라고 해도 과한 표현이 아니다. 24년 총선에는 이동 과정에 경찰이 입회한다고 하는데, 이 말은 그동안은 경찰이 입회하지 않았다는 뜻으로 해석이 되고, 이렇게 이미 깨져버린 선거 절차에 대한 신뢰도가 앞으로 설사 경찰이 입회한다고 해서 과연 해결될 수 있는지 잘 모르겠다.

넷째, 투개표 과정의 전산처리 과정의 불투명성 문제이다. 여러 대의 노트북과 투표지를 스캔하여 이미지로 전환하는 이미징 솔루션, 그 이미지를 읽고 1번인지 2번인지를 구분하는 전자 센서 기능, 데이터를 전송하는 네트워크, 그 데이터를 받아 최종 집계, 확인, 저장하는 서버 등 온갖 컴퓨터와 네트워크 기능이 동원되는 개표 과정에 대한 보안은 아무리 최첨단 보안 시스템이 동원된다고 하더라도 간단한 해킹 한 번으로 데이터는 순식간에 마술처럼 바뀔 수 있다는 것을 컴퓨터 좀 하는 사람들은 모두 알고 있다. 왜냐하면 전자식이 동원되는 영역은 인간의 육안으로는 문제가 안 보이기 때문이다.

다섯째, 비밀투표의 원칙이 과연 지켜지고 있는가에 대한 의구심이다. 법에서 명시적으로 정해놓은 막대 바코드 대신 굳이 QR코드를 사용했다. 명백한 법 위반임에도 불구하고 많은 정보를 사람들이 확인하기 어려운 방법으로 저장할 수 있는 QR코드를 그동안 선관위는 고수했다. 주최 측이 마음만 먹으면 QR코드에는 투표를 하는 사람들에 대한 중요한 정보들을 취합하여 저장할 수 있다. 비밀투표를 위해서는 투표 시 투표지에 반영되는 개인정보를 최소화해야 한다. 필요한 정도 이상의 정보를 수집하겠다는 의도가 아니라면 굳이 QR코드를 사용할 필요가 없다. 해당 기관은 그동안 바코드 대신 왜 굳이 QR코드를 사용했는지, 그리고 그것을 통해 어떤 정보를 획득했는지에 대해 일반 국민들에게 제3의 검증기관을 통해 공식적으로 해명해야 한다. 개인적으로 이런 식의 무리한 QR코드의 사용은 매사 법 테두리 내에서만 일하려고 하는 공무원의 일반적인 업무 철학과도 많이 달라서 더욱 의아하다.

여섯째, 투개표 과정에 투입되는 사람에 대한 요건과 근거(Human justification)가 명확하지 않다. 이는 곧 개표 시스템 관리자 혹은 담당자의 조작 가능성에 대한 위험성을 내재하고 있다는 의미가 된다. 예를 들어 지난 총선 개표 과정에 동원된 개표 요원의 이름의 성씨에 깨씨, 글씨, 총씨 등이 있었다고 한다. 개표사무원은 참관인보다 중요한 역할을 담당한다. 만약 한국인이 아니고, 책임을 물을 수 없는 조선족이나 중국인을 투입했다면 매우 심각한 보안상의 오류가 있는 것이다. 이에 대한 문제 제기에 대해 해당 기관의 어느 공무원은 외국인이 국내인보다 그들이 더 객관적일 수 있다는 황당한 답변을 했다고 하는데, 만약 그게 사실이라면 대한민국 국민의 한 사람으로서 모욕을 느낄 수밖에 없다. 그 공무원이 말하는 객관성이란 것이 정치적 중립성을 말하는 것이라면 굉장히 큰 착각을 한 것이다. 정치적 중립성은 검증하기가 어려운 정성적 기준이다. 그보다 더 중요한 기준은 그가 대한민국의 체제와 헌법적 가치를 존중하는가이다. 좌우, 여야를 떠나서 투개표에 참여하는 사람들은 대한민국의 헌법과 그에 따른 선거법을 포함한 법령이 말하는 기준이나 가치를 존중해야 한다. 중국인에게 그 가치를 요구하는 것은 무리이다. 선거는 곧 국가의 존립과 체제 및 정책의 향방을 결정하는 행위인데, 중국인이 대한민국의 존립과 국가 체제를 지키는 데 관심이 있을지 의구심이 들기 때문이다. 또한 선거 참관인(투표와 개표로 구분)에 대한 선정 기준과 교육 등에 관한 규정이 미흡하다. 다음 총선에는 공무원들을 투입한다고 하는데, 현재처럼 개표사무원과 참관인에 대한 지침이나 교육 체계가 미흡하면 아무리 공무원들이라고 해도 정확하게 보고 판단할 수 없다. 왜냐하면 아는 만큼 보이기 때문이다. 우리의 복잡한 투개표 절차와 디지털 시스템의 속성과 보안 요건을 모두 알고 임해야 하는데, 그 판단이 단지 며칠 교육받은 것으로 파악될 수 있는 것인지 확신이 들지 않는다.

일곱째, 가장 심각한 문제는 우리의 선거법과 매뉴얼에는 디지털 시스템과 그 프로세스에 대한 보안 규정은 그나마 구멍투성이인 종이투표지만큼도 할애를 하고 있지 않다는 것이다. 전자개표기 관련 시스템을 도입하고 운영하는 과정의 보안성 및 무결성에 대한 원칙 제시와 그에 대한 검증 절차가 거의 보이지 않는다. 예를 들어 투개표 시스템은 외부망과 연결하지 않는다는 기준은 제시되어 있지만, 그 여부를 확인하고 입증할 수 있는 기능적, 시스템적 검증 절차나 요건이 없다. 요즘 디지털 범죄에 대한 검증은 포렌식이 기본이다. 그러나 무소불위의 선관위 시스템에 대해서는 이 기본적인 검증 방식이 예외로 되어 있다. 하다못해 관련 설비나 소프트웨어 도입 시 국정원에서 인증해주는 보안성(Common Criteria; CC)[59]같은 요건이라도 제시해야 하는데, 지난 4.15 총선 관련 관련 설비에 대한 발주 요건에 그러한 내용은 발견되지 않는다. 솔직히 만약 국정원 CC 인증을 받았음에도 만약 이번과 같은 부실이 발견되었다면 그것은 오히려 더욱 큰 문제가 될 수 있는 사안이다.

여덟째, 선거를 주관하는 기관의 설명책임성(Accountability)에 대한 명확한 규정이 없고, 이에 대한 선관위 직원들의 의식 역시 부족해 보인다. 선관위는 엄연히 공공기관이다. 국민의 세금으로 운영되는 공공조직은 근

---

59) Common Criteria 인증은 IT 제품의 보안성을 확보하기 위해 정보화촉진기본법 제15조(정보보호시스템에 관한 기준고시등)와 동법 시행령 제35조(정보보호시스템의 보완 등)에 의거하여 시행하고 있다

거와 기록을 통해 자신들이 한 일에 대해 설명할 수 있어야 한다. 선관위는 공공기록물법의 적용 대상으로서 투명성을 위해 처리 과정의 기록을 모두 남겨야 하는데, 선거법은 이런 면에서 매우 미흡하다. 공공기록물법을 적용한다면 공공기록물법 제3조 2항, 제5조, 동법 시행령 제2조, 제28조에 의거해서 전자기록물(행정데이터세트)은 무결성이 유지되어야 하고 임의 수정, 삭제가 불가하다. 그리고 선거 과정에서 생산된 모든 데이터와 시스템에 대한 삭제 불가 조치 및 보존 절차가 적용되어야 한다. 선거법에 따라 방대한 투표지는 보관 등의 문제로 일정 기간 보관 후 폐기한다고 하더라도 공공기록물법에 따라 선거 투개표과정의 전자기록은 다른 행정기록처럼 장기간 보존되어야 한다. 그러나 그동안의 100건이 넘는 선거무효소송 과정에서 선관위 서버에 대한 검증조차 허락되지 않는 상황에서는 이러한 요구는 그저 요망사항일 뿐이다. 그리고 그 결과가 최근에 밝혀진 선관위 서버의 기록 삭제로 나타났다.

우리나라는 자타가 공인하는 인터넷 강국이고, 세계적인 반도체 기업이 있는 나라지만 선거법은 그 수준에 훨씬 못 미치고 있다. 그 이유는 아이러니하게도 투개표는 디지털로 하지만 확인과 검증은 아날로그로 하는 모순에서 기인한다. 디지털 방식을 사용하고 있는 미국 등 많은 국가들이 부정선거 논란으로 시끄러운 것은 우연이 아니다. 반면에 프랑스와 독일 그리고 대만에서는 투표장에서 바로 수개표를 실시한다. 투표가 끝나면 바로 그 자리가 개표장이 되는 것이다. 투표장 단위로 개표가 이루어지기에 개표할 투표지 대상도 많지 않거니와 굳이 투표지를 이동할 필요도 없어진다. 그들 나라들이 전산에 대한 이해가 없거나 우리보다 기술이 떨어져서 그런 방식을 선택하는 건 아닐 것이다. 그들이 굳이 수개표를 선택하는 이유는 전산처리의 효율성보다 모든 국민이 이해할 수 있는 방식을 통해 투개표의 신뢰성 확보에 더 가중치를 두고 있기 때문이다.

최근에 선관위 데이터 삭제 및 선관위 서버 해킹 등 일련의 사건 이후에 관련 부처에서는 부정선거 논란을 방지하기 위해 QR코드 폐지, 수개표 방식에 의한 검증 강화 등의 일부 개선안을 제시했다. 그러나 여전히 투표지에 대한 감독관 날인의 개별 확인과 날인 방식이 아닌 인쇄로 일괄 날인하고(이런 방식은 엄연히 감독관의 날인을 통해 확인하는 것을 무력화하는 방식으로 이해될 수 있다), 문제가 많은 사전투표 방식 또한 그대로 두고 있다. 4.15 총선에 투입된 선관위 시비에 대한 검증은 과언 이루어질지 여전히 불투명하고, 지난 총선 데이터는 이미 삭제된 것으로 보는 언론 기사가 맞다면 설사 검증이 이루어진다고 한들 증거는 이미 사라진 것으로 보아야 한다.

우리 선거제도가 이 상황까지 온 것이 단순히 관련 부처의 능력 문제인지 아니면 법을 그렇게 만들어 놓은 입법부의 역량 한계 때문인지는 간단히 말할 수 없지만, 결국 그들을 그곳에 보낸 우리 모두의 책임인 것은 분명해 보인다.

'오징어 게임'의 세상에는 '동료시민'이 없다

최근에 넷플릭스에서 '오징어게임'이라는 시리즈가 세계적인 인기를 끌었다. 드라마 내용은 게임에 참가한 당사자들의 의사와는 관계없이 게임의 룰은 설계자가 임의로 정한다는 것과, 게임 규칙의 불공정함과 잔인한 결과에도 불구하고 결국엔 각자의 이해관계 때문에 불편부당한 게임에 스스로 몰입하면서 설계자보다 오히려 더 잔인해져 간다는 내용이다. 사람들은 아마 현실이 오징어게임의 세상과 크게 다르지 않다는 것에 공감했던 것 같다. 우리가 디지털 기기와 스마트폰에 코를 박고 사는 동안 세상은 우리도 모르게 누군가 설계자의 의도가 개입될 수 있다는 것을 비유적으로 잘 설명해 주고 있기 때문이다.

2020년 4월 16일 선관위 홈페이지에 4.15 총선에 대한 이상한 통계자료들이 올라온 이후, 더 정확히 표현하면 총선 데이터들이 보여주는 이상한 그래프와 마술 같은 수치들이 나타난 이후, 부정선거 의혹은 날이 갈수록 커져왔다. 그리고 대법원 재검증 과정에서 나온 더 괴이한 투표지들은 이상한 통계 그래프에 대한 물적 증거가 되었고, 특히 130개 지역구에 대한 선거무효소송 재판 과정에서 제기된 전자개표기(투표지분류기)와 선관위 선거 서버에 대한 검증과 증거보존 신청이 일제히 기각된 것은 누군가의 의도적 개입 없이는 도저히 일어날 수 없는 일로 여기기에 충분한 상황이다. 선거는 상호 이해관계가 첨예하게 충돌되는 영역이다. 이렇게 갈등이 많은 곳을 주관하는 조직은 불필요한 논란과 갈등을 최소화하는 방향으로 규정을 만들고, 어느 쪽에서도 이의 제기를 할 수 없도록 공정하게 룰을 만들기 위해 노력한다. 그리고 이해관계가 복잡할수록 관련 규정과 절차가 상세하고 명확한 것이 특징이다. 법령과 규정에 따라 일하는 공무원에게는 국민들의 의혹과 문제 제기에 대해서 언제든 설명할 책임(Accountability)이 따르고, 명확히 설명할 수 있을 때 공무원 스스로가 보호받을 수 있기 때문이다.

부정선거 논란이 일어나고 한참이 지난 후에야 선관위는 마지못해 '설명회'라는 형식의 이벤트를 열었다. 그러나 정작 필요한 전자적 검증 절차는 없고, 선거 당시 참관인들에게 투표지분류기 기계 내부를 열어놓고 육안으로 확인하는 형식으로 진행했다. 노트북이 고장 났을 때 단지 기계 내부를 들여다보는 것으로는 근본적인 원인을 찾는 데 한계가 있다. 당시 설명회를 주관했던 공무원은 '공무원인 자신들을 믿어 달라'는 말로 대충 마무리했다. 요즘은 스포츠 경기에서도 비디오 판독을 한다. 심판의 판정이 이미 났음에도 불구하고 선수가 요구하면 즉시즉시 비디오를 통해 검증을 하고 그 자리에서 판정이 바뀌는 경우가 수시로 일어난다. 한 나라의 선거가 일반 스포츠보다 못해서야 되겠는가. 국민의 삶과 나라의 운명을 바꿀수도 있는 선거에 대한 재검증 요구는 당연한 것이고, 이를 '선거 불복종'이라는 말로 프레임을 걸 일은 더더욱 아니다.

투개표 과정의 상당부분이 전자적 방식으로 전환된 상황에서 그에 대한 재검증 방식 역시 전자식 방식을 통해 검증해야 하는 것은 디지털 시대의 상식이다. 더구나 그 물리적인 투표지 재검증 과정에서 대량의 이상한 투표지들이 확인되었다면 그저 관리가 부실했다고 넘어갈 것이 아니라 서버나 투표지분류기에 대한 전자적 검증 단계로 넘어가는 것이 필수적이다. 반도체 칩속의 데이터들이 어떤 과정을 통해 사람이 이해 가능한 텍스트나 이미지로 변환되는지, 그 과정에서 얼마나 많은 트릭이 반영될 수 있는지, 그 메커니즘을 알지 못하면 이번 선거부정의 조작 프로세스와 그 결과인 이상한 통계수치를 이해하기 어려울 수 있다. 결국 이번 부정선거 논란은 우리 사회 전반의 인프라는 디지털화 되었지만 막상 생각하고 일하는 방식에서는 예전 아날로그 수준에서 벗어나지 못했음을 그대로 보여준다. 그리고 그렇게 부실한 세상은 오징어게임의 룰이 지배하게 된다.

최근에 한 정치인이 국민적 스타가 되어 가는 곳마다 환호와 열광적 지지를 받고 있다. 원래 정치인이 아니었던 그가 갑자기 사람들의 환호를 받는 이유는 매우 단순하다. 그동안 국제 운동경기에서나 느낄 수 있었던 우리가 대한민국 국민이라는 것을 새삼 일깨워주고, '대한민국의 헌법 가치와 철학'에 대한 책임과 자긍심을 상기시켜 주고 있기 때문이다. 그에게 박수를 보내는 사람들은 자신의 속한 국가의 정체성을 돌아볼 계기를 만들어 준 것에 감사하고 있다. 며칠 전에는 그가 지칭한 '동료 시민'이라는 용어로 인해 또 다시 신선한 충격을 안겨 주었다. 이 말에 대해 국민대 이호선 교수는 '국민은 태어나면서 생기지만 시민은 만들어지며, 자유와 책임을 지는 분별력 있는 정치 주체를 의미한다. 특정 세력이 우월적 지위를 행사하거나 보통시민들보다 더 높은 지위에 올라가 있는 공동체는 더 이상 공정과 상식의 사회가 아니다.'[60]라고 정의했다. 지금 우리 사회는 과연 서로를 동료 시민으로 존중하며, 각자의 자유와 책임을 가진 시민으로서 바라보고 있는가? 부정선거 의혹에 대한 해당 부처 공무원들의 부실한 설명과 태도를 보면 그들에게 동료 시민에 대한 의식은 없는 듯하다.

부정선거를 저지르면 사형에 처해지던 시대가 있었고, 그 기준은 여전히 우리의 상식으로 존재한다. 그래서 부정선거가 사실에 가까울수록 누군가는 자신의 목숨을 걸어야 하는 상황이 되고, 시간이 갈수록 자의로든 혹은 타의로든 개입되는 사람이 많아질수록, 순리로는 도저히 풀 수 없는 폭탄이 된다. 지금 우리 사회는 그 폭탄을 들고 이 손에서 저 손으로 옮겨가며 제발 자기 손에서 터지지 않기를 바라고 있는 형국이 되어 있다. 그리고 이제 대부분의 국민들이 선관위와 우리의 선거제도를 신뢰하지 못하고 있다.

반면 부정선거에 대한 또 다른 시각이 있는 것도 현실이다. '탈진실'의

---

60) 이호선. "'동료시민'의 의미", 자유일보 2024.01.07.(https://www.jayupress.com/news/articleView.html?idxno=24859)

디지털 시대에서는 부정선거도 일종의 선거전략이 될 수 있다는 시각이다. 그들의 괴이한 주장의 명분은 '정의'이다. 즉 '정의'를 위해서는 전산기기를 조작하고, 투표지를 무더기로 실어나르고, 죽은 사람들을 동원해서 투표하는 것이 정당하다고 주장한다.[61] 결국 전혀 다른 기준과 가치관을 가진 사람들이 함께 살아가는 것이 우리의 불편한 현실이다. 그만큼 오늘날 '정의'는 부정선거도 용납할 만큼 막강한 권력이 되고 있다.

그러나 법이 아닌 '정의'가 무서운 것은 사람마다 '정의를 바라보는 관점과 기준이 다르기 때문이다. 사람들은 '정의' '악지'를 내세워 깅지를 구분하고, 강자는 '약자보호'라는 구호 앞에서 타도의 대상이 되어 버린다. 아이러니하게도 법이 아닌 정의를 명분으로 누군가를 몰아세우고, 약자를 앞세워 강자를 타도해도 된다면 그게 바로 오징어게임이 용납되는 세상이다. 오징어 게임의 룰이 지배하는 세상에서는 결코 모든 국민이 '동료 시민'이 될 수가 없다.(본 내용은 저자의 『광기의 시대(기파랑)』 중 일부분을 요약 재정리한 것이다.)

---

61) 2021년 2월에 TIME지(2021.02.05.)에 '2020년 선거를 구한 그림자 캠페인'(The Secret History of the Shadow Campaign That Saved the 2020 Election ⟨https://time.com/5936036/secret-2020-election-campaign/⟩)

달빛정책이 초래한 북핵 위기의 실상
- '외교적 춤판'의 전개와 '장밋빛 환상'의 종말 -

이창위 서울시립대 교수

달빛정책의 후과

문재인 대통령은 반미·반일·친중·종북정책으로 한국 외교의 근간을 흔들었다. 그의 재임 시 한미동맹은 위기에 처했고, 한일관계는 파탄 상태가되었다. 그는 중국과 북한에 시종일관 이해할 수 없는 굴욕적 정책을 취했다. 그는 평창올림픽과 판문점회담 후 북한에 대한 제재 해제를 국제사회에 끊임없이 요구했다.

그러나 햇볕정책을 승계한 문 대통령의 달빛정책은 실패로 돌아갔고, 결국 북한의 핵무장을 막지 못했다. 그는 '민족'과 '통일'이라는 '장밋빛환상'에 사로잡혀 한반도의 안보를 그렇게 무너뜨렸다. 외교의 요체는 국익의 극대화인데, 문 대통령의 대북정책은 국익을 해친 최악의 외교적 실패가 됐다.

대통령은 국제정세를 정확하게 읽고, 올바른 외교의 방향을 제시해야한다. 정책의 디테일을 알 수는 없겠지만, 어떤 정책이 국가와 국민을 위하는 것인지 알아야 한다. 근시안적 포퓰리즘은 국익에 반하는 경우가 많고, 국가의 대외 협상력을 저해한다.

문재인 정부는 국민이 불안해하는 잘못된 외교의 전형(典型)을 보여주었다. 한 번도 경험하지 못한 나라를 만들었던 그런 실수는 두 번 다시 반복돼서는 안 될 것이다. 이하 문재인 정부의 외교·안보정책을 진단하여 북핵 위기의 실체를 분석하고, 이를 극복하기 위한 대안과 해법을 모색해보기로 한다.

북핵 위기, 브레이크 없는 기관차의 폭주

한미동맹과 미일동맹을 축으로 한 동북아 질서는 탈냉전 시대에 새로운 국면에 접어들었다. 1991년 한반도에서 전술핵이 철수되고, 비핵화 공동선언이 이루어졌다. 많은 사람이 베를린 장벽 붕괴와 독일 통일, 소련의 해체와 같은 평화가 한반도에도 실현될 것으로 기대했다. 그러나 현실은 희망과 달랐다. 북한은 체제 위기를 극복하기 위해 모든 국가적 역량을 핵개발에 투입했다. 2000년 6월 남북 정상회담 이후 조성된 화해 무드와 대북 포용정책은 실패로 돌아갔다.

북한은 1차 및 2차 연평해전, NPT 탈퇴, 천안함 폭침, 연평도 포격, 개성공단 폐쇄, 남북공동연락사무소 폭파, 서해 공무원 사살 등 도발을 멈추지 않았다. 북한은 비핵화공동선언, 제네바합의, 9.19공동성명, 2.13조치, 10.3합의 등 비핵화에 대한 약속과 합의를 모두 지키지 않았다. 그런 과정을 통해 북한은 2006년 10월부터 2017년 9월까지 6회의 핵실험을 감행하여 핵개발을 완성했다. 그동안 북한은 끈질긴 대외협상과 벼랑 끝

전술을 반복하여 국제사회의 제재에 맞섰다. 협상과 합의 및 파기, 제재의 거부와 재협상 그리고 파기가 되풀이됐지만, 북한의 핵개발은 흔들림 없이 일관되게 진행됐다.[62]

　미국과 국제사회는 북한의 핵무장을 막지 못했다. 클린턴 대통령의 '제네바합의'(agreed framework), 부시 대통령의 '6자회담'(six-party talks), 오바마 대통령의 '전략적 인내'(strategic patience) 그리고 트럼프 대통령의 '미치광이 전략'(madman strategy)까지 미국의 협상 전략도 모두 실패했다.[63] 미국과 북한은 싱가포르 정상회담에서 북한의 비핵화에 합의했으나, 그것은 실질적인 내용이 없는 형식적 합의에 불과했다. 하노이 회담도 실패했다. 북한은 영변 냉각탑 폭파와 유사한 풍계리 핵실험장 폭파로 제재의 해제를 요구했지만, 미국과 국제사회는 제재를 풀지 않았다. 바이든 대통령은 '전략적 인내'의 연장선에서 북한과 제대로 된 협상에 나서지도 못했다.

　북한은 2022년 4월부터 전술핵의 실전 배치에 나섰다. 9월에는 한국을 향한 핵 선제공격을 정당화하는 핵무력정책을 법제화했고, 구체적으로 전술핵무기 운용부대를 동원해 한국의 주요 군사시설, 공항과 항구에 대한 모의 타격 훈련을 진행했다. 또한 한반도 유사 시 미국의 지원과 개입을 차단하기 위하여 대륙간탄도미사일(ICBM)과 잠수함발사탄도미사일(SLBM), 핵전략잠수함의 개발도 공언하고 있다.[64]

---

62) 이창위, 『북핵 앞에 선 우리의 선택: 핵확산의 60년 역사와 실천적 해법』 85~96쪽, 궁리, 2019.

63) John Bolton, The Room Where It Happened: A White House Memoir, Simon & Schuster, 2020, pp.77~78

64) 정성장, 『왜 우리는 핵보유국이 되어야 하는가』 54~55쪽, 메디치미디어, 2023.

북한의 공세적인 핵·미사일 위협으로 문재인 정부의 대북 유화정책은 완전히 실패했다. 지금은 바이든 행정부의 대북정책으로 북한의 비핵화를 기대하기도 힘든 상황이다. 2023년 4월 워싱턴선언으로 한미 양국은 핵협의그룹(Nuclear Consultative Group: NCG)을 통해 확장억제를 강화했지만, 그런 합의가 북핵 문제의 해결을 담보하지는 않는다.

2021년 4월의 아산정책연구원과 미국 랜드연구소의 예측에 따르면, 이미 핵탄두를 50개 이상 보유한 북한은 2027년까지 200개 이상을 갖게 된다.[65] 공포의 균형이 이루어지지 않는 대치 상황에서 북한의 핵·미사일 위협에 대응하는 것은 사실상 불가능하다. 그렇게 되면 한반도 핵질서의 현상유지는 의미가 없어진다. 이제는 독자적 핵억지력 강화를 포함하는 현실적 해법을 모색하지 않으면 안 된다. 문재인 정부가 남긴 달빛정책의 후과를 극복하고, 북핵의 '실존적 위협'에 대처해야 한다.

오판의 시작, 베를린 선언과 유엔총회

박근혜 대통령의 탄핵 후 2017년 5월 문재인 후보가 19대 대통령으로 당선됐다. 그는 집권 후 곧바로 보수정권과 반대되는 대북정책을 전면에 내세웠다. 북한은 이미 다섯 차례의 핵실험으로 핵개발을 거의 완성했지만, 그는 협상으로 한반도 비핵화를 이루겠다는 희망을 버리지 않았다. 그렇게 해서 대북 유화정책이 문재인 정부의 기본적 외교 방침이자 철칙이 되었다.

문재인 대통령은 우선 2017년 7월 '베를린 선언'을 통해 '한반도의 냉

---

65) 이창위, '중앙일보 시론: 북핵 위협 상쇄할 실질적 카드 없나' 2022.11.09.

전구조 해체와 항구적인 평화 정착을 위한 5대 정책 방향'을 제시하고, 이를 실천하기 위한 4대 과제를 북한에 제안했다. 그가 제시한 5대 정책은 인위적 흡수통일이 아닌 평화 정착, 한반도의 비핵화, 종전선언과 평화협정의 체결, 남북철도 연결과 신경제지도 구상, 비정치적 교류협력의 지속 등을 내용으로 했다. 이를 토대로 이산가족 상봉과 성묘, 북한의 평창동계올림픽 참가, 군사분계선에서의 적대행위 중단, 남북대화의 재개 등을 4대 실천 과제로 북한에 제안했다.

그러나 북한은 새 정부의 제안을 받아들이지 않았다. 북한은 '베를린 선언'이 발표된 직후, 대륙간탄도미사일(ICBM)급 화성-14형 미사일을 추가로 발사했다. 2017년 8월 트럼프 대통령은 북한이 비정상적으로 미국을 계속 위협하면 과거에 본 적 없는 '화염과 분노'에 휩싸일 것이라고 경고했다.[66] 북한은 이에 대하여 '괌'을 포위 사격하는 방안을 검토하고 있다고 하면서 미국에 대항했다.[67]

그렇게 '한반도 위기설'이 확산하는 가운데, 북한은 9월 3일 6차 핵실험을 강행했다. 미국과 북한의 두 정상은 9월 유엔총회를 계기로 거친 말 폭탄을 다시 주고받았다. 트럼프 대통령은 9월 19일 유엔총회 연설에서 김정은 국무위원장을 '로켓맨'(Rocket Man)이라고 부르며, 북한이 군사적 위협을 계속하면 철저하게 파괴할 것이라고 경고했다. 김정은 위원장은 트럼프 대통령을 정치인이 아니라 조폭이나 불량배와 같은 '늙다리 미치광이'(Mentally Deranged U.S. Dotard)라고 비난하며, 역사상 가장 강력한 대

---

66) "Trump Threatens 'Fire and Fury' Against North Korea if It Endangers U.S.", New York Times, August 8, 2017
67) '북한 괌 포위 사격 검토…전문가 의견은', 매일경제 2017.08.10.

응조치를 취할 것이라고 반박했다.[68]

문재인 대통령은 유화정책을 포기하지 않았다. 그는 '베를린 구상'에서 나아가 '평창 구상'을 밀어붙였다. 그는 9월 22일 유엔총회 기조연설에서 "북한의 평창올림픽 참가를 환영하며 이를 위해 IOC와 함께 노력하겠다"고 선언했다. 평창올림픽을 북핵 위기를 해결할 수 있는 계기로 만들겠다는 것이었다.

그런데 문재인 대통령은 연설에서 "한국의 촛불혁명이야말로 유엔 정신이 빛나는 성취를 이룬 역사의 현장이었습니다. 한국 국민들은 민주주의의 실체인 국민주권의 힘을 증명했고, 폭력보다 평화의 힘이 세상을 더 크게 바꿀 수 있다는 것을 증명했습니다"라고 하여, 한국의 정권교체를 유엔총회장으로 갑자기 소환했다.

이어서 문 대통령은 "평창이 또 하나의 촛불이 되기를 염원합니다. 민주주의의 위기 앞에서 한국 국민이 들었던 촛불처럼 평화의 위기 앞에서 평창이 평화의 빛을 밝히는 촛불이 될 것이라 믿습니다"라고 하여, 평화의 상징으로서 촛불과 평창올림픽의 의미를 강조했다. 그는 한국의 정권교체를 '국제평화와 안전의 유지'라는 유엔의 목적과 등가(等價)에 놓고 대북 유화정책의 정당성을 호소했다.

그렇게 촛불에 홀린 문 대통령의 대북관은 국내에서도 거침없이 표출되었다. 그는 2017년 11월 국회 시정연설을 통해 한반도 무력충돌 불가, 한

---

68) "Kim's Rejoinder to Trump's Rocket Man: 'Mentally Deranged U.S. Dotard'", New York Times, September 21, 2017

반도 비핵화, 남북 문제의 주도적 해결, 북핵 문제의 평화적 해결, 북한의 도발에 대한 단호한 대응 등 다섯 가지 원칙을 강조했다.

'외교적 춤판'과 '잘못된 희망'

그러나 평화는 힘으로 지켜야 한다는 국제정치의 기본을 외면한 대가는 컸다. 그의 안일한 국제정세에 대한 인식은 동맹의 가치를 훼손하고, 한반도를 위기 상황으로 내몰았다. 대북 유화정책은 굴욕적 친중정책으로 이어졌고, 결국 미국은 문재인 정권을 불신하게 되었다. 그때는 달빛정책이 그렇게 전개될 것이라고 예상한 사람은 많지 않았다.

북한은 문재인 대통령의 호소에 반응하기 시작했다. 김정은 위원장은 2018년 1월 1일 신년사에서 평창올림픽에의 참가와 대표단의 파견, 이를 위한 남북대화의 개시를 시사함으로써 남북관계의 개선을 화두로 제시했다. 문 대통령은 즉각 이를 받아들여 남북 고위급 회담을 제안했다. 한미 양국은 한미연합훈련을 평창올림픽 이후로 연기했다. 2018년 1월 9일 남북 고위급회담에서 북한의 올림픽 참가가 합의되었고, 2월 9일부터 25일까지 평창올림픽이 열렸다.

김정은 위원장은 신년사에서 미국에 대한 적대감을 숨기지 않았다. 북한은 이미 2017년 11월 29일 화성-15형 대륙간탄도미사일을 발사하고 핵무장의 완성을 선언한 상태였다. 그는 "우리는 각종 핵운반 수단과 초강력 열핵무기를 시험하여 우리의 총적 지향과 전략적 목표를 성공적으로 달성하였으며, 공화국은 마침내 어떤 힘으로도 무엇으로도 되돌릴 수 없는 강력하고 믿음직한 전쟁 억제력을 보유하게 되었습니다. 미국은 결코 나와 우리 국가를 상대로 전쟁을 걸지 못합니다. 미국 본토 전역이 우리의 핵 타격 사정권에 있고 핵 단추가 내 책상 위에 항상 놓여 있다는 것, 이는 위협이 아닌 현실임을 똑바로 알아야 합니다"라는 입장을 밝혔다.

트럼프 대통령도 지지 않았다. 그는 다음날 트위터로 미국의 핵능력에 대하여 다음과 같은 멘트를 날렸다. "북한의 김정은 위원장은 방금 핵 버튼이 항상 자신의 책상 위에 있다고 밝혔다. 식량부족으로 고통받는 그의 정권의 누군가가 나에게도 역시 핵 버튼이 있다는 사실을 그에게 알려주길 바란다. 그러나 나의 버튼은 그의 것보다 훨씬 크고 강력하며, 그리고 나의 버튼은 분명히 작동한다!"

김 위원장은 그렇게 신년사에서 미국에 대한 적대감과 한국에 대한 유화적 입장을 동시에 드러냈다. 그는 북한이 핵무기와 그 탑재 수단인 미사일까지 가졌다는 자신감으로 남북관계와 대미관계의 변화를 모색했다. 올림픽이 끝난 후 3월 5일 정의용 안보실장과 서훈 국정원장은 북한을 방문하여 김정은 위원장을 만나고 왔다. 그리고 정의용 실장은 바로 방미하여 트럼프 대통령에게 "김 위원장이 트럼프 대통령을 만나고 싶어 한다"는 메시지를 전달했다. 미국과 북한의 두 정상은 밀고 당기는 협상과 우여곡절을 겪은 후 싱가포르와 하노이, 판문점에서 만나게 되었다.

정의용 실장은 양국의 정상회담을 성사시키는 데 중요한 역할을 했다. 트럼프 대통령은 북한의 비핵화 약속과 미북 정상의 회동을 그가 기자들에게 직접 발표하도록 했다. 그러나 정의용 실장이 밝힌 김 위원장의 '한반도 비핵화'는 미국이 생각하는 '북한의 비핵화'와 달랐다. 북한이 주장한 비핵화는 기본적으로 1970년대부터 주장해온 한반도의 비핵화로서,

주된 목적은 주한미군의 철수와 한미동맹의 해체였다.

그런 차이를 이해하지 못한, 아니면 알고도 모른 체한 정의용 실장과 이를 승인한 문 대통령은 북한의 의도를 적당히 얼버무리고 미북 정상회담의 성사에 전력을 기울였다. 존 볼턴(John Bolton) 안보보좌관은 회고록 『그 일이 일어난 방』(The Room Where It Happened)에서 당시 상황을 다음과 같이 설명한다. "정의용이 만든 이 모든 '외교적 춤판'(diplomatic fandango)은 김정은이나 미국의 진지한 전략보다는 한국의 통일 의제와 관련돼 있었다. 북한의 비핵화에 대한 한국의 해석은 미국의 근본적 국익과는 무관한 것처럼 보였다. 그 춤판은 아무런 실체도 없는 위험한 연출이었다."[69] 그렇게 문 대통령과 정의용 실장이 벌인 '외교적 춤판'은 비핵화에 대한 '잘못된 희망'(false hope)과 '장밋빛 환상'을 남기고 끝나게 된다.

판문점 선언과 싱가포르 정상회담

북한은 핵무기의 완성을 선언함으로써 일단 핵보유국이 되었다. 그러나 미국과 국제사회는 핵보유국으로서 북한의 지위를 인정하지 않았다. 국제법상 합법적인 핵무기의 보유는 핵확산방지조약(NPT)의 '핵무기국'(Nuclear-Weapon State)으로 한정된다. 즉, 유엔 안전보장이사회의 상임이사국 5개국만 그런 지위를 갖는다.

국제법적으로 인정된 5대 핵강대국 외 이스라엘, 인도, 파키스탄은 핵확산방지조약 체제 밖에서 핵무기의 보유를 인정받았다. 이들 3개국은

---

69) John Bolton, The Room Where It Happened: A White House Memoir, Simon & Schuster, 2020, pp.78~79

'사실상 핵무기국'(de facto Nuclear-Weapon State)으로서 국제사회의 제재를 받지 않는다. 북한의 목표는 미국과 국제사회의 제재를 벗어나서 '사실상 핵무기국'의 지위를 인정받겠다는 것이다.

핵개발에 성공한 북한은 핵무기 보유라는 현상유지(status quo)를 위해 한반도의 긴장을 완화하고 평화공세에 나섰다. 북한은 한국이 깔아 놓은 외교적 춤판을 이용하여 북핵에 대한 미국의 양보를 받아 내려고 했다. 북한은 이를 위하여 우선 한국과 4.27정상회담을 열고 '판문점 선언'에 합의했다.

판문점 선언은 남북관계의 개선, 한반도의 긴장 완화, 한반도 평화 체제의 구축을 위해 구체적인 조치를 취한다는 것이었다. 남과 북은 특히 평화 체제의 구축을 위한 조치로서, 무력 불사용과 불가침 준수, 단계적 군축 실현, 종전선언을 위한 회담 개최 및 '한반도의 완전한 비핵화' 목표 확인을 실례로 들었다.

그러나 남북은 '북측이 취하고 있는 주동적인 조치들의 한반도 비핵화에 대한 의의와 중대성을 고려하여' 책임과 역할을 다하고, '한반도의 비핵화'를 위해 적극 노력한다고 합의함으로써 논란의 여지를 남겼다. 북한의 비핵화를 언급하지 않았을 뿐 아니라, 북한의 주도로 비핵화 과정을 전개한다는 것을 서로 확인했다. 전문가들은 북한의 비핵화를 회의적으로 보기 시작했다.

북한은 미국과 싱가포르에서의 6.12정상회담 개최에 합의했다. 원색적 표현으로 서로 비난하던 두 정상은 정치적 결단으로 사상 첫 미북 정상회담을 성사시켰다. 그렇게 개최된 1차 미북 정상회담에서, 양국은 '새로운 미북관계를 수립하여 한반도에 평화체제를 구축하고, 한반도 비핵화에 대한 남북한의 판문점 선언을 지지한다'는 공동성명을 발표했다. 그러나 북핵 문제의 해결에 대한 구체적인 성과는 내지 못했다.

냉엄한 현실, 하노이 정상회담

2019년 2월 하노이에서의 2차 미북 정상회담은 아무런 합의도 이루지 못하고 종료되었다. 북한이 미국의 일괄타결 방식에 의한, 이른바 북핵 문제의 빅딜을 거부한 것이다. 완전한 비핵화가 아니면 제재를 계속하겠다는 미국은 영변 핵시설의 폐쇄와 제재의 해제를 원하는 북한과 결국 접점을 찾지 못했다. 막판에 트럼프 대통령이 제재의 일부 완화와 영변의 비핵화를 제안했지만 김정은 위원장은 이를 거부했다.

북한의 거부는 리비아식 해법에 대한 오랜 불신에 근거하고 있다. 북한은 1차 정상회담 직전에도 펜스 부통령과 볼튼 안보보좌관의 리비아식 해법 언급에 크게 반발했다.[70] 북한이 두 사람의 인터뷰 내용을 강력하게 비난하자, 트럼프 대통령은 예정된 정상회담을 전격적으로 취소했다. 2018년 5월 14일, 트럼프 대통령은 김정은 위원장에게 정상회담을 취소한다는 편지를 보냈다. 그는 편지에서 미국이 보유한 핵능력에 대하여 다음과 같이 기술했다.

나는 싱가포르에서 당신과 만나기를 고대했습니다. 그러나 나는 당신의 최

---

70) How the 'Libya Model' Became a Sticking Point in North Korea Nuclear Talks, New York Times, May 16, 2018

근 성명에 나타난 엄청난 분노와 노골적인 적대감을 보고, 오랫동안 계획했던 이번 만남을 갖는 것이 부적절하다고 판단합니다. 그래서 이 편지가, 양국의 이익을 위해서, 비록 세계적으로는 손실이 되겠지만, 정상회담의 취소를 뜻하는 것으로 이해해주기를 바랍니다. 당신은 북한의 핵능력을 말해왔지만, 우리의 핵능력은 너무나 엄청나고 강력하기 때문에 나는 그것을 사용하는 기회가 오지 않기를 신에게 기도할 정도입니다.[71]

이 편지로 북한은 다시 정상회담 협상에 나섰다. 회담 취소도 불사하겠다는 미국의 강경한 태도에 북한은 양보할 수밖에 없었다. 그러니 북핵 문제의 구체적 해결에 대해서는 갈등의 여지가 남았고, 결국 그 영향으로 하노이 정상회담도 실패로 끝났다. 전세계가 주목한 미북 정상회담이 결렬되면서 북핵 문제의 해결이 불가능할 것이라는 우려가 현실이 되었다.

트럼프 대통령은 김정은 위원장에게 제시한 '빅딜 문서'에서, '핵무기와 핵물질의 미국으로의 반출, 그리고 핵시설과 화학·생물전 프로그램 및 탄도미사일과 관련 시설의 완전한 해체'를 요구했다. 또한 미국은 '핵 프로그램의 포괄적 신고 및 미국과 국제사찰단의 완전한 접근, 관련 활동 및 새 시설물의 건축 중지, 모든 핵시설의 제거, 핵 프로그램 과학자와 전문가들의 상업적 활동으로의 전환' 등 네 가지 사항을 구체적으로 요구했다.[72] 미국의 요구는 북한에 대한 '최종적이고, 완전히 검증된 비핵

---

71) I was very much looking forward to being there with you. Sadly, based on the tremendous anger and open hostility displayed in your most recent statement, I feel it is inappropriate, at this time, to have this long-planned meeting. Therefore, please let this letter serve to represent that the Singapore summit, for the good of both parties, but to the detriment of the world, will not take place. You talk about your nuclear capabilities, but ours are so massive and powerful that I pray to God they will never have to be used.

72) "Exclusive: With a piece of paper, Trump called on Kim to hand over nuclear weapons", Reuters, March 30, 2019

화'(FFVD)였다. 북한은 이를 리비아식 해법이라고 주장하여, 절대 받아들일 수 없다고 했다. 양측이 생각하는 비핵화가 이렇게 달랐기 때문에 협상은 타결되지 않았다.

가령 북한이 모든 핵개발을 포기하고 미국이 모든 제재를 해제한다는 빅딜이 성사되더라도, 그 과정은 순조롭게 진행되지 않을 것이다. 핵무기의 해체와 반출, 우라늄 농축시설의 해체, 원자로의 해체, 핵실험장의 폐쇄, 생화학무기와 미사일의 폐기 및 관련 시설의 해체, 검증과 사찰 등 미국이 생각하는 북한 비핵화의 과정은 적어도 10년 이상은 걸릴 것이다. 북한은 이미 핵개발에 성공했고, 그 능력은 남아공이나 리비아, 이란, 시리아와는 차원이 다를 정도로 뛰어나다.[73]

만약 북한이 핵무기와 핵시설의 정보를 미국에 우선 제공했다면, 비핵화의 진정성을 인정받을 수도 있었다. 전면적 비핵화 합의가 아니더라도, 그것은 미국이 부분적으로 제재를 해제할 수 있는 명분이 된다. 그러나 북한은 비핵화를 받아들일 생각이 없었기 때문에 미국에 정보를 제공하지 않았다. 미국이 하노이에서 영변 핵시설 외에 별도의 우라늄 농축시설의 존재를 언급하자, 북한은 아무런 해명도 하지 못했다.

3불 정책과 혼밥의 굴욕

문재인 정부가 중국에 대하여 밝힌 3불 정책은 대표적인 굴중(屈中)정책이다. 대중국 3불 정책은 한국이 첫째, 고고도미사일방어체계인 사드

---

73) "The Nine Steps Required to Really Disarm North Korea", New York Times, June 11, 2018

(THAAD)의 추가 배치를 하지 않고, 둘째, 한미일 3국 군사동맹에 참여하지 않으며, 셋째, 미국이 주도하는 미사일방어(MD) 체계에 들어가지 않겠다는 것이다.[74] 2017년 10월 당시 강경화 외교부장관이 국정감사에 출석하여 이를 확인했다. 중국을 겨냥하여 사드를 운용하지 않는다는 1한(限)을 추가하여 '3불 1한' 정책이라고 한다.

한국은 사드가 배치된 2017년 9월 전부터 그에 반발한 중국을 무마하기 위해 3불 정책을 채택했다. 사드는 한국이 북한의 핵·미사일 위협에 대항하는 최소한의 자위적 조치였지만, 중국은 이를 무시하고 사드의 배치를 강력하게 반대했다. 사드의 철수가 불가능해지자, 중국은 한국이 3불 정책을 지켜야 한다고 주장했다. 반면 한국은 윤석열 정부의 출범 이후 이를 지킬 필요가 없다고 하여 양국의 갈등이 심화되고 있는 상황이다.

한국이 3불 정책을 언제까지나 준수해야 할 국제법적 의무는 없다. 3불 정책은 문서나 조약 형태로 중국에 한 약속이 아니기 때문이다. 문재인 정부가 잘못된 판단으로 내린 정책은 필요하면 바꿀 수 있는 것이다. 특히 국가의 생존이 걸린 중요한 문제는 주권국가로서 언제든지 올바른 판단을 다시 내릴 수 있어야 한다.

3불 정책에 대한 논란은 국제법상 인정되는 자위권 차원에서 이해하고 판단하면 된다. 유엔헌장은 51조에서 "이 헌장의 어떠한 규정도 유엔 회원국에 대하여 무력공격이 발생한 경우, 안전보장이사회가 국제평화와 안전을 유지하기 위하여 필요한 조치를 취할 때까지 개별적 또는 집단적 자

---

74) 조태용 前 외교차관, "방역보다 시진핑 방한이 더 중요한가", 〈신동아〉 2020년 4월호 206~217쪽.

위의 고유한 권리를 침해하지 아니한다"고 하여 모든 국가의 자위권 행사를 인정하고 있다.

무력공격을 받은 국가는 그런 공격이 급박하여 다른 수단의 선택이나 숙고(熟考)의 여지가 없으면, 필요하고 합리적인 범위에서 최소한의 무력대응을 할 수 있다. 그렇게 '무력공격', '필요성', '비례성'이 자위권 행사의 요건으로 확립되었다. 이를 어기면 국내법상 과잉방위와 마찬가지로 위법한 자위권 행사가 된다. 다만 핵무기와 초음속 미사일 등 현대 무기체계의 엄청난 발전을 생각하면, 자위권의 후발적 행사는 무의미하다. 그래서 상대국의 공격이 '임박한' 경우에는 선제적으로 자위권을 행사할 수 있으며, 이는 2004년 유엔의 보고서로도 확인되었다.[75]

북한의 핵·미사일 위협에 대응하여 한국은 당연히 자위권을 행사할 수 있다. 이를 위하여 국방부는 킬 체인(Kill Chain)과 한국형 미사일방어(KAMD) 체계 및 대량응징보복(KMPR) 체계로 이루어진 한국형 '3축 체계'를 운용하고 있다. 북핵에 대한 선제타격(Kill Chain)이나 발사된 미사일에 대한 요격(KAMD)은 국제법상 인정되는 전형적인 예방적 내지 선제적 자위권의 실례가 된다.

그러나 핵이 없는 국가가 핵무장한 상대를 선제적으로 공격한다는 것은 이치에 맞지 않는다. 미사일 탄두 중량을 아무리 늘려도 핵무기의 파괴력에 비교할 수는 없다. 한국이 재래식 전력으로 북핵에 대응하기 위해서는 미국의 핵전력 자산과 함께 북핵에 맞설 수밖에 없다. 따라서 미국의 확장

---

75) Chris O'Meara, "Reconceptualising the right of self-defence against 'imminent' armed attacks", Journal on the Use of Force and International Law, 2022, Vol.9, No.2, pp.285~286

억제가 차질 없이 실현될 수 있도록 한미동맹을 든든하게 유지하거나, 독자적 핵억지력을 강화하는 것이 가장 현실적인 해법이다.

문재인 대통령은 중국에 대한 3불 정책을 인정함으로써 우리의 자위권을 스스로 포기했다. 사드의 추가적 배치나 미사일 방어체계의 한미일 협력은 국가의 존립이 걸린 문제이지만 이를 무시했다. 북핵의 위협에 대처하기 위한 정도(正道)로서 한미일 협력을 거부하고 중국에 저자세로 일관했다.

문 대통령의 중국에 대한 저자세는 이른바 '혼밥 사건'으로 절정에 이르렀다. 그는 2017년 12월 13일 중국을 국빈 방문했을 때 3박 4일 동안 총 10회의 식사를 했는데, 그 중 시진핑 주석과 충칭시 당서기와의 2회를 제외하고 나머지 8회의 식사를 혼자 하는 굴욕을 당했다. 중국은 정상적인 국가관계라면 도저히 있을 수 없는 외교적 결례를 범했을 뿐 아니라, 수행 기자단을 폭행하는 만행을 저지르고 제대로 수습하지도 않았다.

문재인 대통령은 그렇게 외교적 수모를 당했지만, 중국에 대한 저자세를 바꾸지 않았다. 그는 12월 15일 베이징대 연설에서 '중국은 높은 산봉우리, 한국은 작은 나라'라 하며, '작은 나라지만 대국 중국의 중국몽에 함께 하겠다'는 아부로 중국의 비위를 맞추었다. 그는 그렇게 중국에 대한 굴욕외교의 정수(精髓)를 보여주고 왔다. 많은 국민들은 조공·책봉 관계나 다름없는 문 대통령의 사대외교(事大外交)에 분노했다.

다시는 일본에 지지 않겠다

한일 양국의 과거사에 대한 갈등은 서로의 생각이 다르기 때문이다. 한국은 일본의 전후 청산이 미흡하다고 본다. 일본은 일제의 한반도 침략과 식민 지배를 제대로 사과하지 않았고, 정치인의 형식적 사과는 진정성이 없다고 생각한다.

일본은 한국인의 정서를 이해하지 못한다. 일본은 샌프란시스코 평화조약과 한일기본조약으로 식민 지배 문제를 청산했다고 본다. 강제징용 문제는 청구권협정으로, 위안부 문제는 1995년 '아시아 여성기금'과 2015년 '위안부 합의' 및 '화해치유재단'을 통해 해결했다고 생각한다.[76] 일본의 입장에서 보면, 한국은 사법부의 판결로 외교적 합의를 부인하며 삼권분립이라는 핑계만 대는 나라다.

사실 1983년 이후 일본 천황과 총리는 53회에 걸쳐 공식적으로 한국에 사과했다. 대신과 장관의 사과까지 합치면 셀 수 없을 정도다. 사과의 내용은 일제의 침략, 창씨개명, 강제징용, 위안부 문제 등 식민 지배와 과거사 문제를 모두 망라한 것이었다. 그들은 식민 지배를 깊이, 진심으로, 겸허히 사과하고 또 통절하게 반성한다는 말을 되풀이했다.[77]

그렇게 일본은 한국에 말로 할 수 있는 사과는 다했다. 그리고 청구권협정으로 무상 3억 달러, 유상 2억 달러의 경제협력 자금을 제공했다. 필자는 2023년에 발간한 『토착왜구와 죽창부대의 사이에서: 국제법과 국제정

---

76) 이창위, '한일관계, 피해의식 벗고 자신감 가질 때다', 중앙일보, 2022.03.01.
77) 이창위, 『토착왜구와 죽창부대의 사이에서: 국제법과 국제정치로 본 한일관계사』 174~182쪽, 박영사, 2023.

치로 본 한일관계사』라는 책에서 이런 내용을 자세히 설명했다. 책을 읽은 한 여학생은 수업시간에 '한국은 일본에 대한 스토커나 파파라치와 다름 없다'며 한숨을 쉬었다.

문재인 대통령은 이런 사실을 외면하고 일본을 정략적으로 이용했다. 화해치유재단을 해산하고, 위안부 합의를 실질적으로 파기했다. 삼권분립을 핑계로 정부가 법원의 강제징용 판결에 관여할 수 없다고 주장했다. 사법부가 위안부 문제에 대한 일본의 책임을 묻는 것은 민주주의 국가에서 어쩔 수 없다고 했다. 외국의 주권적 행위에 재판관할권이 인정되지 않는다는 '국가면제' 원칙도 외면했다.

사법 만능주의에 빠진 법원은 우물 안 개구리식 판결로 외교적 파장을 증폭시켰다. 그러나 국내법으로 개인의 청구권을 인정한 강제징용 판결은 명백한 국제법 위반이다. '사법자제의 원칙'을 부인한 것도 한국의 국제적 위상에 걸맞지 않은 판단이다. 외교적 사건을 국내적 시각으로 판단한 것은 국제사회의 상식이 아니다.

문 대통령은 사법부의 판단과 함께 친일 프레임으로 정치적 이득을 얻으려고 했다. 가해자인 일본이 적반하장으로 큰소리 치는 상황을 좌시하지 않을 것이며, '다시는 일본에 지지 않겠다'고 국민을 선동했다. 그러나 그의 반일정책은 외교의 근간을 흔든 대참사가 되었고, 한일관계를 최악의 상태로 몰았다. 그렇게 한국은 일본에 대한 도덕적 우위를 잃었고, 일본은 한국에 국제법의 준수를 요구하고 있다. 일본은 한국의 끊임없는 사과 요구를 '스포츠 경기에서 골대를 옮기는 것과 다름없다'고 비난한다.

일편단심, 대북 제재의 해제 요구

문재인 대통령은 2018년 10월 13일 유럽을 방문하여 각국 정상들에게 유엔의 대북 제재를 해제해야 한다고 주장했다. 대북 제재가 먼저 해제돼야 북한이 움직이고, 한반도의 비핵화가 이루어진다는 논리를 계속 내세웠다. 그러나 그의 주장에 동조하는 유럽의 정상은 없었다. 그들은 북한이 먼저 비핵화를 해야 제재를 해제할 수 있다고 했다.

강경화 외교부장관은 10월 10일 국정감사에서 북한에 대한 5.24 제재 조치의 해제를 검토하고 있다고 밝혔다. 그러나 논란이 커지자 본격적인 검토는 아니었다며 사과했다. 트럼프 대통령이 직접 나서서 "한국은 미국의 승인 없이 아무것도 해서는 안 된다"고 경고했다. 마이크 폼페이오 국무장관은 미국이 동의하지 않은 9.19 남북 군사합의에 대해 강 장관에게 전화로 항의했다.[78] 미국의 반대에 부딪힌 문 대통령은 유럽에서 돌파구를 찾으려 했다.

10월 15일 문 대통령은 에마뉘엘 마크롱 프랑스 대통령을 만나 안전보장이사회 상임이사국인 프랑스가 대북 제재의 해제에 앞장서달라고 요청했다. 그러나 마크롱 대통령은 문 대통령의 제안을 거절했다. 북한의 비핵화는 완전하고 불가역적이며 검증가능해야(CVID) 하며, 북한이 실질적인 의지를 보여야 한다는 것을 강조했다.[79] 마크롱 대통령은 기자회견에서 그때까지 유엔의 제재는 계속되어야 한다고 했다.

---

78) '대북제재 완화 밀어붙이다 … 국제사회 입지 줄어든 한국', 매일경제, 2018.10.26.
79) "文 대통령, 마크롱 만나 'UN안보리, 대북제재 완화 필요'", 조선일보, 2018.10.16.

10월 19일 아셈(ASEM) 정상회의에서 문 대통령은 테레사 메이 영국 총리와 앙겔라 메르켈 독일 총리를 만나 같은 논리로 대북 제재의 완화를 요청했다. 그러나 두 정상은 마크롱 대통령과 마찬가지로 문 대통령에게 제재는 북한의 완전한 비핵화 후에 해제된다고 했다. 아셈 정상회의 의장성명에도 각국 정상이 북핵의 완전하고 검증가능하며 불가역적인 폐기를 요구한다는 내용이 명시되었다.[80]

　　문 대통령의 노력은 유럽에 국한되지 않았다. 2018년 12월, 아르헨티나에서 열린 G20 정상회의에서 그는 남아프리카공화국의 시릴 라마포사 대통령에게도 제재의 해제에 협조해달라고 부탁했다. 특히 핵폐기 경험을 살려 북한을 설득해달라고 요청했다. 문 대통령이 그렇게 부탁한 이유는 남아공이 완성한 핵무기를 자발적으로 폐기한 유일한 국가이고, 또한 2019년부터 안전보장이사회의 이사국으로서 대북 제재에 영향력을 행사할 수 있게 되었기 때문이다.[81]

　　대북 제재와 같이 중요한 문제는 안전보장이사회 15개 이사국 중 상임이사국 5개국을 포함한 9개국의 찬성으로 결정된다. 문 대통령은 영불 양국과 2019년부터 비상임이사국이 된 독일과 남아공을 설득하면 제재의 해제가 가능하다고 판단했다. 미국이 반대하더라도 러시아와 중국이 찬성할 것이기 때문이다. 그러나 영불 양국과 독일은 단호하게 그의 요청을 거절했다. 메이 총리와 메르켈 총리는 제재의 해제에 대한 한국 대통령의 부탁에 귀를 의심했다고 말했다.

---

80) "문 대통령 영·독 정상 만나 '대북제재 완화' 공론화", 한겨레신문, 2018.10.19.
81) 이창위, 『북핵 앞에 선 우리의 선택: 핵확산의 60년 역사와 실천적 해법』 203쪽, 궁리, 2019.

다행히 문 대통령의 노력은 물거품이 되고, 비핵화의 환상은 깨졌다. 그런데 문재인 정부 5년 동안 제재와 무관하게 북핵은 더 강력해졌다. 북한의 미사일은 이제 미국 본토까지 위협하는 수준에 도달했다. 북한은 핵무기와 미사일을 절대 포기하지 않겠다는 입장을 분명히 하고 있다. 북한은 2012년 헌법에 핵보유국의 지위를 명시했고, 2022년 9월 핵무기의 공세적 사용 조건도 법제화했다. 북한은 대륙간탄도미사일(ICBM) 외에 핵잠수함까지 완성하겠다고 공언하고 있다. 중국과 러시아는 북한의 핵무장을 방조하고 있다.

이제는 북한의 완전한 비핵화가 비현실적이라는 사실을 인정해야 한다. 북한이 비핵화 약속을 어기고 한국을 핵무기로 위협하는데, 우리만 '장밋빛 환상'에 빠져 있을 수는 없다. 북핵 위기의 극복을 위해 신냉전에 대비하면서 강력한 대북정책을 펴야 한다. 문재인 정부의 종북 정책과 '외교적 춤판'을 다시 반복할 수는 없다.

싸울 수 없는 군대로 만들어 놓다

박진기 K-POL 정책플랫폼 연구위원,
한림국제대학원대학교 겸임교수

'송양지인(宋襄之仁)'이라는 사자성어가 있다. 때는 우후죽순처럼 수많은 국가들이 생겼다가 사라졌던 춘추전국시대 시절인 기원전 638년 송나라의 왕인 양공(襄公)이 충신들의 권고를 무시하고, 어설픈 인의(仁義)를 강조한 나머지 침략해 오던 초나라와의 전투에서 대패하고 본인도 부상으로 사망하고 나라도 망했다는 고사에서 비롯되었다.

양공이 '인의'를 앞세운 이유는 다음과 같다. 군자(君子)는 멀리서 온 피로한 적(敵)을 공격하는 것은 인의가 아니며 도강(渡江)하는 적은 방비가 안 되니 공격하면 인의가 아니고 도강을 끝낸 적은 많이 지쳐 있음으로 공격하면 안 된다는 것이다. 이후 초나라 군(軍)이 전열을 갖춘 후에야 전투를 시작했는데 대패하게 된다. 이 얼마나 어리석은 일인가. 국가와 국민을 지키는 국방이라는 건 그런 것이다. 양공처럼 허울만 좋은 자신의 '인의'만을 강조한 나머지 현실을 망각한다면 그 결과는 오직 비참한 국난일 뿐이다.

군복을 입고 국군 무력화에 앞장 선 반역자들

2018년 9월 19일 문재인 정부는 6.25전쟁 이래 지금껏 우리 헌법상 영토인 38선 이북지역을 불법 강점하고 있는 조선민주주의인민공화국(북한)과 '9.19 남북군사합의'를 체결한다. 당시 문재인 종북좌파 정권은 겉으로는 남북한의 군사적 긴장 완화를 주장하였으나 실상은 우리 국군의 '대북 군사 대비태세를 약화'시킬 악의적 목적을 가지고 있었다.

당초 북한은 군사분계선(MDL) 기준 남북 60km이내 고정익 비행금지, 공대지(空對地) 무기 사격훈련 금지를 요구하였는데 이는 오직 우리 군의 효율적인 감시정찰 자산 및 항공 전력의 운용 제한과 즉각적인 대응력을 무력화시킴으로써 서울을 포함한 수도권 방어 능력을 약화시키려는 매우 악의적 시도에 불과했다. 더욱이 그들의 주장과 달리 이미 북한은 지난 5년간 무려 18차례에 걸쳐 9.19 군사합의를 위반했다. 그럼에도 불구하고 '2018년 국방백서'에서 '북한 정권과 북한군은 우리의 적'이라는 문구를 삭제하였으며 교묘하게 군의 전력을 일순간에 약화시킨다. 육사 출신 엘리트 장군들을 모두 배제하고 지방대 출신 장군들에게 중책을 맡기는가하면 종북 정권에 충성하는 군내 숨어 있던 좌파 정치군인들을 전면에 내세운다. 그리고 이들은 우리 국군의 군복을 입은 채로 사실상 6.25전쟁을 일으킨 적들에게 유리하도록 국방정책을 바꿈으로써 직접 우리 국군의 무력화에 앞장을 선 것이다.

또한 2017년 9월 김○○(육사 39기) 육군참모총장은 운동권 출신 청와대 행정관에게 놀아나는 어처구니없는 일을 저지르고 만다. 이런 와중에 국가 방첩을 책임지는 4명의 국정원장을 구속하면서 국군기무사령관이던 이재수 중장을 온갖 겁박을 통해 자살하게 만들고야 만다.

2023년 9월 19일 대한민국수호예비역장성단은 국회의사당에서 9.19 군사합의 폐기를 촉구하는 성명서를 발표하기에 이른다. 예비역 장성단의 성명서는 우국충정으로 평생을 살아왔던 노장(老將)들의 당연한 행동일 수 있다. 그런데 어처구니없게도 일부 장군들은 다른 생각으로 북한에 이로운 행동을 하였다는 것이다. 대표적 인물은 2018년 합의를 주도했던 해군 대장(大將) 출신 국방부장관 '송○○(해사 27기)'이다. 그는 노무현 정부에서 합참 전략기획본부장으로 있으면서 '전시작전권 전환'을 주도한 인물이었으며 그 공을 인정받아 문재인 정부 초대 국방부장관으로 부임할 수 있었다.

송○○와 함께 '9.19 남북군사합의'를 주도한 인물은 같은 시기 '한미연합사 부사령관'이었던 '김○○(육사 40기)'이다. 그 역시 송○○와 마찬가지로 그 공을 인정받아 '민주당 비례대표'로 정계에 입문하였으니 국회의원이 된 이후에는 육사를 졸업한 대장(大將) 출신의 품격을 잃은 채 '해군(害軍) 행위'를 거침없이 하고 있어 현재 수많은 예비역 장성으로부터 질타를 받고 있는 인물이다. 게다가 20대 대통령 선거 과정에서 이재명 캠프의 국방안보위원장으로 있으면서 국민의힘 윤석열 캠프의 '북핵 확장억제 강화' 방안이나 홍준표 캠프의 '나토(NATO)식 핵 공유' 방안을 비판하는 등 자신의 출세를 위해 국가안보를 저버린 인물로 잘 알려져 있다.

그는 의정활동 기간 내내 군사기밀 유출에 가까운 언행을 서슴지 않았으며 문재인 정부 시절 '육사의 정체성을 파괴'할 목적으로 설치된 공산주의자 홍범도의 흉상의 이전과 관련한 망종(亡種)의 행동은 그가 과연 육사를 졸업한 장군 출신인지 의심이 들 정도이다. 그는 최근 육사를 방문하여 민간인 신분임에도 불구 안하무인으로 관계자의 통제를 따르지도 않았으며, 3성 장군인 육군사관학교 교장을 길가에 세워 놓고 온갖 소리를 지르며 면박을 주었다. 사관생도들이 수업을 받는 그곳에서 말이다.

이제 갓 20대의 육사생도들에게 하늘과 같은 사관학교장이 봉변을 당하는 그 순간 생도들은 무엇을 느꼈을까. 김○○는 이미 사관학교 출신으로서의 명예를 실추하였고 군인으로서의 자긍심을 송두리째 무너뜨렸으며 장군 출신자로서 넘지 말아야 할 선을 넘은 파렴치한 자이다.

아니나 다를까 그들의 수장이었던 문재인은 2023년 9.19 공동선언 기념식에서 "군사합의는 남북 간 군사 충돌을 막는 최후의 안전핀이라며 경제안보는 보수가 더 낫다는 조작된 신화에서 벗어나야한다"며 국민을 선동했다.

당시 민주당과 좌익세력들은 신원식 국방부장관 내정자에 대한 '흠집내기'에 여념이 없었다. 신 내정자는 그간 9.19 군사합의는 우리 군사적 취약성을 확대하는 것으로 반드시 폐기가 되는 것이 바람직하다는 견해를 피력해 왔다. 이는 '북한 정권과 북한군은 격멸'하기 위해 만들어진 육군사관학교 출신자로서 당연한 스탠스가 아닐까.

문재인 정부가 2019년 육군 장교 양성의 요람인 육군사관학교의 필수과목인 '6.25전쟁사' 등 3과목을 배제하고 군의 뿌리인 육사생도들을 처음부터 좌경화시키려는 악의적 계획을 실행에 옮긴 이유도 바로 그것이었다. 더 이상 반공정신과 애국애족 정신을 가진 참군인의 탄생을 그 싹부터 밟아버리기 위한 천인공노할 만행 중의 만행이었던 것이다.

훈련하지 않는 군대를 만들다

2021년 7월 조선민주주의인민공화국(북한)과의 통신선 연결 이후 문재인 정부의 헛된 희망과는 달리 북한의 첫 요구, 아니 '첫 지령'은 '한미연합훈련 실시에 대한 한국 정부의 입장을 말하라'는 것이다. 김정은도 아닌 여동생 김여정이 나서서 "한미 합동군사훈련은 재미없는 전주곡이며 선택은 우리가 하지 않는다"며 훈련을 중단하라고 문재인 정부를 압박했다.

1999년 6월 6일 북한의 NLL(북방한계선) 남침을 계기로 시작됐던 1차 연평해전에서 대한민국 해군이 북한 해군을 상대로 압승을 거두게 되자 정작 전투를 승리로 이끌었던 해군 2함대 사령관 박정성 제독이 해임당하는 어처구니없는 일이 발생하였다. 이 사건 이후로 군내에서는 대한민국의 서해와 수도권을 보호하는 핵심 보직인 해군 2함대 사령관의 실질적 인사권자는 김정일이라는 자조적 농담까지 확산된 적이 있었다.

작금의 대한민국 현실을 보면 그때나 별반 차이가 없어 보인다. 지금 대한민국 국군의 통수권자는 과연 누구인가. 대한민국의 대통령인가, 3대 세습 공산주의 봉건국가 김정일의 아들 김정은·김여정 남매인가. 그리고 이런 말을 한다는 것 자체가 이 얼마나 수치스러운 일인가.

문재인 정부의 최대 목표는 대한민국 안전 보장의 근원인 '한미동맹 와해'였다. 그 오랜 세월 이 땅의 좌파정치그룹들이 항상 문제를 삼고 있는 것은 다름 아닌 정례적으로 개최되고 있는 '한·미연합훈련'이다. 1968년 북한 무장공비의 청와대 습격사건 이후 유엔사 주도의 지휘소 훈련(CPX)과 정부 주도의 군사지원훈련인 을지연습이 통합됐으며 한·미연합사령부가 창설된 이후인 1976년부터는 한·미연합 국가총력전 연습으로 확대 발전시켜왔다.

그러나 문재인 정부가 들어선 이후인 2018년부터는 한·미연합군 간 대규모 기동훈련(FTX)을 4년째 실시하지 않았으며 2019년에는 아예 키리졸브(KR), 독수리연습(FE), 을지프리덤가디언(UFG) 등 3대 연합연습 및 훈련을 폐지하기에 이른다. 전쟁을 준비하고 전쟁에 대비한 실전 같은 연습과 훈련을 하지 않는 군대는 유사시 군대로서의 제 역할을 할 수 없다.

이는 인류 역사상 한 번도 변함이 없는 진리 중 하나이다. 대한민국이 중국 공산당과 북한 공산당의 눈치를 보고 있는 가운데 미국을 중심으로 자유 우방 국가들은 군사적 결속을 더욱 단단히 하고 있다. 동아시아에서 중국의 팽창을 억제하기 위해 각 군 간 군사협력을 강화하고 있다는 점이다.

우리 대한민국은 지구상에서 가장 강하다는 미국은 물론 6.25전쟁 시 참전하여 대한민국의 공산화를 막아주었고 현재도 미국과 뜻을 같이 하는 수많은 우방국을 가지고 있던 자랑스러운 나라였다. 그런데 현 정부는 어떻게 자유주의, 민주주의, 시장경제 시스템 속에서 강력한 군사력을 가진 자유우방국들을 버리고 6.25전쟁을 도발한 전범인 북한과 중국의 공산당을 추종하는 행태를 보이고 있는가. 이게 상식적인 일인가.

1994년 소대장 길들이기, 2020년 참모총장 길들이기

유럽 역사상 가장 강력했던 군대 중 하나는 우리에게는 '알렉산더 대왕'으로 알려진 '알렉산드로스 3세 대왕'(기원전 356~323년)의 친위부대인 '은방패 병단(銀防牌兵團)'이다. 그 숫자는 3,000명에 불과했음에도 언제나 주력 부대를 선도하며 수많은 전장(戰場)에서 병력수가 훨씬 많은 적군을 상대로 승리를 쟁취했다. 특히 기원전 331년 당대 전세계 최고의 군사력을 자랑하던 페르시아의 '다리우스 3세'의 군대와 대결한 '가우가멜라 전투'는 인류 전쟁사의 한 페이지를 장식하는 가장 유명한 전투로 기록되고 있다. 은방패 병단을 필두로 4만 7,000명의 병사는 10만 명이 넘는 페르시아군을 궤멸 상태로 몰아간 것이다.

한반도 역사 속에서도 은방패 병단과 같은 존재들이 있었다. 고려 말 30만 명에 이르는 강군(強軍)을 유지하면서 원(元) 제국과 명(明)에 대응하며 민족의 염원인 요동성까지 다시 점령하고 진포에서 3만 명의 왜구와

500여 척의 왜구 선박을 수장시키고 대마도까지 정벌하는 등 강력한 고려 말의 군대가 그러했다. 그러나 그토록 강력한 군대를 보유하고 있던 국가 고려를 중국 사대주의 국가를 만들기 위해 멸망시키고 건국한 조선은 불과 50년이 안 되는 짧은 기간 동안 국방력을 무력화시키는 수준으로 몰아 간다.

그 역사의 행간을 올바르게 이해하기 위해서는 고려의 군사제도와 조선의 군사제도를 비교해 볼 필요가 있으며 그 중심에는 '사병(私兵) 제도'와 '갑사(甲士) 제두'라는 전문성을 갖춘 지업군인들의 몰락에서 찾아볼 수 있다. 지금의 사학계를 보면 편협한 세계관과 신념으로 그저 고려 말의 상황을 과도하게 왜곡하고 중국 사대주의 조선 건국의 당위성을 부여하기 위해 급급한 모습일 뿐이다.

사병이란 말 그대로 경제력을 갖춘 귀족 또는 영주가 자신의 신변 보호를 위해 양성한 군대로 그 임무의 특성상 고도의 훈련을 받은 3,000명 내외의 전사(戰士)들로 구성되어 있었다. 귀족 5명 만 모이더라도 순식간에 1만 5,000명의 전문 군인들이 모일 수 있다는 것을 의미한다.

이성계 역시 원 제국의 쌍성총관부 관리로서 '전통적 몽골의 기마 전투 방식'으로 양성한 여진족과 고려인 등으로 구성된 2,000명의 직속 사병들을 보유하고 있었다. 그는 조선의 왕이 되어서도 그의 휘하에 있던 사병들을 왕의 직속 부대인 '의흥친군위(義興親軍衛)'로 편성하고 그대로 유지한다. 갑사(甲士) 제도의 첫 시작이기도 하다. 이는 유럽의 '기사 제도'와 일본의 '사무라이 제도'와도 유사성을 가지며 조선의 경우 수도 방위 '경갑사(京甲士)', 북부 국경 수비 '양계갑사(兩界甲士)', 호랑이 수렵 담당인 '착호갑사(捉虎甲士)' 제도를 운영하였다.

그러나 1400년 실권을 장악한 이방원의 사병 혁파 이후 세종(世宗,

1418~1450년)대에 와서는 국가 재정, 기득권 세력의 병역 기피 등을 이유로 갑사의 대우가 급속히 낮아지면서 이름만 남은 '명예직'으로 바뀌고 '군기가 문란'해지면서 조선의 군사력은 비참할 정도로 약해진다. 오죽했으면 서애 유성룡은 임진왜란 당시 병적부의 기록과 실제 병력의 차이를 보고 '조선의 군대는 서류 속의 군대이다'라고 한탄하지 않았던가. 그나마 명맥을 유지하던 갑사 제도와 기병 전투 방식을 유지하던 조선군 전략이 당대 세계 최고 수준으로 평가받는 일본의 근대식 보병 전술에 밀리면서 임진왜란에서 탄금대 전투 등 전멸에 가까운 패전을 거듭하면서 역사의 뒤안길로 사라지게 된다.

2020년 12월 24일 육군 군복을 입은 군인 중 가장 상급자라는 육군 대장인 '남○○ 육군참모총장'을 상대로 주임원사들이 인권위에 진정한 초유의 사건이 며칠 전 세상에 공개되었다.

주임원사들이 인권위에 진정한 이유는 아주 단순했다. 육군참모총장이 화상 회의에서 '군대는 계급사회인 만큼 장교가 부사관에게 반말로 지시하는 것이 원칙이지만 배려 차원에서 존대해주고 있다'고 무심코 한 말 때문이다. 물론 잘 해보자는 취지에서 이야기를 한 것이 분명하다. 그러나 반응은 정반대로 나타났다. 회의에 참석한 주임원사들이 '자신들은 나이가 많은 만큼 젊은 청년 장교들에게 하대 받을 이유가 없다'고 주장하며 참모총장을 인권위에 진정한 것이다.

남○○은 동아대학교를 졸업한 창군 이래 최초의 학군(ROTC 23기) 출신 육군참모총장이다. 사실 비주류이던 그는 현 정부 들어 '특수전사령관' 및 '군사안보지원사령부(구 기무사) 사령관' 등을 군의 요직을 차례로 거치면서 급속 성장한 대표적 인사이기도 하다. 그러한 점에서 그는 전형적인 좌파 정치권에 줄을 댄 정치장교에 가깝다. 그런데 정작 그가 임명한 주임원사들이 그를 인권위에 진정한 것이다.

그는 공교롭게도 지난 4년간 정부 정책에 적극 동참하면서 1946년 1월 15일 창설한 이래 삼군(三軍)의 중심을 담당하는 49만의 육군을 이 지경으로 만든 장본인이다. 더욱이 최근에는 남성 부사관들이 여성 장교를 집단 폭행하고 성추행하는 만행까지 발생하였다. 기실 이러한 일은 1991년 이후 지속되어 온 '군의 민주화'라는 미명과 허울 속에서 자행된 대한민국 국군의 와해 전략의 한 단면이기도 하다.

1999년 당시 북한의 기습도발로 시작된 1차 연평해전 지후 전투를 승전으로 이끌었음도 불구하고 2함대 사령관인 박정성 제독은 강제 전역조치를 당했다. 그나마 이때까지가 대한민국 군대에서 결의가 살아있던 마지막 순간이 아닌가 싶다. 군의 전투력은 장비가 아닌 정신력에 기인한다. 그러나 첨단 무기 도입이라는 미명 아래 정작 무기보다 중요한 장병들의 정신전력을 철저하게 좌경화시키고 무력화시켜 왔다는 것이다.

문재인은 전세계 최강의 군사력과 실전 경험을 가진 미군과의 한미연합훈련을 축소하거나 시행하지 못하도록 하였으며 2021년 1월 18일 신년 기자회견에서는 '한미연합훈련 시행을 북한과 협의할 수 있다'고 한 바 있다. 훈련도 제대로 안 된 군대에 비싼 무기체계가 무슨 소용이 있겠는가? 더욱이 '군의 정치적 중립을 주장하고 선동'하는 이들이 많다. 그러나 군의 정치적 중립은 오직 자유민주주의를 지키는 범위 안에서 논하는 것이지 자유민주주의와 공산주의와의 사이에서 중립을 의미하는 것은 절대 아니다. 전세계 어디에서나 군은 자유민주주의를 지키는 마지막 보루이다. 베트남전 당시 베트남의 군사력은 미국의 전폭적인 무기 지원으로 동북아 최강의 전력을 자랑하였다. 그런 베트남이 변변찮은 무기로 무장한 베트콩에게 패배하고 국가는 공산화되었으며 자유 베트남인이 집단 도살되고 수많은 보트피플이 탄생하지 않았는가?

　과거를 돌이켜 보자. 1994년 '53사단 장교 무장탈영 사건'이라는 사상 초유의 사건이 발생한다. 당시는 김영삼 정부가 주도한 군의 민주화 열풍 속에 신임 소대장인 소위들을 대상으로 한 속칭 '소대장 길들이기'가 만연하던 시기였다. 조한섭 소위(학군 32기), 김특중 소위(육사 50기)와 황정희 하사가 동반 무장 탈영을 하였는데 당시 육군사관학교 출신에게조차 소대장 길들이기가 만연할 정도였으며 황정희 하사에게는 '일병 이상에게는 경어를 사용하라'까지 했다고 한다. 그리고 당시 소위였던 '육사 50기'들은 2020년 12월 3일 '첫 장군 진급'을 하였다. 그리고 불과 21일이 흐른 후 주임원사들이 육군참모총장에게 항명에 가까운 인권위 진정을 하는 사건이 발생한 것이다.

　어찌 보면 이번에 발생한 '장교를 대표하는 참모총장'과 '부사관을 대표하는 주임원사단'의 극명한 갈등은 수십 년간 곪아 온 군의 문제가 터진 사건으로 볼 수 있다. 다른 시각에서 보면 정권의 힘을 등에 업고 급성장한 '전형적인 정치군인'인 현 육군참모총장에 대한 군의 내부 불만이 표출된 사례일 수도 있다.

　그러나 군은 일반 사회 조직보다 젊은 조직이다. 6.25전쟁의 영웅 고 백선엽 장군이 37세에 육군 참모총장을 하였고 1961년 5.16혁명 당시 박정희 소장의 나이는 43세, 1979년 12.12의 전두환 소장의 나이는 48세였던 것과 비교해 보면 상대적으로 노쇠하였다고도 볼 수 있으나 그래도 충분히 젊은 조직이다. 지금 참모총장의 나이 역시 59세, 육군본부 주임원사 또한 54세에 불과하다. UN의 연령기준으로 보면 18~65세는 청년이다.

그렇다. 군은 계급 고하를 막론하고 청년이다. 20대 초반 임관과 임용 시 품었던 푸른 꿈을 다시 생각하고 자유민주주의 국가를 지키는 숭고한 사명 속에 목숨을 서로 지켜주며 동고동락하는 전우로서의 조직으로 다시 일어서는 계기를 만들자. 그것이 국민들이 바라는 군의 참모습일 것이다.

북 핵무기 고도화와 군 정화작업의 필요성

미국의 제약회사인 화이자는 5월 25일 세계경제포럼(WEF) 연차 총회에서 최빈국들을 대상으로 코로나19 백신을 원가에 공급하겠다고 밝혔다. 대상은 북한을 비롯하여 르완다·가나·말라위·세네갈·우간다 등 총 45국가다. 이러한 상황 속에서 북한은 5월 29일부터 전국적 봉쇄를 해제하고 방역조치를 대폭 완화했다. 이는 대외적으로 핵무기로 무장한 강성대국인 자신들은 최소한 아프리카 최빈국들과는 같지 않다는 헛된 자존심에 불과할지도 모른다.

정작 지배계층의 기득권만을 보장하는 공산주의를 표방하는 강압적 전체주의 속에 이제 곧 2,500만 명 북한 주민은 '대기근'이라는 크나 큰 위기에 봉착할 것으로 보인다. 미 CIA의 정보 분석에 따르며 올해 북한의 식량 부족분은 무려 86만 톤으로 이는 전체 북한 주민의 2~3개월치 식량에 해당된다고 한다. 그럼에도 그들은 주민의 생존은 아랑곳하지 않고 오늘도 중·단거리탄도미사일 및 대륙간탄도미사일 등 핵탄두를 운반할 수 있는 발사체 개발을 끊임없이 진행 중이고 핵개발도 더욱 고도화하고 있다.

한반도에는 두 개의 나라가 있다. 북한은 유엔 동시 가입으로 국가로서 대우하고 있으나 사실 대한민국 헌법상으로는 국가가 아닌 '반도(叛徒) 세력'에 불과하다. 국제평화 및 인류발전에 기여한다거나 인권이라고는 찾아볼 수 없는 호전적이며 최악의 봉건주의 시스템을 유지하고 스스로 '민주주의인민공화국'이라고 부르는 북한의 민낯은 처참하기 그지없다.

전근대적인 농업기술로 가뭄에 대한 대비책도 전혀 없고 의료기술도 낙후된 상태에서 '감염률 제로'라고 허풍을 치더니 결국은 걷잡을 수 없는 지경에 이른 것으로 보인다. 이는 공산주의 국가 시스템의 모순을 여과 없이 보여주는 것이기도 하다. 그들은 개인의 자율적 의지를 묵살한 채 모든 것을 지배층이 계획하고 강제적으로 집행한다.

일각에서는 단편적 사실에 근거하여 그래도 1970년대까지는 북한의 공산주의가 우리 자유 대한민국보다 잘 살았다고 주장하기도 한다. 이 말조차 모순인 것이 북한 경제의 기반이었던 각종 산업시설들은 대부분이 소련과 중국과 전쟁을 치르던 일본제국이 풍부한 지하자원과 만주 전역으로 물자이송이 용이한 북한 지역에 대규모 발전소 및 공업시설을 건설해 놓았기 때문에 가능한 것이었다. 사실상 북한이나 이 땅이 종북좌파 세력들이 그토록 저주하는 일본이 건설한 산업경제 시스템에 기반을 두고 있었던 것이다.

20년 이상의 세월이 흘러 1940년대 집중 건설된 시설들이 노후되고 이를 보수하거나 대체할 능력조차 없던 그들은 1970년 이후 끝없이 추락하여 백신 원조 대상국인 아프리카 국가 수준의 사회로 만들어 버렸던 것이다. 그러면서도 국가의 모든 재원을 총동원하여 핵무기와 미사일 개발에만 몰두하고 있다.

그런데 비합리적이고 호전적인 반도세력을 머리 위에 두고 있는 대한민국 국방의 현실은 어떠한가? 지난 5년간 대적관은 물론 개인능력도 부족한 B급들이 종북좌파 정치세력에 빌붙어 진급을 하고 요직을 차지하고 있었다. 물론 이들로 인해 '병영 자율화'란 미명 아래 군 기강은 한없이 무너지고 말았다.

백신조차 원조 받아야 구할 수 있는 최빈국 북한은 함경북도 길주군 풍계리 핵실험장에서 폭파 스위치 연결 케이블 설치 및 통신선 작업을 완료한 상태로 7차 핵실험에 본격 돌입했다. 최근 중국과 러시아가 거부권을 행사하여 유엔 대북 추가 제재 결의안 채택이 무산되자 이를 기회로 핵 개발 실험을 더욱 앞당기는 것으로 분석된다.

언제까지 한반도 안에서 이들의 만행을 용납하고 있을 것인가? 그동안 종북좌파 눈치만 보고 그들의 주구가 되어 국가 안보에 태만하던 국방부는 이제야 '북한의 도발은 우리가 직면한 안보 위협이며 북한군과 북한정권은 우리의 적'이라는 정신전력 교재를 배포했다고 한다. 그날은 대통령 취임식 하루 전날인 5월 9일이었다. 너무 비루(鄙陋)하지 아니한가.

자유 대한민국을 지켜야 할 장군들은 그동안 국가와 국민의 안위, 북한 공산주의 박멸, 불쌍한 북한 주민 구원은 안중에도 없이 그저 자신들의 안위만 지키고 있었을 뿐이다. 윤석열 대통령이 취임 후 즉각적으로 국방부장관, 합참의장, 각 군 참모총장을 경질한 것은 매우 잘한 일이다. 그러나 결코 간과해서는 안 되는 것, 그것은 바로 지난 5년 동안 종북좌파에 충성한 영관급 이상 장교 및 장군들의 대한 사상검증 및 대규모 정화작업이 필요하다는 점이다.

더욱이 2018년 '9.19 군사분야 남북합의서'에 직접 관여하며 '국가 반역행위'에 앞장섰던 전직 국방부장관과 장군들에 대한 단죄가 반드시 필요하다. 이번에 과거 김영삼정부 시절처럼 대규모 전역 조치를 통한 '군 정화작업'을 하지 못한다면 1970년대 미국의 대규모 원조를 받아 아시아 최대 군사력을 구축하고도 나라를 지키지 못했던 월남 군대처럼 군 내부의 종북좌파 세력들 때문에 자유 대한민국의 굳건한 안보를 보장할 수 없을 것이다.

평화를 원한다면 전쟁을 준비하라

동양에 손자병법이 있다면 서양에는 4세기경 로마의 '플라비우스 베게티우스 레나투스'가 저술한 『De Re Militari(군사문제에 대하여)』가 있다. 푸블리우스 플라비우스 베게티우스 레나투스(Publius Flavius Vegetius Renatus, ?~?)는 저술을 통해 '용맹은 숫자보다 우월하다'라고 했다. 병력의 숫자보다는 장병들의 숙련도와 싸워서 이길 수 있다는 강한 정신력을 강조한 말이다. 물론 이것은 모든 국가가 모든 군대가 지향하는 바일 것이다.

그리고 이보다는 더 많이 알려진 문장이 바로 '시 비스 파켐, 파라 벨룸(Si vis pacem, para bellum) 즉, 평화를 원한다면, 전쟁을 준비하라'라는 금언이다. 원문의 문장을 그대로 해석하면 '평화를 원하는 이들은 전쟁을 준비한다'는 의미이다. '용맹은 숫자보다 우월하다. 그리고 평화를 원한다면 전쟁을 준비하라.' 사실 이 두 문장만 이해하더라도 총 5권에 걸친 방대한 양의 전체 글을 읽지 않아도 그 핵심을 습득할 수 있다. 군을 육성한다는 것 그리고 국가의 안보를 지킨다는 것의 핵심은 바로 이 두 문장으로 충분히 설명할 수 있기 때문이다.

2021년 문재인 대통령은 현충일 기념사에서 '한반도의 평화'를 강조하였다. 좌파 정치세력은 언제나 평화를 강조한다. 그들에게 있어 평화란 과연 무엇일까? 애당초 그들의 이념 속에는 자유주의에 근간을 둔 평화를 추구하려는 의지는 없다. 오직 6.25전쟁을 일으켜 수백만의 사상자를 발생시키고 한반도를 쑥대밭으로 만들어 버린 중화인민공화국(중공)과 조선민주주의인민공화국(북한)을 추종하는 사상적 하수인들에 불과하기 때문일 것이다.

그렇다면 그들이 추진했던 '국방개혁 2.0'의 본질은 무엇일까? 국방개혁 2.0의 핵심은 6.25전쟁을 거치면서 미군에 위탁하였던 전시작전권(戰時作戰權)을 이양 받음으로써 전시 한미연합군의 지휘권을 한국군이 행사하는 것과 이를 위한 상부조직 개편, 그리고 미군 의존도를 줄이기 위한 막대한 예산을 투입하여 값비싼 첨단 무기체계를 도입하는 것이다.

좌파정치그룹의 '감성주의 전략'에 따라 언제나처럼 그들의 저의를 감추고 국민들을 속이면서 행하는 모든 정책처럼 이론적으로는 아주 그럴듯하다. 주권을 가진 국가가 외국의 침략으로 인해 자국 영토 내에서 전쟁발발 시 주도적으로 전쟁을 수행한다고 하니 말이다.

그러나 이는 한반도의 특성을 무시한 우매한 행동의 하나일 뿐이다. 1950년 6월 25일 새벽 북한의 인민군은 소련과 중공의 지원을 받아 이 땅을 동족상잔의 비극 속에 몰아넣었으며 온 국토를 철저하게 파괴하고 유린하였다. 미국과 연합국의 도움으로 압록강 유역까지 수복하였으나 인해전술을 기반으로 하는 중공 인민해방군의 개입으로 3.8선이 다시 고착되었고 당시 유엔군사령관과 중공 인민해방군사령관, 북한 인민군총사령관 사이에 휴전 협정이 체결되어 지금까지 휴전상태를 유지하고 있다. 한국은 휴전 당사국에서는 빠져 있다. 북한이 그토록 한국 정부를 외면하고 미국 정부와 협상하려는 이유도 여기에 기인한다.

전쟁 초반 대한민국 군대는 북한군을 막을 역량이 되지 못하였다. 만일 이승만 대통령의 민족애 그리고 뛰어난 외교력으로 떠넘기다시피 전시작전권을 미국에 위탁하지 않았다면 한반도는 공산당에 의해 적화되었을 것이 너무나 자명하였다. 사실상 한반도에 있어서 전시작전권의 미국 보유는 그 자체가 적은 보험료로 막대한 서비스를 받는 완벽한 조건의 평생보험과 같은 것이기 때문이다. 보험 약관이 좋은 보험은 어떠한 회유에도 해약하는 것이 아니라는 것은 상식이다. 그것과 마찬가지이다.

좌파 정치세력의 주장과는 달리 한반도의 전쟁 발발 가능성을 극도로 낮추는 효과를 가져올 뿐더러 유사시 속칭 '천조국'으로 불리며 전세계 최강의 전투력을 가지고 전쟁과 실전경험이 가장 많은 미군의 지휘를 받는 것이야말로 전쟁을 승리로 이끌고 우리 대한민국 장병들의 피해를 최소화시키고 생명을 보장받을 수 있는 가장 현명한 방법이기 때문이다.

현실을 직시해 보자. 아쉽게도 현재 대한민국 군대는 지휘고하를 막론하고 실전 경험이 있는 지휘관들의 전무하다시피 하다. 미국의 장교단은 현재도 세계 각지에서 전쟁과 전투를 수행하고 있다. 혹자는 말한다. 한국군도 유엔군이나 평화유지군으로 이라크나 아프카니스탄에 다녀왔으며 청해부대가 아덴만에서 해상보호작전을 수행하고 있다고 말할 것이다. 그러나 그 곳에서 현대전에 부합되는 전투를 수행해 본적은 없다. 그것만이 사실이다.

국방개혁 2.0은 국정원 개혁, 검찰 개혁 등 개혁이라는 미명으로 치밀하게 추진되는 공안 분야 무력화 계획의 한 축일 뿐이다. 좌파 정치세력에 의해 국가안보의 핵심인 국방 분야의 무력화가 지속 진행되고 있는 것을 지켜보고 있으면 그저 통탄을 금치 못할 뿐이다.

전장 환경과 군사 작전 패러다임의 급속한 변화하고 있다. 특히 북한의 사이버전 능력과 화생방전에 대한 위험성은 상상을 초월한다. 각종 자료에서 볼 수 있듯이 러시아, 중국과 북한의 사이버 해킹은 이미 그 수위를 넘었다. 사이버 전쟁은 기존의 물리적 피해를 직접적으로 수행하지 않더라도 동일한 혹은 그 이상의 피해를 야기할 수 있다. 더욱이 가해자가 누구인지 명확히 확인이 어렵게 만들어 놓은 상태에서 말이다. 시쳇말로 '심증은 있으나 물증이 없다'는 말 그대로일 것이다.

그러나 대한민국의 현실은 어떠한가? 사이버 분야에서 있어 그 공격 및 방어 그리고 이러한 행위를 사전에 파악할 수 있는 조기경보 시스템 정착이 아직은 요원하며 국가 차원의 컨트롤타워도 사실상 부재한 상태이다. 그리고 무엇보다도 북한이 보유중인 생화학무기는 무려 5,000톤으로 전 세계 3위 수준이다. 이미 1960년대부터 생화학무기를 개발하여 이를 무기화하였다. 세계 각국의 언론들도 북한이 탄저균, 천연두 등을 실은 미사일을 언제든지 쏠 수 있으며 단지 1㎏의 탄저균만으로도 일시에 서울시민 5만 명을 죽일 수 있다고 경고한 바 있다. 중국 우한발 COVID-19 바이러스 팬데믹에서 볼 수 있듯이 생물학 무기에 의한 피해는 그 끝을 알 수조차 없다.

2021년 6월 9일부터 12일까지 부산 벡스코에서 국제해양방산전시회가 개최되었다. 행사에서 가장 큰 관심을 끄는 것은 국방개혁 2.0과 함께 추진되는 경항모 건조에 관한 것이다. 대한민국은 페닌슐라(Peninsula) 즉 반도국가이다. 이러한 지정학적 특징을 가진 국가는 언제든 국가전략 수립에 있어 선택을 강요받는다. '대륙으로 나아갈 것인가? 해양으로 나아갈 것인가?'에 대한 선택지이다. 아마도 경항모 건조사업은 그 선택을 결정짓는 이정표적인 획득사업이 될 것이다.

물론 미국, 영국, 프랑스 등 선진국들처럼 항모를 이용하여 국력을 시현하는 '현존함대(Fleet in Being)'를 가지는 것은 상당히 고무적인 일이다. 그러나 우리가 결코 간과해서는 안 될 것, 그리고 가장 중요한 안보 사안은 바로 6.25전쟁을 도발하고 세계에서 가장 많은 '공산주의 육군'을 보유한 중공과 북한을 머리 위에 두고 있다는 점이다.

이를 방어하기 위해서는 그들과 동일하지는 않더라도 그들을 대적할 수준의 지상군을 보유하고 있어야 한다. 한반도와 같이 작전종심(作戰縱深)이 짧은 전장(戰場) 환경에서는 한번 밀리면 다시 복구할 가능성에 매우 적어진다. 6.25전쟁 당시 불과 한 달여 만에 낙동강 전선까지 후퇴했던 기억을 잊지 말자. 그리고 지금 군에서 벌어지고 있는 각종 하극상 사건, 성추행 사건 등은 갑자기 생긴 일들이 아니다. 이미 대한민국 군대의 군령은 무너지고 정신전력은 되돌아갈 수 없을 정도로 한없이 약해져 버리고 말았다.

첨단무기 도입보다 더 중요한 그것, 정신전력이다. 과거 베트남 패망의 사례를 돌이켜보자. 미국의 전폭적인 지원을 받아 당대 아시아 최강의 무기체계를 보유한 베트남이 왜 패망을 하였는가? 서두에서 말했던 베게티우스의 '용맹은 숫자보다 우월하다. 그리고 평화를 원한다면 전쟁을 준비하라'라는 금언을 과연 지금 대한민국에서 찾아볼 수 있는가?

홍범도 흉상 논란의 본질은 홍범도가 아니다

'가랑비에 옷 젖는 줄 모른다'는 속담이 있다. 특정인을 표적으로 하는 포섭 공작이나 '대중을 상대로 한 집단 세뇌 공작'을 쉽게 설명하기에 아주 적합한 문장이다. 이를 위한 가장 효과적인 방법은 군중심리를 이용하여 사실인지에 대한 진위 확인도 없이 자기 합리화를 통해 스스로 이념에 동조하게 만드는 것이다.

사실 그 방법조차 그리 어렵지도 않다. 그럴듯한 인물을 앞세우고 그 속에 불순한 이념을 투영시키는 작업을 진행시키면 된다. 서서히 본래의 의도를 하나둘씩 집어넣어 대중 속 개개인이 부지불식간에 그것을 자신의 신념으로 인식하게 만들어 스스로 헤쳐 나올 수 없게 만드는 것이다. 이는 전형적인 공산주의자들의 세뇌 공작 전술이기도 하다.

문재인 정부 시절 육군사관학교 내에 설치한 홍범도 장군 흉상 철거를 두고 한동안 논란이 되었다. 이 논란의 본질은 그의 전과(戰果)의 진위에 대한 논쟁은 중요한 것이 아니다. 오직 누가 왜 그렇게 그를 부각시켰으며 그것을 통해 그들이 얻는 것은 무엇일지를 봐야 한다. 그 기승전결에 대한 냉철한 판단이 필요하다는 것이다.

시진핑의 '중국몽'을 함께하고 싶다던 문재인 전 대통령이 집권하던 시절, 좌파가 장악한 공영방송에서는 〈이몽〉이라는 드라마를 방영했다. 그 드라마에선 비록 독립운동은 하였으나 결국 6.25전쟁 전범이 된 '김원봉'이 영웅으로 묘사됐다. 극장가에서는 '봉오동전투'를 개봉하더니 곧이어 정부 주도로 홍범도 유해 송환 모습을 '야간 이벤트'로 연출하며 국민들에게 각인시켰다. 그들의 최종목적 달성을 위해 첫 단계 작업으로 '아이돌(Idol·우상)'을 만들어 버린 것이다.

왜 좌익 세력은 대한민국 건국에 실질적 공이 있는 우국지사들은 모두 친일파로 몰아 가면서 '홍범도'와 '김원봉'을 악착같이 내세우는 것일까? 그들이 주장하는 논리는 단순하다. '독립운동에는 좌우가 없다'는 것인데 그들의 사념(邪念)과는 달리 독립운동에서의 좌우는 분명히 존재한다. 당초 공산주의에는 국가나 민족 개념은 없으며 오직 온 세상의 '공산주의 소비에트화'가 목적이라는 것에서 그 이유를 찾을 수 있다. 이런 연유로 당시 일본제국은 체제를 지키기 위해 공산주의자들을 집중 탄압했는데, 그들은 이에 대항했던 행동을 '항일무장 독립운동'이라 주장하는 것이다.

바다를 항해하는 선박의 경우 해수를 담수로 만들기 위해 삼투압 현상을 역이용한 정수기를 사용한다. 그러나 '삼투압 막'이 손상되면 담수탱크는 순식간에 해수로 채워지게 된다. 좌익 세력에게 홍범도 장군의 존재는 바로 그런 효용성을 갖는 것이다. 대한민국을 '공산주의'로 오염시킬 수 있도록 삼투압 막을 찢어 버리는 역할이 그것이다.

다시 말해 '홍범도 장군'은 그의 공과(功過)를 떠나 '소비에트를 위한 항일투쟁'을 모두 독립운동으로 각색시킬 수 있는 시작점이다. '독립운동에 좌우는 없다'는 자기 합리화를 통해 대한민국 국민이 스스로 좌익 이념에 동조하게 만들어 놓음으로써 당시 순수 독립운동 세력에 비해 수적으로 월등했던 '반일 무장투쟁 공산세력'의 '독립 유공자화'를 유도하고 결국은 가랑비에 옷 젖듯이 대한민국을 서서히 공산화시키려는 계략의 중심, 그 출발점에 홍범도 장군이 있다는 것이다.

이미 역사의 진실을 모른 채 선동된 국민 다수에게 홍범도 장군 흉상 논란은 내년 총선을 앞두고 표심에 눈이 먼 정치인들을 중심으로 보수 진영의 분열을 유발시키기에 충분한 촉매제로 자리매김하였다. 야당 소속 일부 지자체장들은 '철 지난 이념 논쟁'이라며 정부를 힐책하고 호남 출신 야당 국회의원은 페이스북에 '독립운동에 좌우가 따로 있냐'며 뜬금없이 '박정희 전 대통령도 좌익에 가담했었다'면서 북한 계략에 농락당한지도 모른 채 스스럼없이 글을 게재하기도 했다.

국제 안보환경 변화를 고려할 때 지금 대한민국은 '자유민주주의 체제 수호'가 최우선 되어야 한다. 이런 맥락에서 최근 한·미·일 공조라는 크나 큰 외교안보적 성과도 달성했다. 이제는 내부 결속을 다잡을 때다. 안타깝게도 사실이 아닌 영화와 드라마로 역사를 배우고 쉽게 선동되는 국민 성향을 고려, 더 이상 종북 좌파들이 방송과 문화를 좌경화 도구로 삼지 못하도록 하고 이미 세뇌된 대중의 인식 변화에 힘써 줄 것을 기대한다. 대한민국에는 이번이 마지막 기회다.

어떻게 복원해야 할까? 올바른 역사관 없이는 애국심도 없다.

최근 거란과 고려의 전쟁을 다룬 역사극이 화제를 낳고 있다. 오랫만에 방영되는 정통 사극으로 정체 모를 퓨전 사극이나 역사왜곡도 아니다. 의상도 판타지 게임물의 갑옷 같은 걸 쓰지 않고 게 당시의 양식을 잘 반영하는 등 고증에도 신경을 쓴 듯하다. 중국 한족의 송나라로부터 조공을 받을 정도로 당대 최강의 전투력을 가졌던 거란은 1010년 40만 대군을 이끌고 전쟁을 도발(2차 침공)하여 고려군의 주요 지휘관들을 포로로 잡는 등 승기를 잡는다.

총지휘관이었던 행영도통사(行營都統使) '강조'의 경우 살을 베어 내는 고문까지 당하면서도 고려의 신하임을 강조한 것과 달리 심복 이현운 등 예하 장수들은 목숨을 구걸하고자 거란에 충성하기로 다짐하고 그들의 주구가 된다. 이 또한 고려사 정사에 기록되어 있는 사실이다. '진정한 애국심'은 위기의 순간에 자기희생이라는 숭고한 모습으로 발휘된다. 평소에 입으로 하는 애국 같은 것과는 차원이 다르다는 것을 알 수 있다.

2023년 12월 5일 구독자 264만 명을 보유한 인기 유튜브 채널인 '피식대학(Psick Univ)'에서 한 출연자가 "우리의 주적은 북한"이라고 발언하자 온라인상에서 갑론을박 논란이 일었다. 그는 "김씨 일가, 3대 세습을 일삼는 북한의 김씨 왕족이 잘못"이라며 "대한민국에서 이 말을 왜 못 해"라고 일갈했다. 이를 두고 '올바른 안보관'이라는 긍정적인 반응과는 달리 "국짐(국민의힘 비하), 2찍(윤석열 대통령 지지자 비하)인가보다" "북한은 주적이 아니다. 우리 민족인 북한이 주적이 아니라 일본이 주적"이라며 맹비난하는 반응도 상당했다. 이러한 것은 북한의 관변 선전매체인 '우리민족끼리'의 주장을 그대로 답습하는 행태다.

누가 우리 국민을 이렇게 판단력 없는 상태로 만들어 놓았는가? 김대중·노무현 정권을 거치고 문재인 정부에서 절정을 이룬 '반일선동'과 '종북(從北)주의'에 세뇌되고 길들여진 수많은 국민의 모습을 보면 서글퍼지기까지 한다. '주적'이란 용어는 1994년 남북특사 교환 실무회담에서 북한이 서울을 불바다로 만들어 버리겠다고 협박한 것을 계기로 1995년 국방백서에 처음으로 사용되기 시작했다. 주적이란 단어는 말 그대로 'Main Enemy'를 의미한다.

미국의 경우 2023년 3월 10일 미국 성인을 대상으로 한 현지 여론조사 기관 갤럽의 조사에 따르면 미국의 '가장 큰 적은 누구냐'라는 질문에 응답자의 50%가 중국을 선택했고 그 다음으로 러시아(32%)·북한(7%)·이란(2%) 순이었다고 한다. 2000년대 초반에만 해도 15% 수준에 불과했던 중국이 압도적으로 1위에 오른 것은 미국의 안보를 가장 많이 위협하는 국가이며 자유민주주의의 적인 공산주의 국가이기 때문이다.

이 설문 결과를 세부적으로 살펴보면 '중공'을 주적으로 선택한 미국 성인은 50%로 공화당 성향 76%·민주당 성향 30%·무당파 46%였다. 또 '러시아'를 주적이라고 선택한 미국 성인은 공화당 성향 12%·민주당 성향 53%·무당파 32%로 나타난다. 결국 소련 붕괴 후 러시아는 상대도 안 된다는 생각에 보수주의자들은 공산주의 국가 중공을 선택했고, 친중적 행보를 보이는 진보주의자들은 러시아를 주적으로 생각하고 있다는 것이다.

우리의 경우는 어떠한가? 전교조를 비롯한 좌익 세력들에 의해 조직적으로 지속되어 온 역사왜곡과 선전선동으로 6.25전쟁의 전범들인 북한·중국·러시아를 좋아하는 국민이 너무나 많다는 점이다. 2011년 설문조사에서는 일본(44.5%)·미국(19.9%)을 주적으로 생각했으며 2015년에도 일본(48.5%)이 북한(38.3%)을 앞섰다. 지금 우리 국민에게 주적은 6.25전쟁을 도발한 북한과 이를 지원한 중국과 러시아가 아니라 미국과 일본이라는 얘기다. 전폭적 지원으로 우리를 구원해 준 미국은 물론 소해함 54척을 보내 주는 등 군사적 지원까지 해준 일본은 기억조차 하지 않는 것이다. 합일병합이 이미 1945년에 끝났음에도 여전히 일본을 미워하면서 오히려 시기적으로 더 가까운 1950년 전쟁 도발 세력을 옹호하는 것은 상식 밖의 판단이다.

더욱이 러시아의 우크라이나 침공과 테러 조직 하마스의 이스라엘 기습 공격에 대해서도 피해자인 우크라이나와 이스라엘이 아닌 러시아와 하마스를 응원하는 정신 나간 이들도 상당수 있다. 무엇이 이들로 하여금 이토록 비뚤어진 세계관·역사관·국가관을 가지도록 했는가?

애국심, 그것은 올바른 세계관과 역사관에서 비롯되는 것이다. 우리나라 대한민국과 우리 후손의 미래를 위해서라도 더 이상 두고만 볼 수 없다. 무엇보다도 우선적으로 안보의 최일선에 있는 군 장병들의 인식 조사를 통해 올바른 역사관을 갖출 수 있도록 해야 한다. 그것이 물질적 전력보다 국방 혁신보다 훨씬 더 중요한 정신 전력의 완성인 것이다.

값비싼 무기보다 더 중요한 것은

20세기 초반까지 세계 각국은 열강이 주축이 된 제국에 복속돼 있었으나 1·2차 세계대전을 거치면서 대부분 독립한다. 그러나 볼셰비키 혁명으로 공산주의 국가로 바뀐 러시아는 오히려 '노동자, 군대, 농민 소비에트(Soviet, 대표자회의)'를 내세우며 우크라이나, 에스토니아, 라트비아 등 주변국들을 차례대로 복속시켜 '소비에트 사회주의 공화국 연방(소련)'을 결성, 공산주의 제국을 만든다. 이렇게 인류는 공산주의·사회주의·전체주의와 자본주의·민주주의·자유주의로 나뉘어 끝없는 진영대결을 강요받는 '냉전시대'로 접어들게 된다.

다행히도 1991년 소비에트연방이 해체되자 강제로 병합되어 있던 많은 국가가 자유와 주권을 회복한다. 그러나 지금 세계는 소비에트연방의 허상을 추종하는 독재자 푸틴에 의해 또다시 전쟁의 공포 속에 빠지고 말았다.

이에 뒤질세라 중화인민공화국 역시 중국 역사의 정통성을 가진 중화민국(대만)을 침공하기 위해 혈안이 되어 동아시아를 일촉즉발의 화약고로 만들어 놓았으며, 소련과 중공의 숙주인 북한 역시 그들을 믿고 핵무기 개발과 탄도미사일 발사 등 하루가 멀다 하고 우리 자유 대한민국을 위협하며 무력도발을 벌이고 있다.

6.25전쟁은 아직 끝나지 않는 전쟁이다. 김일성을 앞세워 수백만 명의 사상자를 발생시킨 '6.25전쟁'이나 청나라 멸망 이후 건설된 중화민국을 무력을 사용해 대만으로 밀어내고 중국 대륙을 차지한 마오쩌둥의 중화인민공화국, 자유 베트남을 공산주의 국가로 만든 일체 행위 뒤에는 '소련'이 있었다. 소련은 동유럽·동남아시아·남미국가를 대상으로 한 '공산주의

도미노이론'을 현실화한 것이다.

외형상 소비에트 종주국의 틀을 벗었다고는 하더라도 현실적으로 러시아의 주변국들에 대한 침략과 악행들은 변함이 없었다. 우리 국민은 이제는 잊었겠으나 1983년 9월 1일 미국에서 출발해 김포공항으로 향하던 '대한항공 007편'이 사할린 인근에서 항로를 약간 벗어났다며 전투기 미사일로 격추해 승객과 승무원 269명 전원을 사망하게 만든 'KAL기 피격 참사'의 장본인이 소련이기도 하다.

비록 1988년 북방정책으로 양국 간의 외교관계가 성립됐으나 우리에게 있어 절대 잊어서는 안 되는 '대리국'이자 6.25전쟁을 주도한 '전범국가'다. 을지연습기간 중인 23일 러시아 전폭기인 Tu-95MS 2대가 동해상 한국방공식별구역(KADIZ)을 침범하자 우리 공군은 F-16기를 긴급 출격시켜 우발상황에 대응했다.

러시아는 6.25전쟁 이래 지금까지 주기적으로 우리 방공식별구역을 침범한다. 지금 이 순간에도 우크라이나 침공 전쟁을 지속하고 에너지자원을 무기로 삼아 전세계를 위협하며 북한을 비롯한 불량국가들의 뒷배가 되어주는 러시아에 대해 결코 경계심을 늦추면 안 된다.

또한 고고도미사일방어체계(THAAD·사드)와 관련된 '3불 1한' 협박이나 동북공정 및 역사 왜곡에서 볼 수 있듯, 중공 역시 우리 국가안보에 더없이 큰 위협일 뿐더러 북한의 실질적 위협은 북한 정권이 소멸하지 않는 이상 앞으로도 변함이 없을 것이다. 동북아 국가안보는 어느 때보다 위험한 시기인 셈이다.

강군 건설은 강인한 정신전력에서 출발한다. 그러나 지금 우리의 군사안보 상황은 어떠한가? 문재인 정부 5년간 모든 분야에 있어 국가의 기틀이 무너졌으며 그 중 가장 심각한 것이 국군의 무력화다. 우국충정의 엘리트 군 장교들을 배척하고 종북좌파 성향을 가진 2,3류 장교들만 진급시키고 장군으로 만들어 놓고, 국방부장관으로 임명했으며 그들(북한)의 수족으로 쓰며 반국가 행위를 일삼았다.

대표적 반국가행위는 앞서 강조한 바 있는 일방적으로 북한에게만 유리하게 작성된 '2018년 9.19 군사분야 남북합의서'이다. 특히 군사분계선(MDL) 이남 비행금지구역(동부 40Km, 서부 20Km) 설정과 NLL 해역의 80km를 완충구역으로 설정해 항공, 해상작전 능력을 현저히 떨어뜨렸으며, 휴전선 내 초소 철거, 해안 철책 제거, 접적지역 대전차 방호시설들을 파괴하고 무려 280㎢ 규모의 한강하구 수중지형이 자세히 기록된 해도(海圖)까지 북한 인민군에 전달하기에 이른다.

또한 병사들의 복지를 내세워 휴대폰을 사용하게 함으로써 부대보안은 일순간에 무너졌다. 병사들이 초소에서 치킨과 맥주를 배달해 먹거나, 레이더 기지의 병사들은 북한의 선박이 영해를 침범하는지조차 모를 지경이다. 병사가 총기 소제(掃除) 장면과 군사장비 사진을 아무런 제재 없이 SNS에 올리기도 하고 전역을 앞둔 병사들은 단정한 두발상태 유지를 거부하기까지 한다.

문재인 정부 시절 중단됐던 '한미연합 을지프리덤실드연습(UFS)'이 윤석열 정부 들어선 이후에야 정상적으로 진행하게 되었다. 아울러 폴란드에 대규모 방산수출을 진행하는 등 국방과학기술의 발전도 괄목상대하며 우리 군은 세계 5위의 군사력을 갖게 됐다. 그러나 절대 간과해서는 안 될 것은 전쟁은 병력과 무기의 숫자로만 하는 것이 아니라는 점이다. 이번 러시아·우크라이나 전쟁이 그 점을 잘 보여주고 있지 아니한가. 과연 우리 군의 정신전력 상태는 어떠한가.

지금 우리 군에게 가장 필요한 것은 '대적관과 애국심'이다. 세계 2위의 군사력을 가진 러시아를 상대로 22위의 우크라이나가 지금처럼 선전하는 이유가 바로 그것 때문이다. 그 시작은 종북좌파 사상을 갖고 있는 일부 정신 나간 장교들의 대규모 숙청작업이어야 할 것이다. 빠른 시일 내에 위대하고 강한 대한민국 군대로 다시 태어날 수 있도록 해야 한다.

강군의 핵심은 실전적 훈련과 강인한 정신력 함양에 있다

2022년 2월 러시아의 침공으로 시작된 우크라이나 전쟁은 동부전선이 고착 상태 속에 우크라이나와 러시아 군 모두 일진일퇴(一進一退) 양상으로 그 끝을 모르는 채 장기화되고 있다. 분명 세계 2위의 군사력을 가졌다는 러시아의 허상을 보여 주기에 충분하였으나 체급 차이 극복의 한계로 우크라이나 역시 러시아에 장악된 동부지역 수복에는 큰 어려움이 있어 보인다.

러시아도 전쟁 장기화에 지친 나머지 2023년 9월부터 자신들이 점령한 루한스크·도네츠크 지역을 영구 귀속시키는 선에서 휴전하려고 우크라이나 측에 제안하고 있다는 외신 보도도 있었다. 그러나 우크라이나의 젤렌스키 정부는 휴전 자체가 자신들의 정치 생명에 종지부를 찍는 것이나 마찬가지인 만큼 영토 수복을 목표로 하고 있지만 서방국가들의 관심이 예전 같지 않아 안절부절못하고 있는 것으로 보인다. 이미 여러 나라가 중재자를 자처했으나 모두 허사였다.

현재 우크라이나 동부전선의 길이는 대략 1000km 정도로 한반도 휴전선(248Km) 길이의 무려 4배에 달한다. 그렇게 긴 전선에서 대치중이란 것이다. 현재 전황으로 볼 때 우크라이나 군은 공군력이 매우 부족하여 제1 차 세계대전에 준하는 '참호 지대'를 구축한 러시아 방어선의 어느 한 곳 이라도 뚫고 들어가기에 역부족이다. 미국이라면 압도적 '공중 우세권'으 로 우선적으로 적의 참호와 진지를 무력화시킨 후 전차와 보병의 진격이 이루어지겠지만 최근 F-16 전투기 몇 대가 지원되었다고 해서 쉽게 바뀔 수준이 아니다.

사실 지난 2년간 미국과 서방국가들은 가용 범위 내에서 우크라이나에 수많은 전력을 제공했다. 그러나 이제는 한계에 봉착한 듯하다. 로즈노의 '연계 정치 이론'이나 퍼트남의 '양면 게임 이론'에서 볼 수 있듯이 민주주 의 국가의 외교정책은 상대국의 수용범위와 국내 유권자의 동의 가능 범 위에 제약을 받는다는 점에서 국제정치 역시 결국은 국내 정치 상황에 의 해 통제된다. 코로나19 대유행 이후 전세계적인 경제 악화 속에 발생한 우 크라이나 전쟁은 2년이 되어 가는 지금 분명히 모두를 지치게 만들었다. 러시아 제재를 통한 자유진영 단결 차원에서 적극적 지원이 이루어졌으나 이스라엘 전쟁을 계기로 전세계의 관심은 이미 우크라이나에서 벗어난 듯 하다.

위기의식을 느낀 우크라이나도 정교회(正教會) 모스크바 교구의 영향력 에서 공식적으로 벗어나기 위해 성탄절을 서구 국가들과 동일한 12월25 일로 공식 변경하였다. 우크라이나 정교회는 이미 2019년 모스크바 교구 에서 분리되었으나 성탄절을 변경해 조금 더 친(親) 서방 행보를 보임으로 써 서방과 유대 관계를 강화하려는 제스처로 보인다. 당초 로마 가톨릭과 의 대립 속에 교세를 확장한 정교회는 세계 표준력인 그레고리력이 아닌 율리우스력에 따라 1월 7일을 크리스마스로 정하고 있다.

결국 전쟁은 군사작전에 국한되는 것이 아니라 경제 산업은 물론 종교까지 포함되는 '국가 총력전'이다. 정치·경제·군사력·종교 그 모든 것이 얼버무려져 이루어지기에 일단 시작되면 쉽게 끝낼 수는 없는 것이다. 전쟁이란 그런 것이다. 우크라이나가 서방 기독교의 테두리 안으로 들어가더라도 때마침 기독교의 원류인 유대교의 이스라엘에서 전쟁이 발생한 만큼 주목받기엔 분명 한계가 있다. 사실 이스라엘 전쟁의 최대 수혜자는 러시아와 푸틴이다.

'국방혁신위원회(위원장 대통령)' 부위원장이자 '국방혁신특별자문위원회'의 위원장이기도 한 김관진 전 국방부 장관은 최근 언론 인터뷰를 통해 '강군의 핵심은 강인한 정신력과 훈련'이라고 강조했다. '강인한 정신력과 훈련'은 그가 국방부장관과 국가안보실장을 역임하고 또다시 국방 혁신을 이끄는 책임자가 되기까지 수없이 반복해서 역설한 문구다.

종교의 자유가 있는 우리 대한민국은 개신교로 건국된 미국이나 중세 이래 기독교(가톨릭과 개신교)가 국가의 근간을 이루고 있는 유럽 국가들, 정교일치의 이슬람 국가들과는 다르다. 공산주의라는 종교 아닌 종교에 통제받는 국가들과는 더더욱 다르다. 그렇기 때문에 국민의 정신을 하나로 모으기에 더욱 어렵다. 일반 국민이야 그렇다 치더라도 문제는 사이비 종교인 주체사상으로 세뇌된 봉건주의 조선민주주의인민공화국(북한)과 대적해야 하는 우리 국군 장병들에게 이스라엘 청년들에게서 볼 수 있는 수천 년간 이어진 '종교적 애국심'을 찾아볼 수 없다는 사실이다.

결국 우리 장병들에게 필요한 것은 바로 '공산주의로부터 자유민주주의를 수호'하고 '국민의 생명과 재산을 보호'할 수 있도록 언제 어디서든 적을 압도할 수 있다는 강인한 정신력이다. 물론 이를 뒷받침하기 위해 필요한 것은 강인한 체력과 전기전술(戰技戰術)을 갈고 닦는 훈련뿐이다. 이전 문재인 정부가 북한을 위해 악의적으로 무너뜨린 것이 바로 '군의 정신 전력'이기 때문이다. 그것이 바로 문재인 정권이 공을 들여 무너뜨린 우리 국방을 올바른 길로 이끄는 길이다.

위험에 처한 대한민국의 자유와 민주주의*

Freedom and Democracy in Jeopardy in South Korea

* 이 글은 Freedom and Alliance in Jeopardy in South Korea: An Insider's Testimony. Small Wars Journal (2021.2.14.)에 게재된 영문기고문을 기계 번역한 것입니다.

이인호 서울대학교 명예교수

우리시대는 나날이 거짓정보와 가짜뉴스의 늪에 더 깊이 침몰하고 있습니다. 요즘 미국 언론에서 한국을 다루는 기사보다 더 극명하게 이 점을 보여주는 것은 없습니다. 한국은 코로나바이러스 대유행의 대처에 성공한, 본받아야 할 모범국가로 과대평가되고 있습니다. 그 성공은 문재인 정부와 국민을 하나로 모은 한국의 '강건한 민주주의' 덕분이라는 것입니다. 소프트파워로써 한국의 이미지는 최근 최고조에 달한 것으로 보입니다. 심지어 일부 한국 전문가들은, 취약한 민주주의 체제와 관행을 애써 유지하고 있는 국가들 사이에서 한국이 새로운 스타일의 지도 국가로 부상할 것이라는 전망을 하기도 합니다.

We live in a veritable age of misinformation and false news often totally obscuring the true picture of reality. Nothing shows this more starkly than the coverage South Korea is getting in the press in the United States these days. Korea is played up as a model country to emulate in its success in coping with the coronavirus pandemic. The success is attributed to Korea's 'robust democracy', which brings together the Moon Jae-in government and its people. Korea's image as a soft power seems to stand at a new high. Some Korea experts even raise the prospect of Korea rising as a new style of leader among the countries struggling to sustain their fragile democratic systems and practices.

거의 4년 전 이른바 촛불혁명 이후 문재인 정부가 출범하고 나서 시작된 개혁조치들의 전면적인 영향 아래 한국에 사는 우리 국민은 울어야 할지 웃어야 할지 모르겠습니다. 한국의 주목할 만한 업적에 관해 이야기되고 있는 것에는 분명 어느 정도의 진실이 있습니다. K-Pop 그룹 방탄소년단과 오스카 수상작 '기생충'이나 몇 년 전 싸이의 매력적인 댄스곡 '강남스타일'과 삼성 스마트폰 같은 한국적 현상에 대한 세계적인 호평은 충분히 받을 만합니다. 이런 일들은 한 국민으로서 한국인들이 경제적 및 문화적 실체로서 이룬 엄청난 성공을 그대로 반영하는 것입니다. 몇 주 전까지만 해도 한국은 코로나 19 대유행 사태에 대처하는 데 있어 눈에 띄게 성공한 것처럼 보였습니다. 그런데 이 모든 성공담이 문재인 정부가 지난 3년 이상 추구한 대중민주주의 정치 탓으로 돌릴 수 있을까요? 과연 한국은 계속해서 위대한 소프트파워 국가로 발전해 나가고, 인류가 빠져버린 듯이 보이는 다차원적인 교착상태에서 벗어날 탈출구를 필사적으로 찾는 과정에서 선도적인 역할을 할 수 있을까요?

Those of us living in Korea under the full impact of the reforms instituted since the inauguration of the Moon Jae-in government almost four years ago after the so-called candlelight revolution do not know whether to cry or laugh. There definitely is a degree of truth to what is being said about Korea's notable achievements. The world-wide acclaim given to such Korean phenomena as the K-Pop group BTS and the Oscar winning movie 'Parasite' or the catchy dance song 'Gangnam Style' by PSY a few years ago and the Samsung smart phones, is well deserved. They genuinely reflect the tremendous success the Koreans as a nation have accomplished as an economic as well as cultural entity. Korea, until a few weeks ago, seemed notably successful in dealing with the Covid-19 pandemic situation. Can all these success stories be attributed to the politics of popular democracy pursued by the Moon government in the last three-plus years? Will Korea continue to develop as a great soft-power state and possibly play a leading role in humanity's desperate search for a way out of the multitudinal impasse it seems to be caught in?

문 대통령의 민주당이 기록한 가장 최근의 정치적 승리는 불과 몇 주 만에 한 묶음의 새로운 법률들을 통과시킨 것입니다. 이는 한국 국회의 300석 중 3분의 1을 차지하는 무능한 야당과 깨어 있는 시민들의 강력한 저항에도 불구하고 이루어졌습니다. 새로운 법률 가운데 하나에 따르면, 1980년의 광주 항쟁 참가자의 명예를 손상하는 것으로 여겨지는 발언을 하는 사람은 최대 5,000만 원(약 5만 달러)의 벌금 또는 최대 5년의 징역에 처할 수 있습니다. 두 번째 주목할만한 입법은 대통령의 직접적 통제를 받는 수사기관의 출범에 관한 것입니다. '공수처' 혹은 고위공직자 범죄수사처(CIO)라고 불리는 이 수사기관은 특정 직급 이상의 공무원에 대한 혐의를 조사하고 기소할 수 있는 독점적인 권한을 가집니다. 판사와 군 장성도 예외가 아닙니다. 세 번째 법률은 친 공산주의 활동에 관해 조사를 할 수 있는 권한을 국가정보원(NIS)에게서 박탈하는 한편, 또 다른 법률은 대북 전단이나 물품이 담긴 풍선을 북한에 날려 보내는 행위를 형사처분하고 있습니다. 미국 의회가 한국의 인권 침해 상황을 조사하려는 시도를 촉발시킨 것은 바로 이 마지막 법률입니다. 이제 남한에서 활동하는 북한 간첩이나 중국 공산당원은 잡혀서 기소될 것을 걱정할 필요가 없습니다. 정부 공무원들은, 자신의 직업뿐만 아니라 목숨을 걸고 위험을 감수할 준비가 되어 있지 않은 한, 대통령과 그의 측근들이 하는 일에 대해 반대는 말할 것도 없고 감히 의문을 제기하지 못할 것입니다. 자유민주주의 체제의 대한민국에 남은 다음의 치명적인 일격은 국가보안법의 폐지가 될 것입니다. 앞서 언급한 법률들과 더불어, 한국 국회는 또한, 한국인에게 익숙해져 있는 자유시장 체제를 유지하는 데 필수적인 기업의 의사결정권과 기타 경제적 자유를 박탈하기 위해 고안된 몇 가지 법률을 제정했습니다.

The latest political victory that Moon's Democratic Party of Korea scored is enactment of a whole bundle of new laws within a matter of weeks in the face of frontal resistance from not only the inept opposition party occupying one third of the three hundred seats in Korea's National Assembly, but also from the enlightened public as a whole. One new law stipulates that anyone making any remark considered derogatory to the honor of the participants of the Kwangju uprising of 1980 is liable to a fine of up to ₩50 million (roughly $50,000) or up to 5 years of imprisonment. The second notable enactment concerns the launching of an investigative agency under the direct control of the President. Called 'Gongsoocheo', or the Corruption Investigation

Office for High-ranking Officials(CIO), it will have an exclusive and irrevocable right to investigate and prosecute any charges brought against any government official above a certain rank. Judges and military generals will be no exception. A third law deprives the National Intelligence Service (NIS) the right to conduct any search concerning pro-communist activities while still another criminalizes sending of information balloons and other items to North Korea. It is this last piece of legislation which triggered the attempt by the U.S. Congress to look into the violations of the human rights situation in South Korea. Now no North Korean or Chinese communist agent operating in South Korea needs to be worried about being caught and prosecuted. No public servant will dare to raise questions, let alone objections, to anything the President and his ruling entourage do, unless he or she is prepared to risk not only a career, but possibly his or her own life. The next remaining coup de grace to the Republic of Korea as a free democracy will be the removal of the National Security Law. Together with these aforementioned laws, the National Assembly also enacted several measures designed to take away what remains of the employers' rights of decision-making and other economic freedoms essential for maintaining the free market system to which Koreans have become accustomed.

자유와 민주주의에 치명적인 이러한 입법들이 여당에 의해 독점된 국회를 통해 몰아 부쳐지고 있는 동안, 윤석열 검찰총장을 쫓아내려는 법무부장관 측의 집요한 시도가 진행되었고, 분노한 국민의 우려에 찬 조롱을 받았습니다. 윤석열은 문 대통령 자신에 의해 검찰총장에 임명되었습니다. 윤석열은 야심 찬 검사로서 탄핵당한 박근혜 대통령의 형사 사건을 공격적으로 잘 다루어 왔고 그로 인해 문재인 정권의 신임을 받아 검찰총장에 임명되었던 것입니다. 그러나 윤은 공산주의자도, 문정권의 핵심 멤버 (inner circle)도 아니었습니다. 대통령의 측근들이 연루된, 많은 이들이 의심하는 바와 같이 결국에는 문재인 자신도 연루되었을 가능성이 있는, 정치적 비리와 금융 횡령 사건들을 조사하는 데 있어 윤이 똑같은 강경한 태도를 보이자, 집권세력은 윤을 더는 필요로 하지 않았습니다. 그러나 윤 검찰총장은 자신을 통제하려고 하는 법무부장관의 모든 시도를 성공적으로 버텨내었습니다. 그 임기가 헌법에 따라 보장되어 있었기 때문입니다. 그뿐만 아니라 윤 검찰총장의 인기는 2년이 채 남지 않은 다가오는 대통령 선거의 후보로 거론될 정도로 계속 올라가, 문 대통령 측근 세력들의 입맛에 맞는 다른 후보들을 무색하게 만들었습니다. 마침내, 문 대통령은 2020년 12월 15일 정직 2개월의 징계라고 하는 교묘한 술책으로 윤 검찰총장의 직무를 정지시키려고 했습니다. 그것으로 검찰이 윤의 지휘하에 진행하여 온 문 대통령 측근들에 대한 모든 수사 노력을 무산시키기에 충분한 시간을 벌 수 있었을 것입니다. 1월이 되면, 게슈타포(Gestapo)나 KGB에 상응하는 막강한 공수처가 가동되기 시작할 것이고, 그러면 윤은 그 첫 번째 희생물이 될 가능성이 매우 컸습니다. 염려하는 국민이 크게 안심을 하게 된 것이, 크리스마스 전야인 12월 24일 밤 9시경에 행정법원이 문 대통령의 징계처분 효력을 정지하는 결정을 내렸고 온 국민이 이에 열광했습니다.

While these legislative acts, lethal to freedom and democracy, were being rammed through the National Assembly, monopolized by the ruling party, dogged attempts on the part of the Minister of Justice to throw out the country's Attorney General were proceeding, to the concerned derision of the incensed public. Yoon Seok-Youl had been appointed to the post of the Attorney General by President Moon himself, because of the aggressiveness with which the ambitious prosecutor had handled the impeachment case of the ousted President Park Geun-hye, and thereby endeared himself to the current ruling clique. But Yoon was no Communist, nor a member of Moon's inner circle. When Yoon showed the same unbending toughness in investigating political misdemeanor and financial embezzlement cases involving the President's close associates and possibly Moon Jae-in himself in the end, as many suspect, the ruling circle had no use for Yoon. However, Yoon was successful in resisting all the attempts made by the Minister of Justice to subjugate him, because his term of appointment was guaranteed by the Constitution. Not only that, his popularity kept rising until he was talked about as a top candidate for the presidential election coming in less than two years, eclipsing all others more palatable to Moon's narrow circle. Finally, President Moon attempted to ease Attorney General Yoon out of power just this December 15, 2020 by a cleverly designed formula of putting him on two months' probation. That would give enough time to dismantle all the investigative efforts directed at Moon's close associates which the prosecutors had made under Yoon's direction. Come January, the all powerful Gongsoocheo, an equivalent of Gestapo or KGB, will start to operate and Yoon would I most likely fall the first victim. To the great relief of the concerned public, around 9p.m. Christmas Eve, the Administrative Court dared to hand out a judgment against President Moon and the entire nation went wild.

이것이 바로 한국에서 문재인의 '강건하고' '되돌릴 수 없는' 대중민주주의의 현주소입니다. 두 명의 전직 대통령, 한 명의 전직 대법원장, 세 명의 전직 국가정보원장, 그리고 전 정부의 수 많은 고위 관료들이 각종 비리나 부패 혐의로 수감 중이거나 고통을 겪고 있습니다. 문재인과 그의 은밀한 반미, 노골적인 반일, 친중, 친북 정권이 지금까지 한 일은 다름 아닌 바로, 박근혜 대통령이 탄핵으로 파면되고 문이 대통령 권력을 장악하기 전까지 지난 70년 동안 공들여 쌓아 온 자유민주주의 정치체제를 체계적으로 파괴하는 일이었습니다. 전 정부들과 연루되었다는 이유로 다양한 형태의 박해를 받아 온 사람들 외에도, 많은 다른 사람들이 감히 문 대통령의 포퓰리즘 정치를 공개적으로 비판하거나 풍자화하고, 점점 더 비판의 목소리를 높이는 반문재인 시위에 지도적 역할을 제공했다는 이유로 고통을 받았습니다. 반문재인 집회의 대표적 지도자인 전광훈 개신교 목사는 대규모 코로나바이러스 감염을 확산시켰다는 우스꽝스러운 혐의로 체포되었습니다.

This is the current state of Moon Jae-in's 'robust' and 'irrevocable' popular democracy in South Korea. Two former Presidents, a former Chief Justice, three of the country's former NIS chiefs, and countless other high ranking officers of the former administration have been imprisoned or harassed with the threat of imprisonment on various charges of misdemeanor or corruption. What Moon Jae-in and his covertly anti-American, openly anti-Japanese, pro-Chinese, and pro-North Korean regime has done is nothing less than systematically destroy the system of liberal democratic governance so painstakingly built up over the past seventy years prior to Moon's assuming the presidential power after the impeachment of President Park Geun-hye. Besides those who have suffered various forms of persecution because of their association with previous presidential administrations, many others suffered because they dared openly to criticize or caricature Moon's politics of populism and provided leadership to the increasingly vociferous anti-Moon demonstrations. One prominent leader of anti-Moon rallies, a Protestant minister named Chun Kwang-hoon, was arrested on a ludicrous charge of having caused massive corona virus contamination.

우연이 아니라, 한국은 문재인 정부 하에서 설명할 수 없고 아직 조사되지 않고 있는 저명인사 약 30명의 자살을 목격하고 있습니다. 가장 악명 높은 사건 중에는 과거 문 대통령의 정치적 협력자였던 야당 정치인 노회찬 국회의원 자살 사건이 있습니다. 노회찬은 미국 공식 단체방문을 마치고 귀국한 다음 날 아침에 자신의 어머니 아파트에서 창밖으로 몸을 던져 자살한 것으로 되어 있습니다. 바이러스 대유행이 시작되기 전인데도, 부검은 허용되지 않았습니다. 이보다 훨씬 더 사악한 또 다른 사건은, 대통령 선거 출마예정자로서 문 캠프에 대한 정치적 도전자이기도 했던 서울특별시장의 실종 사건입니다. 박원순 시장은 서울시 인근의 산등성이에서 숨진 채 발견되었는데, 경찰이 제시한 해명은 자신이 고발당한 성희롱 혐의 때문에 자살한 것으로 보인다는 것이었습니다. 박 시장이 어떻게 죽었는지에 대해 아무런 설명이 없었으며, 그 시체가 발견된 상태를 알 수 있는 아무런 사진도 공표되지 않았습니다. 완전히 불가사의한 그 사건은 서둘러 행한 공식 장례식으로 덮어져 버렸습니다.

Not by coincidence, the country has witnessed some thirty unexplained and under-investigated suicides among prominent personages under Moon's administration. The most notorious cases involved a current opposition, but former ally politician Roh Hoe-chan, who supposedly threw himself out of the window at his mother's apartment on the morning after his return home from an official group visit to the United States. No autopsy was allowed, even though it was before the onset of the virus pandemic. Another, even more sinister case was the disappearance of the powerful, long-time Lord Mayor of the Metropolitan City of Seoul who also was a presidential hopeful and political challenge to the Moon camp. Mayor Park Won-soon was found dead at a mountain ridge near the city and the explanation given by the police was that he killed himself, implicitly because of a sexual harassment charge brought against him. No explanation was given as to how he died and no picture was shown of the state in which his body was discovered. The whole mysterious incident was covered up with a hurried official funeral of honor.

문재인 대통령은 취임식에서 누구도 꿈꿔본 적이 없고 한 번도 경험해 보지 못한 나라를 만들겠다고 말했습니다. 이 사안에서, 문 대통령은 확실히 자신의 약속을 지켰습니다. 물론 순진하게 희망을 품었던 투표 대중이 그 말에 붙였던 긍정적인 의미에서 그러했다는 것이 아닙니다. 문 대통령이 '어떤 대가를 치르더라도 평화'라는 슬로건을 들고 나왔을 때, 6.25 전쟁에 대한 기억이 생생하게 남아 있는 우리 같은 사람들을 제외하고는, 전세계가 환영하는 듯했습니다. 김일성 주체사상을 비록 겉으로는 아니지만, 마음속으로는 열렬히 옹호하는 문재인과 그의 측근들은, 마치 김정은이 말하는 '한반도 비핵화'와 트럼프와 유엔이 목표로 하는 '북한의 비핵화'가 서로 같은 하나의 것인 양, 김정은이 자신의 핵 프로그램을 포기할 준비가 되어 있다고 믿도록 트럼프 대통령을 설득하기 위해 최선을 다했습니다. 상황을 진정으로 이해하는 사람들의 눈에는, 문이 자신을 정직한 중개자로 내세우는 것에서부터 애초 우려스러운 분명한 속임수가 있었습니다. 문 대통령은, 2018년 9월에 북한군 수뇌부와 맺은 이른바 평화협정을 빌미로, 즉각 비행금지구역(No Fly Zone)을 설정해 정찰 능력에 제약을 가하고 훈련에 부정적인 영향을 미쳤으며, 서해 일부 지역에서 한국의 해군과 해병대의 실사격 훈련을 중단시켰습니다. 북한은 남한을 향한 재래식 무기와 핵무기 모두를 강화하였습니다. 문재인 정부는, 또다시 북한과의 평화라는 명목으로, 유엔의 대북제재를 은밀히 위반하고 북한의 다양한 요구를 꾸준히 들어주며 우리 국민 납세자와 세계인의 눈을 속였습니다. 문 대통령은 북한 김정은 옆에 서서 북한 군중에게 인사를 하면서, 자신을 '대한민국 대통령'이라고 하지 않고 '남측 대통령'이라고 불렀습니다. 이는 한반도 전체를 대한민국 영토로 규정한 헌법을 명백히 위반하는 것임에도 간과되고 넘어갔습니다.

Moon Jae-in said at his inauguration that he would create a country no one had ever dreamed of or experienced before. Here, he certainly lived up to his words, if not the positive meaning the naively wishful voting public had attached to those words. When he came up with the slogan, 'peace at any cost', the whole world seemed to welcome it, except those of us who still had vivid memories of the Korean War. Moon and his close circle, unrepentant advocates of the juche ideology of Kim Il-sung at heart, if not in appearance yet, tried their best to persuade President Trump to believe that Kim Jong-un was ready to give up his nuclear program as though 'denuclearization of the Korean peninsula' Kim talks about and 'denuclearization of North Korea' Trump and the United Nations aim at, were one and the same thing. In the eyes of those who truly understood the situation, there was an outright and worrisome deception from the start in Moon's presentation of himself as an honest broker. Taking advantage of the so-called peace accord reached with North Korea's military leaders in September, 2018, Moon promptly established No Fly Zones, which placed a limit on reconnaissance capability, negatively impacted training, and halted the South Korean Navy and the Marines from live fire exercises in parts of the West Sea. North Korea only strengthened both its conventional and nuclear arms directed at South Korea. Again in the name of peace with North Korea, the Moon government stealthily violated the UN sanction against North Korea and steadily complied with North Korea's various demands, deceiving the eyes of Korean taxpayers and the world at large. When Moon greeted the North Korean crowd standing next to North Korea's Kim Jong-un, he called himself the 'President of the southern part', instead of the 'President of the Republic of Korea'. It went unnoticed although it was a clear breach of the Constitution, which stipulates the entire Korean peninsula as a territory belonging to the Republic of Korea.

강제로 분단된 국가로서 한국의 비극적 현대사를 잘 알고 있는 사람들이 볼 때, 문은 대통령직에 취임하기 전에도 자신이 최고의 권한과 책임을 떠맡고 있는 이 나라의 헌법적 정통성과 역사적 기원에 대해 거부를 해왔다는 사실은 분명해 보입니다. 문은 대한민국이 1948년 8월 15일 유엔의 축복과 미국의 지원을 받아 자유민주주의 체제로 출범한 독립국이라는 사실을 단호히 거부하였습니다. 그 순간까지 미국은 1945년 8월에 일본이 패망하여 한국에서 축출된 후 군사정부를 운영해 왔으며, 소련은 한국의 북반부를 통치하고 있었습니다. 문 대통령은, 대한민국의 대통령이 된 후에도 한동안, 1919년을 자신이 다스리는 나라가 탄생한 해로 선전해 오다가, 북한이 1948년 9월 9일을 건국일로 기념하자 난관에 부딪혔습니다.

President Moon's rejection of the historical origin and constitutional legitimacy of the country of which he was assuming the supreme power and responsibility was clear even before he assumed the presidency to anyone who had a clear knowledge of Korea's tragic contemporary history as a forcibly divided nation. Moon flatly denied that the Republic of Korea was an independent state launched on August 15, 1948 on a liberal democratic platform with the blessing of the United Nations and assistance of the United States. Until that moment, America ran an occupational military government after the defeat and ouster of the Japanese from Korea in August 1945, just as the Soviet Union was reigning over the northern half of Korea. Moon, even after becoming the President of the Republic of Korea, for a while touted 1919 as the birth year of the country he was governing, until he ran into a roadblock when North Korea celebrated September 9, 1948 as its birth date.

이 모든 역사적 순간을 충분히 살아온 사람으로서, 그리고 러시아 역사 전문가로서, 나는 일찍부터 문재인과 그 조력자들 즉 한국의 소위 '진보주의자들(progressives)'과 여당인 '더불어민주당' 당원들이 통상적인 미국인이 사용하는 의미의 진보주의자(liberals)가 아님을 알 수 있었습니다. 그들은 실제로는 '진보주의자(liberals)'의 가면을 쓴 레닌주의자들로서, 미국과의 긴밀한 동맹 관계를 통해 그리고 어느 정도는 일본의 협력하에 한국에서 확립되어 온 자유민주주의 체제와 결별하려고 작정하고 있습니다. 한때 적이었던 일본은, 특히 김대중 시대 이후, 우호적이고 도움이 되는 이웃이 되었습니다. 문의 지도하에 있는 민주당은 오랜 기간 야당 지도자였던 김대중의 지도를 받을 때의 민주당과는 달라졌습니다. 김대중 아래에서 '민주당'은 좌파·진보 정당으로 오랜 기간 야당이긴 했으나, 반대한민국 친북한은 아니었습니다. [나는 김대중 대통령에 의해 임명된 러시아 주재 한국 대사였기에 그 점을 알 수 있었습니다. '촛불혁명'이라는 말이 2016~17년에 나왔을 때, 내가 그 말이 갖는 사악한 의미를 알아채고, 2018년 여름에 쓴 글에서, 문 대통령이 정권을 잡은 것은 한국에서 민주주의가 더 높고 더 활기찬 단계로 진입한 것이 아니라 대한민국이 '공중납치를 당한 것'(하이재킹)에 비견될 수 있다고 주장한 이유가 바로 여기에 있습니다. 그 공중납치범은 승객의 41%에 의해 조종석에 앉혀졌는데, 그 41%의 승객들은 이 미소 짓는 남자가, 진지하지만 말을 잘하지 않는 여성 조종사보다 일을 더 잘할 것이라고 진심으로 믿었던 것입니다. 비행기가 이륙한 이후에야 비로소 승객들은 그 비행기가 이상한 방향으로 가고 있다는 것을 깨달았지만, 이제는 공중에서 이 새로운 조종사의 몇몇 경호원들이 기내에서 허용되는 유일한 무기를 독점하고 있는 가운데, 걱정스러운 승객들은 겁을 먹거나 체념해서 목소리를 높여 저항할 수 없는 상태입니다. 바깥세상이 이 비행기를 눈치채지 못하고 있는 가운데, 객실의 공기는 전체주의의 악취를 풍기기 시작했습니다.]

As a person old enough to have lived through all these historical moments and also as a specialist in Russian history, I could see early on that Moon Jae-in and his cohorts, the so called 'progressives' and members of the 'Democracy Together' Party (literal translation of the ruling party) in Korea, were no liberals in the normal American sense of the term, but really latter day Leninists under the guise of 'liberals', determined to make a clean break with the liberal democratic system established in Korea in close alliance with the United States, and to a certain extent, with cooperation from Japan. One-time enemy Japan had become a friendly and helpful neighbor, especially since the time of Kim Dae-jung. The Democratic Party under Moon's guidance was different from what it had been even under the long-time opposition leader, Kim Dae-jung. Under Kim, the 'Democratic Party' was a leftist, progressive, long-time opposition party, but not anti-ROK and pro-DPRK. (I was a Korean Ambassador to the Russian Federation appointed by President Kim Dae-jung and I should know it. That is why I perceived the sinister meaning of the term 'candlelight revolution' when it came in 2016-17, and in a paper written in the summer of 2018, argued that the assumption of power by President Moon could be likened to a 'highjacking' of the country, not a transition to a higher and more vibrant stage of democracy in Korea. The only catch was that the hijacker had been welcomed into the pilot's seat by 41% of the passengers sincerely believing that the smiling man would do a better job than the serious but uncommunicative woman pilot. It was only after take-off that the passengers realized that the plane was moving in a strange direction, but now in mid-air, with several bodyguards of the new pilot monopolizing the only arms allowed on board, the worrisome passengers are too scared or resigned to speak up and rise in protest. The air in the cabin begins to reek of totalitarianism while the world outside watches the plane unawares.)

한국에서 문재인과 한때 '민주주의'를 위해 투쟁했던 그의 측근들이 권력을 잡은 방식은, 1917년 10월에 레닌이 권력을 잡고 이후 그것을 공고히 해나간 방식과 아주 유사합니다. 문과 마찬가지로, 레닌은 공산주의의 이름으로 권력을 잡은 것이 아니고, 유일한 참된 풀뿌리 민주주의 기관으로 여겨지는 소비에트, 즉 노동자·군인·농민 평의회로 권력을 잡았습니다. 레닌과 그의 볼세비키들은 국가가 나아갈 길을 민주적인 방법으로 결정하는 제헌의회를 선출하는 계획에 동조하는 척했습니다. 그러나 볼세비키들이 그 의회 내에서 자신들이 단지 소수에 불과하다는 것을 알았을 때, 레닌은 소비에트를 이용해서 힘으로 제헌의회를 해산시키는 일을 아무렇지 않게 여겼습니다. 그리고 나서 '소비에트 민주주의'라는 간판 아래에서, 레닌은 모든 주요 공직을 자신의 볼세비키 추종자들로 채움으로써 다른 혁명 그룹으로부터의 공공연한 반대 없이 자신만의 권력을 공고히 하기 위한 시간을 벌었습니다. 일당독재를 위한 인적 기반이 확고히 자리잡힌 이후에야 비로소 볼세비키들은 공산주의자 혹은 볼세비키라는 이름을 공개적으로 쓰기 시작했습니다.

The similarity between the manner in which Moon and his circle of former fighters for 'democracy' in Korea took power, and Lenin's way of seizing power in October 1917 and consolidating it afterwards, is quite striking. Lenin, like Moon, seized power not in the name of communism, but the Soviets, councils of the workers', soldiers', and peasants' deputies, presumably organs of the only true, grass-roots democracy. He and his Bolsheviks even pretended to go along with the plan to elect a constitutional assembly to determine in a democratic manner which way the country was to go. When the Bolsheviks, however, found themselves to be only a small minority in it, Lenin thought nothing of using the Soviets to disperse the assembly by force. Then under the cover of 'soviet democracy', Lenin earned the time to consolidate, without any overt opposition from other revolutionary groups, his own power by filling every important public post by his Bolshevik followers. It was only after the personnel base for one-party dictatorship was firmly established that the Bolsheviks started openly to use the name Communist or Bolshevik.

문재인 정부는 정확히 똑같은 전술을 밟고 있습니다. 지난 3년이 넘는 세월은 준-공산주의, 반-미국, 친-중국 성향의 일당독재를 위한 기반이 점진적이지만 확고히 자리 잡은 시기로서, 여당이 이제 국회의 3분의 2의 다수를 차지하고 있습니다. 대법원과 헌법재판소는 거의 전적으로 문 대통령이 지명한 사람들로 채워져 있는데, 그 모두가 강경한 친북, 반미 성향을 지닌 특정 서클에서 영입된 사람들입니다. 자유 언론은 이미 죽었습니다. 이는 문재인 정부가 중앙 방송인 KBS와 MBC의 이사진과 사장을 강제로 몰아내고 나아가 정부에 비우호적인 소셜 미디어까지 괴롭히기 시작한 그 전부터 그러하였습니다.

The Moon government has been following exactly the same play-book. The past three-plus years were a period in which the ground for a para-communist, anti-American, pro-Chinese one party dictatorship was gradually but firmly established with the ruling party now controlling two-thirds majority in the National Assembly. Both the Supreme Court and the Constitutional Court are filled almost exclusively with President Moon's appointees, all recruited from certain specific circles with strongly pro-North, anti-American orientation. Free press had come to an end even before when the government forced out the boards and presidents of the central television media, KBS and MBC, and started to harass even the social media unfriendly to the government.

놀랍게도, 이 모든 것은, 히틀러가 그랬던 것처럼, 대중의 폭넓은 지지를 합법적이고 민주적으로 얻는 과정을 통해 이루어졌습니다. 폭력을 공연히 드러내는 것은 제외하고, 정부가 할 수 있는 모든 수단과 방법이 동원되었습니다. 전 국민의 약 60퍼센트에 불과한 납세자들에게 부과되는 세금이 너무 갑작스럽고 급격하게 증가하여 많은 중소기업이 파산하고 많은 자영업자가 자살로 내몰렸음에도 불구하고, 국가 부채는 치솟았습니다. 그런데도 계속해서 정부는 국회의원 선거가 2020년 4월로 다가오자 국민 1인당 300달러 혹은 400달러에 이르는 '재난지원금'을 전국의 모든 가정에 나눠주는 계획을 발표했습니다. 중간선거인 국회의원 선거에서 정부가 어떻게 전대미문의 절대다수를 확보할 수 있었는지를 설명해주는 비밀 하나가 여기에 있습니다. 그 외에, 중국인이 개표에 사용된 컴퓨터를 관리하도록 적극적으로 묵인하는 가운데 개표과정에서 대규모 사기가 일어났다는 광범위한 의혹이 제기되기도 했습니다. 코로나바이러스의 확산으로 인해, 선거일이 통상의 이틀이 아닌 나흘에 걸쳐 연장되었고, 각 지역구의 사전투표는 여당 후보자를 선호하는 패턴과 비율을 균일하게 보여주었습니다.

Amazingly enough, all this was done through a legal and democratic process of garnering wide popular support, just as Hitler had done. Any and every means at the government's disposal, short of an overt display of brute force, was mobilized. The national debt skyrocketed, although taxes imposed on the tax-paying population, representing only about 60 percent of the population, rose so suddenly and so sharply that many small and middle-sized businesses went bankrupt and many owners were driven to suicide. That, however, did not stop the government from announcing a plan to dole out to every household in the country 'disaster relief' money amounting to $300 or $400 per person just as the National Assembly election approached in April 2020. There lay one of the secrets explaining how a government could secure an unheard of absolute majority in a mid-term National Assembly election on top of the wide-spread suspicion that a massive fraud in the process of vote counting occurred with active connivance of the Chinese responsible for the computers used in the counting. Due to the spread of the coronavirus, election days were stretched over four days instead of the normal two, and the early votes showed a uniform pattern and ratio in favoring the ruling party candidates.

코로나바이러스가 문재인 정부의 손에서 특이하게 작동하고 있습니다. 처음에 한국은 우한에서 온 바이러스로 인해, 그리고 의료 전문가들의 강력한 요청에도 불구하고 중국에서 오는 사람들을 대상으로 문을 걸어 잠그지 않은 정부로 인해 큰 타격을 받았습니다. 문 대통령과 똑같은 인물이며 여당의 킹메이커로 알려진 양정철이 대표를 맡은 정부 여당의 싱크탱크는 작년 여름 중국 공산당 중앙당교와 정책협약을 체결했습니다. 중국이 한국에 대해 문을 닫자 문재인 정부는 그제야 중국에서 오는 사람들에 대해 문을 닫았습니다. 그 이후로 한국은 이전의 사스와 메르스 전염병을 다루면서 축적된 헌신적인 의료계의 경험 덕분에 바이러스 통제에서 빠른 성공을 거두기 시작했습니다. 역대 정부가 수립한 우수한 의료보험 시스템, 인터넷 시스템, 널리 보급된 휴대전화 덕택에 감염자와 접촉한 것으로 의심되는 모든 사람을 추적할 수 있게 되었습니다. 그러나, 바로 이러한 역량, 그리고 아무리 높은 비용을 치르더라도 바이러스 통제 노력에 협조하려는 국민의 자세는, 정부가 모든 사람의 움직임을 추적하고 또 정부에 불만이나 반대를 제기하기 위한 집회의 시도를 근절할 수 있는 구실을 주었습니다.

The coronavirus in a peculiar way played into the hands of the Moon government. At first, Korea was hit hard by the virus coming from Wuhan and the government's refusal to close the door to persons coming from China in spite of strong requests from the medical experts. The government party's think tank, headed by Yang Jung-cheol, known to be Moon's double and their kingmaker, had in the summer of the previous year signed a policy coordination agreement with the Central Party School of the Communist Party of China. It was only when China closed its doors to Korea that Moon's government shut the door to persons coming from China. Since that time, Korea started scoring rapid success in virus control, thanks to the experience accumulated by its dedicated medical profession while dealing with the prior SARS and MERS epidemics. The excellent medical insurance system set up by previous governments, the internet system, and ubiquitous cellphones made it possible to trace every person suspected of having had contact with an infectant. However, this same capability and the population's readiness to cooperate with the virus control effort, no matter the cost, gave the government the excuse to trace every person's movements and stamp out any attempt to congregate in order to lodge complaint or opposition to the government.

정부는 인간적인 측면에서 최선의 결과를 얻는 것보다 일을 잘하는 문재인 정부의 이미지를 쌓는 데 더 관심이 있었습니다. 11월 말 코로나 관련 사망률과 감염률이 모두 치솟기 시작하면서, 문재인 정부는 코로나바이러스 퇴치 성공을 홍보하는 데 전대미문의 1억 2000만 달러를 썼지만 아이러니하면서도 비극적으로 한국 정부가 절박한 시민들을 위해 아직 백신을 전혀 확보하지 못했다는 사실이 한 분노한 시장에 의해 폭로되었습니다. 한국인들이 예방접종을 받기 시작하는 것은 아마도 내년 가을이 될 것입니다. 이는 정부가 국내외에서 성공사례로 대중을 속이고 있지만 정작 필요한 시점에는 필요품을 내놓지 못한 사례의 하나에 불과합니다. 놀랄 일도 아닌 것이, 자신의 정치적 이미지에 불리한 정보를 통제하려는 모든 노력에도 불구하고, 그리고 감히 권력 독점에 도전하는 사람이면 그 누구에게든 보복의 수단을 아끼지 않고 있지만, 문 대통령의 인기는 여당의 인기와 함께 곤두박질치고 있습니다.

The government was more interested in building up the image of the Moon government doing a good job than in obtaining the best possible result in human terms. As both the corona-related death and infection rate started to soar at the end of November, it was revealed by an irate city mayor that the Moon Jae-in government spent an unheard of sum of about $120 million in publicizing its success in coronavirus control but, ironically and tragically, the Korean government has yet to secure any vaccine at all for its desperate citizens. It will probably be in the autumn of the coming year that Koreans will start to be vaccinated. This is but one instance of the government deluding the public both in Korea and outside with success stories, but failing to deliver the goods when called out. Not surprisingly, President Moon's popularity, together with that of the governing party, is plummeting, in spite of all the efforts to control any information adverse to its political image, sparing no means in retaliating against anyone who dares to challenge its monopoly of power.

사실 코로나19 대유행이 시작되기 훨씬 전부터, 문재인 정부는 국가의 매우 성공적이었던 핵에너지 프로그램에 대해 갑작스럽고 급하게 폐기 결정을 내리는가 하면, 최저임금의 갑작스럽고 급격한 인상과 노동 시간의 단축을 초래한 소위 소득주도 성장 정책과 같은 과격한 조치들을 내놓으면서 전국적으로 강력한 시위를 불러일으키기 시작했습니다. '모든 적폐 청산'이라는 막연한 명분 아래 괴롭힘을 당하는 전직 정부 수뇌부들 외에도 사실상 모든 주요 대기업 총수들은 온갖 죄목으로 기소돼 경제가 아닌 정치적 이유로 목숨 걸고 싸우는데 돈과 시간을 낭비할 수밖에 없었습니다. 대한민국의 주요 인물들이 동시에 모두 공격을 받았습니다. 크고 작은 기업들이 외부로부터의 경쟁뿐만 아니라 자국 정부의 공격에 직면해야 했기 때문에 한국의 경이적인 경제성장의 활력은 저하될 수밖에 없었습니다. 대유행이 일어나기 전부터도 빈 가게들이 생겨나기 시작했습니다. 이제 문재인 정부는 코로나바이러스 대유행에 부정적으로 영향을 줄 수 있는 사안이라면 그 모두를 편리하게 비난할 수 있게 되었습니다. 반면, 한국 정치를 빈틈 없이 관찰해 온 영국의 한 분석가는 문 대통령이 공산주의자이거나 아니면 자국을 망치려 하는 드문 대통령이라는 점을 일찍이 2019년 여름에 말한 바 있습니다. (필자 역시 문 대통령이 트럼프와 김정은 사이의 중개자 역할을 자처하며 김정은을 만나기 시작할 무렵에 그렇게 말한 바 있습니다. 문 대통령이 자신이 돌봐야 하는 한민족의 안위와 안녕을 진정으로 염두에 두고 있었다면 그 두 사람보다 더 시급한 걱정거리가 있었습니다.)

In fact, long before the onset of the pandemic, the Moon government started to draw strong, nation-wide protests on account of its radical measures, such as the sudden and hurried decision to dismantle the nation's highly successful nuclear energy program and the so-called income-led growth policy of a sudden and sharp raise of the minimum wage and mandatory cutting down of working hours. On top of the former government leaders being harassed under the vague pretext of 'cleansing of all evils', the heads of practically every major conglomerate were charged with all sorts of crimes and were forced to spend money and time in fighting for their life, not on economic but on political grounds. Major pillars of the republic were all simultaneously under attack. The vital engines of Korea's phenomenal economic growth had to slow down as business people, big and small, had to face not only competition from the outside, but attack from their own government. Empty shops began to appear even before the pandemic. Now the Moon government can conveniently blame all the foreseeable negative effect on the coronavirus pandemic, whereas an astute British observer and analyst of Korean politics had said as early as the summer of 2019 that Moon had to be either a communist or a rare President set out to destroy his own country. (I had said as much when he was setting out to meet Kim Jong-un pretending to serve as an intermediary between Trump and Kim. Moon had more urgent matters to worry about than either of the other two, if he really had in mind the security and well-being of the Korean people under his care.)

문 대통령과 집권세력이 집권 후 행한 일들은 모두 필자처럼 이 특정 집단의 이념적 지향과 정치적 의도를 처음부터 알고 있던 사람들이 예상했던 대로였습니다. 저들은 김일성과 그 후계자들을 남한의 지도자들과는 달리 한국의 독립성과 도덕적 정당성을 진정으로 보유한 자들로 숭배하도록 젊은 시절에 조직적으로 훈련받았습니다. 저들에 따르면, 남쪽 사람들은 미국이나 일본 제국주의의 추종자가 되었다고 합니다. '진보주의자' 혹은 '민족해방주의자(NL)'라고 알려진 문 대통령과 그의 측근들은 레닌이나 루카치 같은 공산주의 실무자들과 이론가들의 혁명 전술과 패권 이론에 대해 엄격한 훈련을 받았습니다. 저들은 또한 오랜 기간 한국의 민주투사가 되기를 희망하여 정부뿐만 아니라 순진한 대중들의 등 뒤에서 활동하며 선전과 선동에 대한 실질적인 경험을 축적하였습니다. 그러한 방식으로 문재인과 그의 지지자들은 여성 대통령의 개인적인 조력자와 관련된 사소한 스캔들을, 적절한 재판을 받을 기회조차 없이 재직 중인 대통령을 탄핵할 수 있는 주요한 정치적 무대장치로 만들 수 있었고, 그들 스스로 일약 최고 권좌에 오를 수 있었습니다.

What Moon and his ruling circle did since his assumption of power was all to be expected by persons, who like me, knew from the beginning the ideological orientation and true political intent of that particular group--they had been systematically trained in their youthful days to worship Kim Il-sung and his heirs as the true carriers of Korea's spirit of independence and moral legitimacy unlike their southern counterparts. The southerners, according to them, had become lackeys of American or Japanese imperialism. Moon and his entourage, known as 'progressives' or 'NL(National Liberationists)' in public, had received rigorous training in the revolutionary tactics and hegemony theories of communist practitioners and theoreticians, such as Lenin and Lukach. They also had accumulated practical experience in propaganda and agitation as would-be long-time fighters for democracy in Korea, who had worked behind the back of not only the government but the naive public. That was how Moon Jae-in and his supporters were able to turn a minor scandal involving the woman president's personal assistant into a major political stage-set on which the incumbent President could be impeached without even a chance to receive a proper trial, and catapult themselves into supreme power.

박근혜 대통령은 대통령으로서 단점이 많았습니다. 사람을 믿지 못하는 점이 가장 심각한 문제였는데 그 결과, 정치적으로 경험이 많은 사람들, 심지어 자신의 지지자들 가운데 가장 헌신적이었던 이들과도 공개적으로 소통하지 못했습니다. 이 때문에 자신의 가장 강력한 협력자들 몇몇과도 멀어지게 되었습니다. 누구도 박근혜 대통령의 국가에 대한 헌신과 반공 산주의적이고 자유민주주의적인 대의에는 이의를 제기할 수 없었습니다. 만약 어떤 정치인이 개인적인 욕심에서 벗어날 수 있다면, 박근혜 대통령 이야말로 그런 정치인이었습니다. 혹시 모를 족벌주의 의혹을 피하고자 대통령이 된 후에는 하나뿐인 여동생, 오빠, 그리고 살해된 부모님이신 박정희 대통령과 육영수 여사의 유일한 2대손인 사랑하는 조카와 관계를 끊기도 했습니다. 그러나 그러한 도덕적 결벽과 국가에 대한 변함없는 헌신이 바로 실패의 원인임이 드러났습니다. 대한민국 최초의 여성 대통령이 된 뒤 '선거의 여왕'으로 불리며 전세계적인 인기와 존경을 누렸던 여성이 갑자기 한국의 좌파 언론에서 라스푸틴과도 같은 한 사람의 부추김이 없이는 대통령의 역할을 할 수 없는 인물로 묘사되며 맹비난을 받게 되었고, 전세계 언론들도 그 뒤를 따랐습니다. 최순실이라는 평범한 여성이 대통령 연설까지 지시하였다고 주장되었는데, 그런 주장의 근거가 되었던 증거는 나중에 위조로 밝혀졌습니다. 평화적 정권교체를 통해 나라를 민주화하는 데 성공했다고 자부하던 우리 국민은 근래에 들어 어렵게 확보했던 질서 있는 선거를 통한 평화적 정권교체의 전통을 버리고 갑자기 혁명, 이른바 '촛불혁명'을 일으킨 것이 정당하다고 느끼게 되었습니다.

President Park Geun-hye had many shortcomings as President. The most serious was her mistrust of people and the resulting inability to communicate openly with politically experienced persons, even the most devoted of her supporters. That had the effect of alienating some of her strongest allies. No one could dispute her devotion to the country and its anticommunist, liberal democratic cause. If any politician could be free of personal greed, it was she. In order to avoid any possible suspicion of nepotism, after becoming the President, she even cut herself off from her only sister, brother, and a beloved nephew, the only second-generation offspring of her murdered parents, President Park Chung Hee and Madame Yuk Young-soo. Such moral fastidiousness and steadfast devotion to the country, however, proved to be her undoing. The woman, who had been called the 'queen of election' and enjoyed world-wide popularity and esteem after becoming the first woman president of the Republic of Korea, was suddenly depicted and excoriated in the leftist Korean press, with the world press following suit, as a person who was incapable of functioning as president without relying upon the prodding of a Rasputin-like figure. That commonplace woman, named Choi Soon-sil, even dictated presidential speeches, it was alleged on the basis of evidence which later turned out to be a forgery. The Korean people, who had prided themselves for having succeeded in democratising the country through peaceful transition of power, suddenly felt justified in staging a revolution, the so-called 'candlelight revolution', jettisoning the hard-won recent tradition of peaceful transfer of power through an orderly election.

'촛불혁명'에 이어 불과 5개월이라는 짧은 기간 안에 여론의 엄청난 압박 속에서 국회가 성급하게 탄핵을 표결하고 이를 지지하는 헌법재판소의 결정이 내려졌지만, 언론 주도의 광란 속에서도 냉정함을 잃지 않은 국민이 보기에, '촛불혁명'은 자유민주주의 국가인 대한민국을 뒤엎기 위한 반역 행위나 다름없었습니다. 영문을 모르는 대다수 시민과 심지어 국내외 노련한 정치인들조차 그러리라고 생각하는 듯했지만, 문재인 정부가 취한 인기 없거나 의심스러운 조치들은 정책 오류가 아니었습니다. 오히려 국내외적으로 아무것도 모르는 대중을 속이고 핵으로 무장한 북한의 우산 아래에서 남북통일을 끌어낸다는 궁극적인 목적을 달성하기 위해 치밀하게 계획된 조치들로서, 희생자가 될 수도 있는 사람들이 무슨 일이 벌어졌는지 알기도 전에 그 저항을 최소화하고자 했던 것입니다. 주한미군 철수를 위한 조치로서 한미동맹을 강화한 것이 아니라 포기한 것이 문 대통령이 밝힌 모든 평화회담의 숨은 목표였습니다. 마찬가지로 국방력뿐만 아니라 경제력과 생활 수준에서 한국의 경쟁력 강화가 아니라 약화가 그 목표입니다. 이를 특징적으로 보여주는 것이, 문재인 정부가 이번 유행병을 다룸에 있어 자랑으로 내세우는 모든 성공에도 불구하고, 한국 국민을 위해서는 안전한 백신을 아직 단 한 방울도 확보하지 못한 상황에서, 통일부 장관은 북한에 코로나바이러스 백신을 공급해야 할 필요가 있다고 말하고 있다는 것입니다.

To those Koreans who had kept cool in the midst of the media-led frenzy, the 'candlelight revolution', a popular outcry followed by a hasty impeachment vote by the National Assembly and the Constitutional Court ruling in favor of that vote under immense popular pressure, all happening in a matter of five months, was nothing less than an act of treason designed to overturn the Republic of Korea as a liberal democratic country. Unpopular or suspicious measures undertaken by the Moon government were not policy errors, as most puzzled citizens and even seasoned politicians in Korea and elsewhere seemed to think. Those were measures carefully designed to deceive the unsuspecting public both within and outside Korea and attain their ultimate objective of bringing about unification of the two Koreas under the umbrella of nuclear-armed North Korea, meeting the least possible resistance from the would-be victims, preferably before they are even aware of what was happening to them. Jettisoning, not strengthening, the Korean-American alliance as a step toward removal of the American troops from Korea was the hidden objective behind all the peace talks enunciated by Moon. Likewise, weakening, not strengthening, South Korea's competitive edge vis-a-vis North Korea, not only in defence capability, but also in economic stature and standard of living, is the goal. Characteristically, the Minister of Unification spoke of the need to supply North Korea with the coronavirus vaccine, when, as it turned out, the Moon government has yet to secure a single dose of safe vaccine for its people, in spite of all its vaunted success in dealing with the pandemic.

완전히 터무니없는 일이지만, 민주공화국으로서 대한민국이 곧 무너질 수도 있겠다는 두려움에 휩싸인 채 너무 놀라서 말조차 할 수 없었던 우리 국민을 놀라게 한 것은, 문재인 정부가 하는 일이었다기보다, 한편으로는 한미 양국의 전문가 집단과 여러 여론 주도자들이, 다른 한편으로는 트럼프 행정부가, 너무도 쉽게 속아 넘어갔다는 점이었습니다. 2년 전 문 대통령과 그 측근들이 열렬히 추구했던 북-미 간 '평화'가 공식적으로 선언되면 남북 양측에서 주한미군의 즉각 철수를 요구하는 대규모 시위가 벌어졌을 것입니다. 한국에 있는 우리는 '위기를 가까스로 모면했다'라고 생각했지만, 그것은 단지 미-중 관계가 급진적으로 악화한 덕택일 뿐이었습니다. 문재인 정부와 여당이 '종전'과 '평화' 선언을 위해 계속해서 미국을 상대로 로비 활동을 벌이는 것은 당혹스러운 일입니다. (송영길 의원은 최근 미국을 방문, 의원들을 만나 '종전선언'을 요청했습니다. 문 대통령의 미국 내 로비스트나 친북 단체들 역시 마찬가지입니다. 이들은 또 Foreign Affairs나 그 밖의 출판물에 종전선언을 옹호하는 글을 게재하고 있습니다.)

What surprised those of us Koreans who feared for a totally unconscionable but quite imminent demise of the Republic of Korea as a democratic republic but were too astounded and frightened even to speak out was not so much what the Moon government was doing as the gullibility shown by both the Korean and American community of experts and other opinion-makers on one hand, and the Trump administration on the other. A formal declaration of 'peace' between North Korea and the United States, so assiduously sought by President Moon and his lieutenants two years ago, would have brought out massive demonstrations on both sides of the South-North divide clamoring for an immediate withdrawal of American forces in the interest of Korea for and by themselves. The crisis was narrowly averted, we thought in Korea, only thanks to the radical worsening of the American relationship with China. It is disconcerting that the Moon government and his party are continuing to lobby the United States for an 'end of war' and 'peace' declaration. (Song Young-gil recently made a trip to the US, met with Congressmen/women and asked for an 'end of war' declaration. Moon's lobbyists/pro-NK groups in the U.S. are also doing the same. They also publish in Foreign Affairs and elsewhere, advocating it.)

또 한 가지 놀라운 것은 문재인 정부가 그 도덕적 파탄과 기회주의를 우리 국민에게 드러내는 뻔뻔한 태도입니다. 처음에는 '촛불'이라는 단어에 새 정부가 하는 어떤 일에 대해서도 아무리 경악을 해도 아무도 의문을 제기할 수 없을 정도의 아우라가 있었습니다. 당연히 문 대통령의 '적폐청산' 정책이 개시된 이후 정부는 안전하게 KBS, MBC 등 주요 언론사를 손에 넣었고 이 언론들은 정부가 단행하는 공공연히 파괴적인 '개혁'에 대해 칭송의 합창을 불렀습니다. 그러나, 새 정부가 아무리 파괴 정책을 능숙하게 관리한다고 해도, 그 이중적인 발언, 도덕적 해이, 그리고 정치적 오만함은 너무나 뻔한 것이어서 일반 국민이 이 비극적인 상황의 현실에 눈뜨게 되지 않을 수 없었습니다. 안타깝게도, 그때 우리 한국인들은 이미 문 대통령 집권 2년 차가 끝날 무렵에는 소위 '출구 없음'의 상황에 직면해 있었습니다.

Another surprise was the brazen manner in which the Moon government revealed its moral bankruptcy and opportunism to the Korean public. At first, the word 'candlelight' had such an aura that no one could possibly raise any question concerning anything the new government did, no matter how astounding it might be. Overtly destructive 'reform' measures were instituted, of course, to the chorus of major media such as the KBS and MBC, securely in the government's hand since the inception of Moon's program of 'cleansing of all accumulated evils'. However, no matter how skillful the new government was in stage-managing their program of destruction, their double-speak, moral laxity, and political arrogance were so patent that the public could not but wake up to the reality of the tragic situation. Unfortunately, we Koreans by then were already caught in what might be called a 'no exit' situation by the end of Moon's second year of presidency.

문 대통령이 전 서울대 법대 교수이자 당시 청와대 민정수석비서관을 법무부장관으로 임명하겠다고 주장하면서 문재인 정부에 대한 대중의 평가에서 중대한 전환점이 찾아왔습니다. 전형적인 강남 부르주아인 조국 수석은 친북 성향의 지하조직인 '사회주의 노동연맹'의 일원이었으며 그 신념을 버렸다는 징표가 없었습니다. 선거 문제에 대한 정치적 영향력 남용, 횡령, 자녀들의 학교 입학 편의를 위한 서류 위조 등 여러 가지 도덕적, 법적 혐의가 조국 수석 부부에게 적용되었음에도, 문 대통령은 그를 법무부장관으로 임명해야 한다고 주장했습니다. 바로 그때가 문 대통령이 직접 임명했던 윤석열 검찰총장이 반기를 들고 조 후보자에 대한 조사를 진행했을 때였습니다. 개천절인 2019년 10월 3일 촛불시위에 버금가는 규모, 혹은 그보다 더 큰 규모로 대규모 반문 시위가 벌어졌고 이후에도 계속되었습니다. 이상하게도, 이러한 중대한 사태 전개는 정부 주도의 한국 언론은 그렇다 하더라도 국제 언론에서도 거의 보도되지 않았습니다. 한국의 대중들은 주로 유튜브를 비롯한 여러 소셜 미디어, 그리고 조선일보와 동아일보라는 충실한 보수 신문 두 군데 덕분에 깨어나기 시작했습니다. 반정부 시위가 계속되자 문 대통령은 마침내 심하게 얼룩진 조 장관을 법무부장관에서 해임했습니다. 그렇다고 문 대통령이 '정의' 개념을 자기 멋대로 규정하려는 시도를 포기한 것은 아니었습니다. 조 장관의 후임인 추미애라는 여성은 이미 매우 삐뚤어진 사람으로 어떤 도덕적, 정치적 대가를 치르더라도 저 까다로운 윤석열 검찰총장을 없애기 위해 계속 싸움을 할 것입니다.

A critical turning-point in the popular assessment of the Moon government came when the President insisted on appointing as Minister of Justice a former law professor at Seoul National University and his then-Blue House counsel in charge of civil affairs. Cho, a typical Gangnam bourgeois, had been a member of the pro-North underground circle 'Socialist Labor Union', with no indication of recanting it. The president insisted in appointing him as the Minister of Justice in spite of the fact that various moral and legal charges had been brought against him and his wife, such as abuse of political influence in election matters, financial embezzlement, and the forging of documents to facilitate admission of their children to better schools. That was when Attorney General Yoon Suk-youl, Moon's own appointee, began to rebel and went on with his investigation of Cho's affairs. A massive anti-Moon demonstration, on a scale comparable to, or even larger than, the candlelight demonstrations three years before, took place on October 3, 2019, Korea's Foundation Day, and continued thereafter. Curiously enough, little of these critical developments won coverage in international media, let alone the government-dominated Korean media. The Korean public began to wake up largely thanks to Youtube and other social media and a couple of stalwart conservative newspapers such as the Chosun and Donga Daily News. Anti-government demonstrations continued and President Moon finally let go the heavily tainted Cho as Minister of Justice. That did not mean that Moon was giving up his attempt to define the concept of 'justice' on his own. Cho's successor, a woman named Choo Mi-ae, herself heavily tainted, would continue the fight to get rid of the irksome Attorney General no matter what moral or political cost.

윤석열 검찰총장이 주도한 저항보다 더 의미심장한 것은, 높은 기대로 문 대통령을 지지하며 최고 권력을 쥐도록 도왔던 이들이 대다수 멀어지고 있다는 점입니다. 이전에는 문 대통령 세력의 지지자였으나 이제는 비판적인 입장으로 바뀐 이들 중에는 최장집 고려대 교수, 윤평중 한신대 교수 등 국내 유명 정치학자들과 칼럼니스트들이 포함되어 있습니다. 이분들은 정부인사가 거의 전적으로 과거 '민주화' 운동의 특정 파벌로 충원되어 있어 자칫 전체주의로 변모할 위험을 보인다고 경고하기 시작했습니다. 특히 눈에 띄는 것은 진중권 교수의 사례입니다. 진 교수는 기득권을 비판하는 신랄한 언변으로 유명하고, 촛불혁명을 일으킨 사람들이 옹호하는 사람입니다. 문 대통령이 이전의 지도자들과는 다른 지도자가 될 것이라고 예상했던 것에서 자신들은 철저히 기만당했다고 이제 진 교수는 말하고 있습니다. 기득권에 대해 날카로우면서도 공정한 비평가로서 거둔 명성 때문에, 그리고 아마도 박근혜 대통령을 탄핵하는데 누구보다 더 많은 활동을 했기 때문에 거의 누구도 갖지 못하는 정치적 면책특권을 누리고 있는 진 교수는 한 걸음 더 나아가 문 대통령, 그리고 이제는 권력을 잡은 이전의 동지들인 문 대통령의 측근들이 권력 추구의 무리로 전락했다고 말하고 있습니다. 이들은 김정은은 말할 것도 없고 한국을 시진핑의 지배하에 두는 일이 있더라도 영구 독재라는 자신들의 꿈을 이루기까지는 어떤 일이 있더라도 멈추지 않을 것입니다.

Even more significant than the revolt spearheaded by the Attorney General Yoon is the mass alienation of those who had supported Moon with high expectations and helped him secure the supreme power. Among the erstwhile supporters of the Moon force who turned critical were some political scientists and columnists of renown in Korea, such as Professor Choi Jang-jip of Korea University and Yoon Pyong-joong of Hanshin University. They started issuing a warning that the government manned (almost exclusively) by a specific faction of the former democracy activists is exhibiting dangers of turning totalitarian. Especially notable is the case of Professor Jin Joong-kwon. Jin had been notorious for his acerbic tongue in criticizing the establishment and was endeared by those who had brought about the candlelight revolution. They were thoroughly deceived, Jin now says, in their expectation that Moon would be a different kind of leader. Enjoying a degree of political immunity few others have because of his earlier reputation as a sharp and fair critic of the establishment and because he perhaps had done more than anyone else in bringing down President Park Geun-hye, Jin goes further and says that Moon and his clique, his own erstwhile comrades at arms, have degenerated into nothing but a pack of power-seekers. They would stop at nothing in order to achieve their dream of permanent dictatorship, even if that meant placing Korea under the tutelage of Xi Jinping, let alone Kim Jong-un.

설령 문재인 정부 하에서 살아갈 운명이 아닌 사람이라 하더라도, 어느 한 대통령이 자유민주주의 정치체제를 파괴할 뿐만 아니라 진정으로 독립된 정치 실체로서의 자신의 조국이 종말을 맞는 것을 보기 위한 일에 나서고 있다는 이 믿을 수 없는 이야기에 왜 관심을 가져야 할까요? 첫째의, 그리고 가장 시급한 이유는 미국과 자유세계 전체에 대한 정책적 함의 때문입니다. 지금 시점에서 그럴 가능성이 상당히 농후해 보이지만, 대한민국이 그 역사적, 사회경제적 비중과 함께 전체주의로 나아가 시진핑이 통치하는 중국에 좌지우지된다면 어떻게 되겠습니까? 문재인 정부는 사드 추가 설치, 미국의 MD 체제 참여, 한미일 3국 간 군사동맹 구축 등 세 가지 사항에 대해 자제를 약속하라는 중국의 요구를 이미 수용했습니다. 대다수 한국인, 특히 1950년 6월 25일의 한국전쟁을 생생하게 기억하고 있는 기성세대는, 문재인 정부와는 반대로 한미동맹이야말로 지금 한국인들이 혜택을 누리는 모든 성공을 가능하게 했고 가능하게 해줄 필수불가결한 안보 방패였다고 굳게 믿고 있습니다. 우리는 한미동맹이 굳건히 유지되고, 우리와 같은 가치를 공유하는 일본, 호주 등 다른 나라들과의 조율과 협력으로 더욱 강화되기를 진심으로 바라고 있습니다. 그러나 이 동맹의 한 쪽 당사자, 즉 한 쪽의 공식 정부가 같은 가치와 목표를 공유하지 않는 사람들의 영향권 아래에 놓인다면, 이는 전혀 동맹이라고 볼 수 없으며 오히려 트로이의 목마가 될 가능성이 큽니다. 만약 미국 정부가 문재인 정부를 미국과 혈맹 관계를 유지했던 이승만 정부를 포함한 한국의 모든 전임 정부의 정치적 이념적 계승자라고 가정하고 현 정부를 상대한다면, 그것은 불쌍한 북한 주민들을 이롭게 할 것이라는 생각으로 김정은에게 대대적인 원조를 하여 김정은의 전체주의 통치를 강화하는 꼴이 될 것입니다. 이제는 한국의 모든 방대한 자원이 문 대통령의 수중에 놓여 있다는 사실, 그리고 문은 대다수 한국 국민의 이익을 무시하는 방향으로 김정은이나 시진핑과 자주 협력을 해 오고 있다는 사실이 갖는 함의를 미국과 유엔이 심각하게 고민할 때입니다.

Why should anyone not fated to live under Moon Jae-in's government take interest in all this incredible story of a president setting out not only to destroy the free democratic system of government, but also to see the demise of his own country as a genuinely independent political entity? The first, and most urgent, reason is because of the policy implications for the United State and the free world as a whole. What would happen if the Republic of Korea, with all its historic and socio-economic weight, goes totalitarian and falls under the sway of Xi Jinping's China, as it seems quite likely at this point? Moon Jae-in's government already accepted China's demand that Korea promise to refrain from three things: further installation of the THAAD, participation in the United States' MD system, and development of Korea-Japan-US trilateral cooperation into a military alliance. The vast majority of Koreans, especially those of us in the older generation with vivid memory of the Korean War of June 25, 1950, firmly believe, contrary to the Moon government, that the Korean-American Alliance was, and still is, that indispensable security shield which made and will make it possible for Koreans to achieve all the successes they are benefitting from. We sincerely hope that the alliance remains firm and is further strengthened by coordination and cooperation with other countries sharing the same values, such as Japan and Australia. If, however, one party, the official government part of that alliance, falls under the sway of those who do not share the same values and objectives, then that could serve as no ally at all, but likely become a Trojan horse. If the American government deals with the Moon government in Korea assuming that the latter were political and ideological heirs to all its predecessors starting with the Syngman Rhee government, with its blood ties to America, it would be like giving massive aid to Kim Jong-eun and strengthen his totalitarian rule over the country, thinking all the while that it would benefit the poor North Korean people. It is time the United States and the United Nations contemplate seriously the implications of all the vast resources of South Korea being placed at the disposal of Moon who now seems to be working often in consultation with Kim Jong-un or Xi Jinping to the neglect of the interest of the vast majority of the South Korean citizens.

한국이 그 결과가 뻔한 전체주의적 인민민주주의의 길로 가는 것을 막기에는 이미 너무 늦었는지도 모르겠습니다. 이미, 비록 권력분립과 언론 자유 같은 자유민주주의의 안전장치들이 여전히 형식은 갖추고 있되 더는 기능하지 않고 있습니다. 대통령과 여당은 누구든 무엇이든 목표로 삼을 수 있지만 국민은 이런 상황을 호소할 곳이 아무 데도 없습니다. 이런 상황을 초래한 책임은 대부분 우리 국민에게 있습니다. 그러나 적어도 외부 세계는 위험을 무릅쓰고라도 한국이라는 주요 국가가 주로 미국과 세계의 다른 자유 국가들이 베푼 도움으로 쌓아 올릴 수 있었던 막대한 경제적, 문화적, 지적 자원이 북한의 독재자나 중국 공산주의 제국주의자의 손에 넘어가는 것을 막을 수 있고 또 막으려고 노력해야 합니다.

It might be already too late to stop South Korea from going totalitarian people's democracy with foreseeable consequences. Already, such safeguards for a free democracy as separation of powers and freedom of the press no longer function here although they still remain in form. The President and the ruling party can target anyone and anything and there is no recourse. The Korean people themselves have largely been responsible for bringing about this state of affairs. The outside world , however, can and should try at least to prevent, at its own peril, the vast resources, economic, cultural, and intellectual, which that key country has been able to build up, largely with the assistance rendered by America and other free nations of the world, from being placed at the service of North Korea's dictator or the Chinese communist imperialists.

두 번째는, 어쩌면 장기적으로 볼 때, 한국인이든 아니든 간에 생각이 있는 사람이면 누구나 한국의 비극적인 역사에 대해 진지하게 관심을 가져야 하는 더 중요한 이유로서 도덕적이고 인식론적인 이유입니다. 익히

아시는 바와 같이 우리는 분명히 거짓 정보와 가짜 뉴스의 시대에 살고 있습니다. 어떻게 이런 상황이 일어나게 되었습니까? 모두가, 우리 한 사람 한 사람이 기꺼이, 혹은 불시에 그런 그런 상황을 촉진했기 때문은 아닐까요? 3년 전만 해도 한국 국민이든 외국의 관측통이든 '촛불혁명'으로 탄생한 정부에 큰 희망과 기대를 거는 것을 충분히 이해할 수 있었습니다. 어찌 되었건, 힘없는 보통 사람들이 평화로운 시위만으로 권력자를 타도하는 일에는 뭔가 시적(詩的)인 측면이 있었습니다. 한국의 민주주의는 '강하다', '활기차다'라고 칭송될 수 있었습니다. 불과 3년이 지난 지금, 민주주의가 전체주의와 유사한 일당 독재로 빠져들고 자유민주공화국의 임박한 죽음에 대한 탄식의 소리가 점점 더 들려오고 있는 이 시점에, 명명백백한 증거들을 무시하는 처사는 변명의 여지가 없으며 인류 사회의 지속적인 생존에 치명적이라고 할 것입니다. 무슨 일이 일어났으며, 어떻게 일어났으며, 그리고 어떻게 이런 일이 일어날 수 있었을까요?

The second, and perhaps in the long run, more important reason why any thinking person, whether Korean or not, should take serious interest in Korea's tragic history is moral and epistemological. We, admittedly, live in an age of misinformation and fake news. How has the situation come about? Is it not because all, and every one of us, have been contributing to it whether willingly or unawares? Three years ago, it was quite understandable why people, whether Koreans or foreign observers, staked high hopes and great expectations on the government born of the 'candlelight revolution'. After all, there was something poetic about powerless common people overthrowing the powerful by just demonstrating peacefully. Korea's democracy could be celebrated as 'strong' and 'vibrant'. Only three years later, when that democracy has soured into a one-party dictatorship bordering upon totalitarianism and lamentation over the imminent death of the liberal democratic republic is increasingly audible, ignoring the patently obvious evidence is inexcusable and fatal to the continued survival of human society. What happened, and how did it and how could it happen?

돌이켜보면, 2016년이나 2017년의 한국이 '혁명적' 변신이 필요할 만큼 병든 나라였는지를 물어볼 수 있을 것입니다. 아니요, 그렇지 않았습니다. 당시의 한국은 1917년의 러시아가 아니었습니다. 하물며 마르코스의 필리핀은 더더욱 아니었습니다. 한국인들은 정치적 민주화와 경제 발전 양쪽 모두에서 거둔 성공에 대해 자부심이 있었고 다른 나라들의 부러움을 샀으며 그 사회적, 문화적 영향력에 대해서도 마찬가지였습니다. 한국은 이미 싸이와 방탄소년단, 그리고 봉준호와 같은 영화 제작자를 배출한 나라였습니다. 오랜 기간 야당이었던 정당은 질서 있는 선거를 통해 대통령 권력을 획득할 수 있었고 급진적인 개혁을 단행하여 전직 대통령들을 법의 심판을 받게 하였으며 북한에 대해 문호를 개방할 수 있었습니다. 당시 박근혜 대통령이 정치 기술과 안목은 부족하였을지언정 탄핵을 받을 정도의 범죄행위는 물론이고 조국의 이익에 반하는 어떠한 범죄라도 저질렀다는 명확한 증거는 단 한 조각도 없었습니다. 그런 상황에서 '혁명'을 하여 대통령을 탄핵하는 일은 사회계약의 충실한 이행이 아니라 위반이었으며 한 걸음 전진이 아니라 뒷걸음질 치는 일일 수밖에 없었습니다. 그 일은 사실상 혁명적인 '적폐 청산'과 '제왕적' 대통령 권력의 대폭적인 축소에 대한 민중의 요구로 위장한 반역 행위였습니다. 3년 뒤 나타난 결과는 약속했던 것과는 정반대로 준-제왕적인 대통령 권력이었으며, 시민 개개인의 삶에 대한 전체주의적인 통제였습니다.

In retrospect, one may ask if South Korea in 2016 or 2017 was a country sick enough to require a 'revolutionary' makeover. No, it was not. It was no Russia of 1917. Not even the Philippines of Marcos. Koreans were proud of and envied for their successes in both political democratisation and economic development with their social and cultural effects. It was already the country of PSY, the BTS, and the movie makers such as Bong Joon-ho. The long-time opposition party could win the presidential power through orderly elections and institute radical reforms, bringing former presidents of the Republic to justice and opening the door to North Korea. There was not even a shred of clear evidence that the incumbent President Park Geun-hye, in spite of all her lack of political skills and acumen, committed any crime detrimental to the interest of her country, let alone deserving of impeachment. A 'revolution', and presidential impeachment under such circumstances was bound to be a breach of social contract than its more faithful implementation, a reaction rather than a step forward. It was in fact an act of treason disguised as a popular call for a revolutionary 'cleansing of all accumulated evils' and a drastic reduction in the 'imperial' power of the president. The result obtained three years later was the exact opposite of what was promised, quasi-imperial power of the presidency and totalitarian control over individual life of the citizens.

익히 알려진 바대로 이 모든 '혁명적' 변화들은 대한민국의 법조문에 따라 국회에서 표결을 통해 대중의 동의를 얻음으로써 이루어졌습니다. 그러나 그렇다고 그 결과가 정당하다고 말하는 것은, 히틀러가 저지른 모든일 역시 독일 국민의 동의와 참여로 이루어졌기 때문에 정당화될 수 있고 히틀러 자신이 아닌 독일 국민을 비난해야 한다고 말하는 것과 같습니다. 사실 그 누구도 아닌 바로 우리 국민 스스로가, 민주주의 정치체제가 갑자기 전체주의 정치체제로 전락하는 금시초문의 현상을 초래하였습니다. 그러나 보통 사람보다 더 잘 알았어야 할 사람들, 즉 여론 주도자와 전문가들의 책임을 간과할 수는 없습니다. 이런 이들은 권력 집단이 도덕적 선(善)을 독점하겠노라 주장하는 것은 악행을 저지를 권리를 독점하겠다는 주장임을 알고 있었어야 했습니다. 그런 의미에서, 히틀러의 홀로코스트나 스탈린의 굴라크(강제수용소)를 통해 배운 바가 하나도 없어 보이는 듯한 모든 예비지식인과 이상주의자들은, 한국이 갑자기 전체주의 사회로해체되어 제국주의 중국 패권에 복종하고 종속된다는 역사적으로 익숙한패턴으로 전락할 것 같은 이 비극적인 상황을 양심의 가책을 느끼며 주목해야만 합니다.

Admittedly, all these 'revolutionary' changes were brought about by following the letters of the country's law and obtaining popular consent through voting in the National Assembly. To say therefore that the result is justified, however, is tantamount to saying that everything Hitler did can be justified, because it was done with the consent and participation of the German people, and therefore to be blamed on them, rather than Hitler himself. Indeed, the Korean people themselves, no one else, brought about the unheard of phenomenon of a democratic polity suddenly degenerating into a totalitarian government. But the responsibility of those who should have known better than ordinary people, the opinion leaders and experts, cannot be taken lightly. They should have known that any claim to a monopoly of moral rectitude on the part of a power group is none other than their claim to monopolize the right to perpetrate evil. In this sense, the tragic case of Korea's sudden disintergration into a totalitarian society and likely fall into a historically famiiar pattern of subservience and subordination to the imperialistic Chinese hegemony has to be noted with a pang of conscience by all would-be intellectuals/dreamers who seem to have learned nothing from the cases of Hitler's Holocaust or Stalin's Gulag.

보복(報復)이 아니라 일벌백계(一罰百戒)다

박선경　소설가, 칼럼니스트,
전 남서울대학교 겸임교수

전국시대의 손자는 제(齊)나라 사람으로 병법에 탁월했다. 어느 날 오왕(吳王)이었던 합려(闔廬)가 손자를 만나게 되었다. 합려는 손자에게 실제로 군을 지휘하는 것을 보여달라 했고 이에 손자는 흔쾌히 응한 뒤 궁녀 180명으로 병법을 선보였다. 손자는 총희(寵姬) 2명을 각기 대장으로 삼은 다음 궁녀들에게 군령을 전달했는데 궁녀들은 크게 웃을 뿐 명령을 따르지 않았다. 손자는 다시 한번 명령했다. 재차 명령에도 불구하고 궁녀들이 명령을 따르지 않자 손자는 대장으로 임명한 총희 2명의 목을 베어버렸다. 총희의 목을 베고 차석의 시녀를 대장으로 삼은 후 다시 명령했다. 그제야 궁녀들은 모든 규칙에 동작을 맞추기 시작했다.

1944년 8월 파리가 해방되고 임시정부 수상에 취임한 드골이 정권을 잡은 후 가장 먼저 실행한 조치는 '나치 부역자 처벌'이었다. 히틀러와 화친을 주장했던 필리프 페탱을 포함한 나치 부역자 6,000여 명에게 사형선고가 내려졌다. 특히 언론인, 정치인, 작가 등은 가중처벌을 받았다. 재판에 회부된 숫자만 12만 명이 넘었다. 드골은 자유민주주의 수호를 방기(放棄)하고 민족의 고통에 방관한 지식인들을 철저히 응징할 것을 맹세했다.

"프랑스가 다시 외세의 지배를 받을지라도 또다시 민족 반역자가 나오는 일은 없을 것."

손자는 군령을 우습게 알았던 궁녀들 가운데 무작위로 두 명을 뽑아 처형한 것이 아니라 책임자 총희 두 명을 본보기로 삼았다. 드골은 나치 부역자 가운데 언론인, 정치인, 작가 등은 가중 처벌했다. 사회지도층 인사들의 책임이 크다고 판단했다.

문재인 정부 100대 국정과제 중 제1호는 '적폐의 철저하고 완선한 청산'이었다. 이 지침에 따라 정부의 각 부처가 적폐 청산을 위한 TF를 구성했다. 적폐가 된 대상은 곧바로 숙청에 들어갔다. 전 정부의 측근, 전 정부에서 녹을 먹은 관료, 지식인을 상대로 작게는 인사보복을, 크게는 영어(囹圄)의 몸을 만들었다. 피비린내 나는 숙청은 왕조시대에서나 일어나는 일인 줄 알았다. 말이 적폐지 자유주의자·개인주의자 '우파 씨를 말리는 작업'이었다. 전방위로 벌어진 숙청에 같은 부서 공무원끼리 서로 고발하는 사태가 벌어졌다. 김일성 정권의 5호 담당제가 대한민국에서 부활한 것 아닌가 착각할 정도였다. 같은 동료를 고발하는 행위를 두고 '동족상잔의 비극'이라 한탄하던 고위공무원의 탄식이 잊혀지지 않는다. 그가 덧붙인 말은 더욱 무거웠다. "전 정권 정책을 실행하려 열심히 일했던 동료가 곤혹을 치르는 걸 보니, 적극적으로 일하면 정권이 바뀔 때 불이익을 당하게 된다는 걸 알게 되었다."

그러니까 문재인은 전 정권에 참여한 우파 인사를 죄인 다루듯 감시하고 처벌했으니 우파 정부를 적으로 규정한 셈이다. 죄를 법에 적용하지 않고 법을 죄에 꿰맞췄다. 적폐라는 살벌한 용어는 문재인 정권에서 남용되었으나, 전 정권 참여자에 대한 인사상의 불이익이 전혀 없지는 않았던 모양이다. 이명박 전 대통령이 취임 이후 "불이익을 주지 않을 테니 걱정하지 말고 새 정부를 위해 열심히 일해달라"고 당부했다.

윤석열 대통령 후보 시절 기자가 물었다. "문재인 정부 초기처럼 집권 시 전 정권에 대한 적폐 청산(수사)할 건가" 윤석열 후보는 "해야 한다"고 연거푸 강조했다. 지난 5년간 자신이 몸담아 온 정부를 적폐로 규정하고 이를 청산, 수사하겠다는 윤 후보의 발언에 문재인 대통령이 발끈했다. 적폐가 있었는데도 방관했단 말인가. 적폐를 기획 사정으로 만들어내겠단 말인가. 이에 "우리 문재인 대통령님과 저와 똑같은 생각이라고 할 수 있다. 저 윤석열의 사전에 정치보복이라는 단어는 없다"며 윤 후보가 뒤로 한 발을 뺐다.

비리, 부조리, 부패를 빌미(?)로 고위공직자를 처벌하는 것은 새 정권의 정통성과 투명성을 인정받기 위한 일종의 정치적 세례 의식처럼 행해졌다. 정권교체 메커니즘이다. 잘못이 있다면 처벌하는 게 맞다. 고위공직자의 도덕성은 사회의 거울이므로 가중처벌하는 것도 동의한다. 그러나 처벌을 위한 처벌이어서는 안 된다. 정통성과 투명성은 정치보복으로 해결되지 않는다. 보복은 또 다른 보복을 낳을 뿐이다. '이현령비현령' 식의 법 해석에 의한 보복이 아니라 '단죄'라야 한다.

비겁, 무능, 나태, 교만. 보수의 민낯이다. 인간의 가장 깊은 곳에서 태동하는 본능은 정의가 아니라 보신(保身)이다. 보수당은 매번 잘못할 때마다 당명과 로고를 교체하는 것으로 책임을 회피했다. 쇄신한답시고 지도부 몇 사람 갈아치우고, 때로는 신당 차리는 것으로 대체하려 했다. 분열과 불안을 키운 쪽은 좌익이 아니라 '눈 가리고 아웅'하는 방식으로 문제를 해결하려는 우익이었다. 지금까지 한국 보수는 좌익을 견제하는 것 외에 특별한 감시 감독이 없었다.

대한민국 좌파는 보수우파의 정경유착, 갈등, 태만 등을 이용해 국민에게 반감을 심어주며 지지기반을 넓혀왔다. 우파는 기득권 유지에만 관심을 가졌다. 우파 집단의 일탈에 대해선 '관행'으로 치부하며 방관했다. 좌파가 민주, 공평, 평등이 사람 사는 세상의 중심이 되어야 한다고 주장할 때 그것이 '자유주의'를 위협하는 치명적 구실이 될 줄 몰랐다.

새 정부가 탄생한 지 2년 가까이 되도록 전 정권의 부패가 '단죄'되는 걸 보지 못한 국민은 분통이 터진다. 내로남불, 갈라치기, 적반하장으로 국가 질서를 어지럽힌 자에게 책임을 묻고 단죄해야 한다. 국민은 자유를 억압하고 법치 시스템을 파괴한 자, 진실을 말하지 않은 자, 배신으로 부역한 자들에 대한 일벌백계를 기다리고 있다. 대한민국이 더 이상 불법(不法)이란 망망대해를 부유(浮遊)하지 않도록.

좌편향된 문화 헤게모니

2020년 2월 20일 대한민국에서 신종 코로나가 발생한 이후 첫 사망자가 나온 날이다. 문재인 전 대통령은 청와대로 영화 기생충(parasite) 제작진을 초청해 짜파구리를 먹었다. 대통령 부부 중심으로 좌 송강호 우 봉준호가 앉았다. 뭐가 그리 신나는지 목젖이 보일 정도로 파안대소하는 김정숙 여사의 모습이 사진에 찍혔다. 불과 며칠 전엔 코로나 종식을 선언하며 국민 걱정하는 척 안심시켰던 대통령 모습은 온데간데없었다. 코로나 발생지인 중국에서 중국인이 쏟아져 들어오는데도 입국을 통제하지 않아 감염자가 하루에 수십 명씩 늘어나는 상황이었다.

'사람이 먼저'라며 '인권 변호사'를 앞세웠던 사람이 맞나 싶었다.

그 자리에서 문재인 대통령은 영화 주제라 할 수 있는 불평등 문제를 언급했다. 영화 '기생충'이 보여준 사회의식에 깊이 공감한다며 불평등 해소를 최고의 국정 목표로 삼고 있다고 말했다. 영화를 본 관객들 사이에서 좌파 영화다, 우파 영화다 갑론을박이 벌어졌다. 부자들을 부정적으로 표현하고 부자를 파괴하는 결말을 그렸으니 좌파 영화다, 이유 없이 부자를 미워하고 부자의 재산을 갈취하는 과정을 풍자했으니 우파 영화다. 문재인 대통령이 칸 영화제 황금종려상 수상을 치하하기 위해 청와대로 초청해 불평등 문제를 다룬 영화라며 웃고 떠들었으니 적어도 그는 '기생충'을 좌파 영화로 인식한 것 같다. 답은 봉준호 감독만이 알고 있을 테지만.

봉준호 감독은 영화 '괴물'을 만들어 흥행을 일으켰다. 괴물은 '반미 코드'를 심은, 대표적인 좌파 영화로 분류된다. 영화 '설국열차'는 계급 간 불평등, 영화 '옥자'에서는 생태계와 환경문제를 다뤘다. 반미, 계급타파, 환경문제 등은 좌익의 어젠다(agenda)이다. 봉준호 감독이 과거 민주노동당 당원이었음을 상기하며 그의 정체성을 좌향좌로 단정하는 사람들도 있다. 그렇다면 그가 만든 영화는 모두 좌파 영화일까. 이데올로기로 대중을 세뇌하기 위해서 좌파 코드는 5%만 담으면 된다고 말했던 어느 헐리우드 영화제작자의 말은 의미심장하다.

어쨌거나 바이러스(virus)가 창궐한 시점에서 기생충 제작진을 축하했던 문재인 대통령 덕분인지 당시 바이러스와 기생충이 대한민국 뉴스 키워드 1위에 올랐다. 바이러스와 기생충의 차이는 뭘까. 기생충이 위험할까, 바이러스가 위험할까. 숙주에 붙어 영양분을 빼앗거나 질환을 일으킨다는 점에서는 기생충이나 바이러스나 비슷한 면이 있지만 의학자들은 기생충보다 바이러스를 더 위험한 생명체로 본다. 기생충은 몰래 숨어서 자기 먹이만 챙겨 먹으므로 비열하긴 해도 숙주를 파괴하지 않으나 바이러스는 숙주 따위 신경 쓰지 않는다. 코딩대로 빨아먹고 파괴하고 복제한다. 좌파가 대한민국 특정 지역과 특정 당을 숙주로 쓰고 있다는 점, 세포(조직)에 침입해 균을 퍼뜨리고 복제하는 전략이 바이러스 감염 경로와 흡사하다.

대한민국에 서생하는 (종북)좌파들과 바이러스의 특징이 데칼코마니처럼 서로 닮았다는 생각은 비단 일부 국민만의 사고작용은 아닐 것이다. 윤석열 대통령은 장·차관을 임명하는 자리에서 통일부, 환경부, 교통부, 문화체육부를 언급하며 '이념부처'라며 해당 부처들이 정치 성향에 따라 움직인다는 지적을 했다. 특히 문체부는 좌파 성향의 시민단체들과 끈끈한 카르텔을 형성하며 좌익이 오랫동안 문화예술계를 장악해왔다고 언급했다. 좌익은 대한민국 대중문화예술계를 숙주 삼아 소리 없이 이념이란 균으로 감염시키고 잠복기를 거쳐 사상 바이러스 증식하는 방식으로 대중문화예술계를 잠식해왔다. 오랜 잠복기를 거치면서 이들의 위험한 사상이 노출되지 않았던 것은 인권, 환경문제, 성평등 등을 '인간이 행복할 권리'로 포장해 전통적인 사회질서 안으로 사상적 오염을 시도했기 때문이다. 이 전략은 정치적 올바름(Political Correctness)이란 이념으로 시도되었다. 이른바 'PC주의'가 문화 마르크시즘이라는 이해 없이 바이러스처럼 스며든 좌익의 대중문화침투전략을 간파하기가 힘들다.

대한민국의 문화를 도둑맞은 과정을 이해하려면 '정치적 올바름(PC)'이 탄생하게 된 역사부터 이해해야 한다. 세계 제1차 대전 이후 마르크스 신봉자들은 마르크스 이론이 서구 유럽에 먹혀들지 않았던 이유를 분석했다. 그 중 대표적인 이론가인 안토니오 그람시(Antonio Gramsci)와 헝가리의 게오르그 루카치(Georg Lukacs)는 사회의 구조적 모순을 타파하고 혁명해야 할 노동자 계급이 마르크스 계급론을 이해하지 못해 서구 진영에서 공산주의 혁명이 실패했다는 결론에 이르렀다. 이들은 공산혁명을 위한 전열을 재정비했다. 첫 번째가 문화 인플루언서들에 침투하는 전략이었다. 특히 그람시는 서방의 마르크스주의자들이 문화에 영향을 끼칠 수 있는 가능한 모든 기관(학교, 언론, 교회 등)에 침투해 "기관들을 통한 긴 행진(a long march through the institutions)"을 끝낸 후 마지막으로 정치권력을 가져야 한다고 말했다. 기관들을 통한 긴 행진이란 숙주가 된 조직에 들어가 세포(구성원)를 감염시키는 것을 의미한다. 여기서 시간은 인내다. 그람시는 자본주의 체제를 지탱하는 가치관, 의식, 관습 등이 유지되기 위해서 대중문화, 언론, 교육 등이 큰 역할을 한다고 보았다. 따라서 가치관, 의식, 관습 등의 질서를 파괴하려면 그들의 의식 세계를 바꿔야 가능하다고 했다. 사회주의 계급 혁명이 성공하려면 자본주의 체계를 지탱하고 있는 이념 헤게모니를 국가로부터 가져와야 하며 그러기 위해서는 교육, 언론, 문화, 예술, 학계 등 광범위한 분야에 진지를 구축해야 한다고 확신했다.

폴리테이너 등장

쿤 벨라 볼세비키 헝가리 정권에서 문화부장관을 지낸 게오르그 루카치는 그람시보다 한 발 더 나아갔다. 그는 혁명하려면 '테러' 수준으로 문화에 침투해야 한다고 주장했다. 이들 사상에 감명받아 탄생한 것이 '프랑크푸르트학파'다. 이곳에서 '정치적 올바름'이란 개념이 등장했다. 프랑크푸르트학파는 원래 '마르크스주의 연구소(Institute for Marxism)'라 지으려 했으나, 문화 마르크스주의자들은 훨씬 더 효과적으로 일을 하기 위해 그들의 원래 본질과 목적을 감춰야 한다고 판단했다. 명칭이 중요했다. 프랑크푸르트학파가 '마르크스'란 이름을 빼고 '사회리서치연구소(Institute for Social Research)'란 브랜드로 등장한 이유다.(연구소 앞에 사회, 민족, 인권, 정신, 평등, 다문화 등이 붙은 단체가 대부분 좌파 시민단체인 까닭) 마르크스주의자들의 공산주의 전략 첫 단계는 바이러스처럼, 안개처럼, 스텔스전투기처럼 문화계에 스며들어 헤게모니를 장악하는 것이다.

테러 수준으로 문화에 침투하기 위해 문화 인플루언서를 이용하는 방법은 가장 빠르고 효과적이었다. 대중이 환호하는 스타들이 정부 정책을 비판하고 정부의 무능함을 호소해야 선동된다고 믿었다. 코미디언이 정치풍자하고 작가는 자신의 글에 이념 코드를 심고 가수가 노래 가사에 반정부, 반사회 의지를 반영하는 것은 자연스러운 세뇌작업이었다.

문화 인플루언서로서 대표적인 인물인 김제동은 한 방송 프로그램에서 "국회의장의 방망이와 목수의 방망이가 동등한 가치를 인정받는 날이 오면 좋겠다"는 말을 했다. 그의 선동에 홀린 좌측 국민은 환호했지만, 국회의장과 목수의 방망이가 동등한 가치를 인정받으려면 공부는 해서 뭐 하냐는 비난이 거세게 일었다. 김제동은 지난 2019년 대전 대덕구청 초청으로 2시간에 1,550만 원짜리 강연을 한다고 알려져 논란이 일었다. 대덕구는 재정자립도가 16%에 불과한 지자체이다. 김제동은 또 "정치인들은 젊은 사람에게 기본소득을 주면 게을러질 거라고 하는데 그건 실생활을 안 해봐서 그런 것"이라며 "기본소득을 헌법의 기본권과 연결 지으면 투표권만큼 경제적 주권이 있어야 자기가 사는 세상에 대해 목소리를 내고 관심을 가질 수 있다"고 소득주도성장에 힘을 실었다. 젊은이들이 자기 목소리를 내지 않고 관심을 가지지 않은 건 기본소득이 낮아서란 이치다. '아무 말 대잔치'다. 그는 과거 정유라 입시 비리와 관련해 "열심히 공부하는 청소년들의 의지를 꺾었으며 아빠 엄마들에게 열패감을 안겼다면서 헌법 제34조 위반이고 내란이다"며 선동해 정유라 씨 최종 학력을 중학교 졸업으로 만드는 데 일조했다. 조국 전 법무부장관 딸의 위조 서류 입학에 대해서는 침묵을 지켰다. 배우 정우성은 영화 시사회에서 뜬금없이 "박근혜 나와"를 소리쳐 수복받기도 했다. 이늘의 발언은 '표현의 자유'라는 법적 보호 아래 아무런 제재도 받지 않았다. '여러 소리를 수용하는 게 민주주의 국가'라는 단서를 달면서 반정부, 반사회 이슈가 터질 때마다 좌편향된 폴리테이너들이 우파 정권 정책 비판의 감초 역할을 했다. 이들은 자본주의의 수혜자들이다. 발언할 수 없다는 게 아니라 자신들이 어떤 체제 하에서 부귀영화를 누리게 되었는지 한 번쯤 심각하게 고민했다면 함부로 나올 수 없는 언행이다.

문화 인플루언서들은 어째서 선동적인 발언을 일삼는 것일까. 결론부터 말하자면, 그들은 체제와 이념, 문화 작동의 상관관계를 깊이 생각해 본 적이 없을 게다. 예술의 본질은 창작(창의)이다. 기존 질서(보수적 관점)를 깨고 새로운 것을 향해 앞으로 나아가는 것(진보)이 예술의 본질이다. 기존 질서 안에 순응하는 사람들은 이해하기 쉽지 않다. 그래서 문학이나 예술은 외롭고 고독한 시공간적 상황에 놓인다. 이것은 종종 반항의 형태로 비치기도 한다. 아이러니하게도 이런 기존 질서를 박차고 새로운 영역에 도전하는 행위가 진보적 행동이란 걸 알면서, 기존 질서가 구축해놓은 자유 시장경제, 자본 시스템 안에서의 혜택을 누리고 있다는 사실은 깨닫지 못한다. 자본으로 몸통은 살찌우면서 머리는 여전히 반자본, 반시장경제를 외치던 좌파 이념의 지시를 따른다. 한마디로 모순이고 무지의 소치다. 가치관이 구축되려면 체계가 필요하지만, 착각을 일으키려면 인플루언서의 한두 마디가 즉효약이란 걸 그람시는 알고 있었다.

갈라치기 명수, 문재인

도견와계(陶犬瓦鷄). 질그릇으로 만든 개와 기와로 만든 닭이란 뜻으로, 외모는 훌륭하나 실속이 없어 아무 쓸모 없는 사람을 비유한다.

남조의 제3왕조였던 양은 무제(武帝)가 502년 세운 나라였다. 첫째 아들인 소통(蕭統)도 중국 최초의 시문 총집인 '문선(文選)'을 편집해 중국 문학의 발전에 큰 공헌을 했고, 셋째 아들 소강(蕭綱)도 당시 유행하던 궁체시(宮體詩)로 이름을 크게 떨쳤다. 소역(蕭繹)은 그의 일곱째 아들 원제(元帝)다. 어릴 때 병으로 한쪽 눈을 실명했지만, 독서를 좋아해 문학에 뛰어난 재능을 발휘했다. 그러나 인간성은 달랐다. 권력을 잡기 위해 형제와 조카들을 모조리 살육하는 비정함을 보였다. 혈육 상잔을 통해 황제의 자리에 올랐지만, 정치적으로 무능해 결국 나라를 망하게 했다.

소역은 국토 대부분이 서위(西魏)로 넘어가고 인구도 3만 명이 안 되는 소국에서 시부 읽기를 그치지 않다가 성이 함락되며 죽임을 당했다고 한다. 소역(蕭繹)이 지은 '금루자(金樓子)'에 나오는 구절이다. '무릇 질그릇으로 구운 개는 밤에 집을 지키지 못하며, 기와로 구운 닭은 새벽을 알리는 구실을 하지 못한다.' (陶犬無守夜之警, 瓦鷄無司晨之益.) 개나 닭 모양을 하고 있지만 실제 구실을 하지 못한다는 뜻으로 겉과 속이 다르거나 쓸모없는 것의 비유가 되었다.

문재인 전 대통령 지지자들 사이에서 그의 별칭은 '문프(문재인프린스)'다. '인물 좋다' '잘 생겼다'고 '문빠'들이 붙여준 별명이다. 특히 40, 50대 여성 유권자들이 열광했다. 퇴임 후 40%에 가까운 지지율이 허수만은 아니었다. '얼굴 반지르르한 남자치고 '속 빈 강정' 아닌 사람 없다. 남자는 지략이, 여자는 지혜가 필요하다'고 말한 어르신들의 말씀은 틀린 게 없다. 대통령의 능력은 무엇으로 평가되는가. 리트머스는 부국강병이다. 부채 줄이고 곳간에 새불 채우고 울타리 튼튼하게 하며 이웃과 잘 지내는 것이다. 국민 간에 갈등이 생기지 않도록 관리하는 것도 리더의 덕목이다. 문재인 정부에서 부채는 천문학적으로 늘었고 안보 울타리는 허술해졌다. 가깝게 지내야 할, 친절한 이웃엔 과거 운운하며 적대시했고. 불친절한 이웃엔 '높은 산봉우리, 대국'이라 치켜세우며 비굴하게 조아렸다. 좁은 땅덩어리에서 국민은 대통령의 이간질에 놀아나 서로 으르렁거리며 날을 세웠다.

"5년 동안 갈라치기 정치에 골몰해 왔다." 문 대통령을 향한 윤여준 전 환경부장관의 쓴소리다. 정권이 끝나갈 때 했던 발언이다. 한때 문재인 대통령의 '통합 멘토'로 활약했던 양반이다. 윤 전 장관은 2012년 대선 당시 민주통합당 문재인 대선후보의 요청으로 국민통합추진위원장을 맡은 적이 있다.

윤 전 장관은 당시 "문재인 후보는 평생을 자기와 반대 진영에 서 있던 저 같은 사람을 불과 두 시간 만에 '같이 손잡고 가자'고 설득할 수 있는 사람, 통합 리더십의 적임자"라고 호소했었다. 이쪽저쪽 진영으로 오락가락하는 사람의 미덥지 않은 통찰력에 쓴웃음이 나오나, 갈라치기 대통령이란 비판에 공감하는 국민은 많을 것이다. 실제로 문재인 전 대통령이 입으로는 국민 통합, 공정과 정의를 내뱉었으나 행동은 딴판이었다. 국민 사이에서 갈라치기로 자신의 정치생명을 이어갔다. 국민 모두를 포용하고 통합에 힘쓰는 전략 대신 확실한 쪽만 챙겼다. '내편'이라 생각되는 집단이었다. 마음에 진 빚을 갚느라 함량 미달자들을 정부 요직에 앉혔고 자신의 지지층과 지지하지 않는 층을 엄격하게 분리했다. 국정운영엔 성장과 실리가 없었다. 국가 지도자 자질은 빵점이나 정치생명을 구걸할 줄 아는 모사꾼 자질은 탁월했다. 정치적으로 무능한 군주는 나라를 망친다. 도견와계(陶犬瓦鷄)의 교훈은 두고두고 새길 일이다.

문재인 정부가 5년간 몰두한 갈라치기 정책 핵심 몇 가지만 살펴보자

성별 갈라치기

"페미니스트 대통령이 되겠다"며 성평등 공약을 발표했다. 2017년 2월 16일 자신의 싱크탱크인 '국민성장'이 주최한 '새로운 대한민국, 성평등으로 열겠습니다' 포럼에서 문재인 전 더불어민주당 대표가 선언한 내용이다. 그가 제시한 주요 공약은 남성 육아휴직 제도 활성화, 여성 고용 우수 기업에 대한 인센티브 도입, 비정규직 여성 노동자의 출산휴가, 급여 지급 보장 등이다. 문재인은 또 우리 사회의 '여성 혐오'에서 비롯되는 갖가지 폭력에 대해서도 "단호하게 처벌하겠다"는 입장을 드러내기도 했다. 그는 이어 우리 사회의 '여성 혐오'에서 비롯되는 폭력을 근절하겠다는 뜻도 피력했다. 문 전 대표는 "우리 사회 곳곳에서 행해지고 있는 '젠더폭력'을 더 이상 눈 감고 쉬쉬해서는 안 된다"고 밝혔다.(서울신문 2017.02.16.)

국민 전체를 아우르는 공약이 아닌 특정 집단을 위한 존재가 되겠다고 공약한 것은 공정과 공평을 부르짖던 입장과 상반된 언행이다. 게다가 문재인 전 대통령은 더불어민주당 대표 당시 박근혜 전 대통령을 더불어민주당과 시민단체, 다수 국민이 '여성혐오'로 끌어내릴 때 촛불 들며 탄핵 촉구에 나섰다. 인권변호사 출신이란 수식어를 자랑삼았던 문재인이다. 그뿐 아니라 더불어민주당, 위안부 할머니의 인권을 외치는 정의기억연대 같은 여성시민단체 등도 박근혜의 마녀사냥과 여성혐오에 대해 항의하지 않았다. 그들의 인권과 정의는 늘 그들만의 개념에서 선택적으로 작동되었다. 법원이 주 4회 재판을 강행하는데도 인권 변호사 출신 당 대표 문재인은 줄곧 침묵만 지켰다. 일반적인 형사 재판이 2~3주에 1차례 열리고, 집중 심리하는 사건도 주 1~2차례 공판이 열리는 것과 비교하면, 일방적이고 편파적인 재판인데도 페미니스트 대통령을 지향했던 문재인은 묵묵부답이었다. '여성혐오', '젠더폭력'에 눈 감고 쉬쉬해선 안 된다던 문재인 대통령은 박원순 전 서울시장의 성추행 사건 피해자가 2차 가해를 받는 상황에서 박 전 시장의 장례식에 자신 명의의 조화를 보내고 비서실장을 조문하게 했다. 그는 (박원순이 피해자에게) 목숨으로 책임진 건데 조문 말고는 내가 할 수 있는 게 아무것도 없다"며 "비판해도 조문할 것"이라는 말을 했다고 한다. (참모진이 만류해서 결국 조문은 안 했다) 피해자를 조금이라도 이해한다면 생각조차 해서는 안 되거니와 대통령이 할 말은 더더욱 아니었다. 앞뒤가 다른 사람을 이중인격자라 한다.

부동산 갈라치기 (임대인 vs 임차인, 1주택자 vs 다주택자)

문재인 정부의 부동산 정책 실패는 한마디로 시장의 수급 기능을 무시한 정부실패(government failure)의 전형이다. 잦은 부동산 대책 남발, 무분별한 신도시 개발, 강력한 수요억제 대책, 임대차 3법의 졸속·강행 시행에 따른 임대차시장의 대혼란 등이 대표적이다. 좌파 정부 특징이 부동산을 시장에 맡기지 않고 규제와 통제를 통해 조절하려는 시도다. 이 때문에 부동산은 불안정하고 피해는 고스란히 저소득, 빈곤층, 세입자들에게 돌아간다. 이미 앞서 실패한 좌파 정부의 선례가 있었음에도 몽니 부리듯 옹골차게 간섭하다 망했다.

"부동산 투기와 전쟁에서 결코 지지 않겠다"던 문재인 전 대통령은 2021년 신년사에서 '주거 문제의 어려움으로 낙심이 큰 국민께 송구한 마음'을, 18일 신년 기자회견에선 '결국 부동산 안정화엔 성공하지 못했음'을 인정했다. 지지 않겠다며 부동산 문제를 '전쟁'으로 인식하고 있다는 것이 그의 관점이다.

정부·여당이 주도한 '상가건물 임대차보호법' 개정안이 24일 국회를 통과한 가운데 또다시 문재인 정부가 임대인과 임차인을 '갈라치기'한다는 비판이 일고 있다. 세입자에게 계약갱신청구권 등을 부여한 '임대차3법'처럼 임대인 보호는커녕 분쟁 소지를 높여 사회적 갈등만 유발하는 졸속 입법이라는 지적이 제기된다. 문재인 대통령도 14일 청와대에서 주재한 수석·보좌관회의에서 "정부의 방역 지침에 따라 영업이 제한 또는 금지되는 경우, (자영업자들이) 매출 급감에 임대료 부담까지 고스란히 짊어져야 하는 것이 과연 공정한 일인지에 대한 물음이 매우 뼈아프게 들린다"고 언급했다.(한국경제 2020.12.15.)

상가 임대료를 통제하려는 명분은 자영업자 보호다. '임대료 멈춤법'이라는 기상천외한 법안은 임차인들과 임대인들간 갈등을 야기했다. 임차인들 사이에서 "엉뚱한 법안이나 발의할 생각 말고 집값이나 잡으라"는 불만이 연일 터져 나온 건 당연한 순서다. 임대차 규제 피해는 세입자로 귀결된다는 걸 모를 리 없다. 잠깐 임차인을 보호하는 효과는 있을지 몰라도 중장기적으로는 임차인이 고통을 떠안게 된다. 미국, 영국, 독일, 일본 등이 시행했다가 실패했다. 툭하면 서구 사례 들먹이면서 서구의 실패 사례는 언급하지 않는다. 한마디로 임대차 규제정책은 포퓰리즘 정치의 전형이다. 임대차 규제 부작용으로 나타나는 임대인 임차인 간 시차적 갈등을 정치적으로 악용해 선거에 유리한 방향으로 쓰는 일은 흔하고 반복된 패턴이다.

더불어민주당이 연초부터 '코로나 불평등과의 전쟁'을 선포하면서 '프레임 정치'에 다시 한번 시동을 걸고 나섰다. 코로나 이익공유제를 필두로 사회적 연대기금, 착한 임대인 운동, 안전망 3법(플랫폼노동자법·필수노동자법·가사근로자법 제정안) 등 불평등 해소를 명목으로 한 정책을 줄줄이 펼칠 움직임이다. 오는 4월 서울·부산시장 보궐선거를 앞두고 선의로 포장한 '갈라치기 정치'에 박차를 가하고 있다는 분석이 나온다. (한국경제 2021.01.15.)

착한 임대인 운동. 도대체 자유시장경제 체제에서 착한 임대인이란 어떤 임대인인가? 타 상가보다 임대료 싸게 해주는 임대인? 임대료 밀려도 채근하지 않는 임대인? 세 받아서 은행 이자 내야 하는 임대인의 고통은 누가 해결해주나. 은행은 이자를 낮춰주는가. 은행은 이자 밀려도 봐주는가. 착한 임대인 운동에 동참하지 않는 임대인은 나쁜 임대인인가. 착한 임대인 운동의 성공 여부는 임대인의 배려와 선의, 희생에 달려 있다는 느낌이다. 한시적으로 임차인에게 임대료를 깎아주면 인하액의 50%만큼 소득세·법인세 세액공제로 돌려주는 정부 지원책이 선심 쓰듯 나오긴 했다. 기사에 연예인 건물주가 착한 임대인 운동 미담의 주인공으로 등장했다. 이런 정부 정책의 들러리로 연예인은 단골이다. 이미지 관리도 할 겸.

1주택만 혜택주고 … 끝까지 '세금 갈라치기'한 정부. 올해 공시가 전년 대비 17.22% 급등. 1주택자 대해선 지난해 공시가 적용. 다주택자 vs 무주택자 편가르기 이어져. 국회 거치며 제도 변경될 여지 남아 '다주택자 vs 무주택자' 프레임을 이번에도 적용, 국민 갈라치기를 이어간 것이다. 앞서 정부는 지난해 종부세 납부 시기에도 "상위 2%만 내는 세금", "98%는 상관없는 세금"이라며 다주택자, 고가주택 보유자와 1주택자, 무주택자를 편 가르기 한 바 있다.(서울경제 2022.03.26.)

세금 걱정 안 하려면 돈을 많이 벌지 않으면 된다. 돈을 모으더라도 9억 이하의 1주택에 살면 종부세 걱정 없는 98%의 국민에 속한다. 문재인 정부는 부동산값을 올려놓으면서 국민에게 고했다. "세금은 국민의 2%만 낸다고. 나머지 98%는 해당되지 않는다고. 당신은 어디에 해당하냐고. 98%에 속해서 기분 좋지 않냐고. 우린 있는 놈만 팬다니까."

을과 을 갈라치기: 소상공인 vs 알바생

자유한국당, 바른미래당, 민주평화당 등 야 3당은 11개 국회 상임위원회 결산 심사 첫날인 21일 소득주도성장 정책에 십자포화를 퍼부었다. 한국당 최교일 의원은 국회 기획재정위원회 전체회의에서 "소득주도성장이 되려면 소득이 늘어나야 되는데 소득 자체가 늘어나지 않으니 성장에 효과가 있는지 없는지 알 수 없는 상황"이라고 비판했다. 바른미래당 김성식 의원은 "소득주도성장이라는 담론으로 소득정책을 끌어올리면서 문제가 커진 것"이라고 지적했다.(경향신문 2018.08.21.)

심상정 정의당 대표는 31일 국회 비교섭단체 대표연설에서 문재인 정권의 경제 정책인 소득주도성장의 한계점을 비판했다. 심상정 대표는 "문재인 노믹스, 한계에 봉착했다"며 "소득주도성장은 결과적으로 을(乙)과 을(乙)의 싸움을 만들었다"고 밝혔다.(전자신문 2019.10.31.)

적게 일하고 돈 많이 받기. 꿈의 직장이다. 어느 나라가 실현하고 있을까. 바로 대한민국이다. 갈수록 노동시간은 단축되고 임금은 높아진다. 문재인 정부는 출범하자마자 대한민국 전 직장을 꿈의 직장으로 만들려는 야심에 찬 경제 정책을 내놓았다. J노믹스, 이른바 소득주도성장이다. 시급은 1만 원까지 올리겠다고 큰소리쳤다. 소상공인들은 알바생들의 시급을 감당하지 못했다. 높은 시급으로 당장 문을 닫는 소상공인들이 늘어났다. 사람답게 살 권리는 알바생만 해당되는 거냐며 울먹였다. 선과 악은 도덕적인 개념이다. 정치적 계산으로 흑백논리 혹은 선과 악의 대결로 집단과 집단을 대척점에 두려는 좌파 정부에게 선악의 의미는 더 이상 도덕적이지도 교훈적이지도 않다. 그들은 정치적 생존을 위한 선과 악만 존재할 뿐이다. 결국 정책의 희생자는 소상공인들과 알바생들이고.

2017년 7월 수석보좌관회의에서 문 전 대통령은 최저임금이 무려 16.4%나 인상된 것을 반기며 "내년도 최저임금 인상 결정은 최저임금 1만 원 시대로 가는 청신호입니다"라고 했습니다. 이어서 문 전 대통령은 "극심한 소득불평등을 완화하고, 소득 주도 성장을 통해 사람 중심의 국민 성장 시대를 여는 대전환점이 될 것입니다"라며 "최저임금 1만 원은 단순히 시급 액수가 아니라 사람답게 살 권리를 상징하는 것입니다"라고 밝혔습니다.(매일경제 2023.7.21.)

기업의 설립 목적은 이윤추구다. 돈이 되지 않으면 투자하지 않는다. 미국을 비롯한 여러 나라가 법인세를 낮춰 기업들을 자국으로 끌어들이려는 이유다. 더 많은 이익을 창출하기 위해서 애플을 비롯해 다수의 미국 기업이 해외에 생산 공장을 둔다. 돈이 벌리는 곳으로 가는 것은 기업의 생리다. 국내 기업들도 과도한 세금, 높은 인건비 등 기업환경이 나빠지면 해외로 빠져나갈 것이다. 그렇다면 국내 일자리는 누가 만드는가. 기업이 있어야 일자리가 있고 일자리가 있어야 소득이 있을 것 아닌가. 바보가 아니라면 바로 이해할 것이다. 기업 성장이 개인 소득으로 이어진다는 것을. 사람답게 살 권리의 상징은 일자리가 만들지 최저시급 1만 원이 아니다. 소상공인도 살고 알바생도 사는 방법은 기업 하기 좋은 환경을 만들어 일자리를 많이 창출해내는 것이다.

친일 vs 반일 갈라치기

협정종료 통보 효력정지·WTO 제소절차 정지 … 文대통령 임석 NSC 상임위서 결정.

지소미아 종료 6시간 앞두고 발표 … 한일 수출규제 관련 국장급 대화 착수키로.(연합뉴스 2019.11.22.)

'지지 않겠습니다' 시리즈로 돌아왔다. "다시는 지지 않겠습니다" 캐치프레이즈를 내걸며 반일 죽창가를 외쳤던 문 정권. 대통령의 외교 인식이 가벼워도 지나치게 가볍다. 100년 전 과거로 돌아가 '너랑 안 놀아!' 문을 쾅 닫는 유치함이 창피해 고개를 못 들 정도다. 2018년 10월 대법원은 일본 기업에 강제징용 피해자에 대한 손해배상 판결(2013다61381)을 내린 바 있다. 일본이 이 일을 보복하기 위해 화이트리스트에서 대한민국을 제외했다며 문재인 정권은 한일 군사정보보호협정(한일 지소미아(GSOMIA))의 종료를 언급했다. 객기도 이런 객기가 없다. 박근혜 정권 말기인 2016년에 체결된 한일 군사정보보호협정(이하 '지소미아')은 한일 양국이 미국을 경유하지 않고 군사정보를 직접 공유할 수 있게 하는 협정이다. 지소미아 종료가 국가 실익에 도움이 되든 아니든 국가 간에 맺은 협정을 폐기하는 이유가 '다시는 지지 않겠다는 결기'였다는 게 기막히다. 국민감정을 볼모로 국론을 분열시켜 정치적 득실을 챙기려는 속셈이다. 일본에 대해서는 유독 악감정인 국민 정서를 문재인 정부는 자주 악용했다. 오래전에 양국의 합의로 해결된 일을 툭하면 '끝나지 않았다'며 끄집어 냈다. 식민 지배로 이토록 지리멸렬한 뒤끝을 보이는 나라는 대한민국밖에 없는 것 같다.

문재인 대통령 "친일잔재 청산 오래 숙제…빨갱이 대표적" 문재인 대통령은 1일 서울시 광화문광장에서 열린 3.1절 100주년 기념식 기념사에서 "친일은 반성해야 할 일이고, 독립은 예우받아야 할 일"이라며 "단순한 진실이 정의이고, 정의가 바로 서는 것이 공정한 나라의 시작"이라고 밝혔다.(한국경제 2019.03.01.)

파르티잔(Partisan)은 무장한 전사, 비정규군을 일컫는 러시아 말이다. 프랑스에서는 당원, 당파, 동지로 불리고 대한민국에서 공산 게릴라를 빨치산으로 불렀다. 공산주의자의 다른 용어가 빨갱이다. 문재인 대통령은 일제가 독립군을 '비적'으로, 독립운동가를 '사상범'으로 몰아 탄압하며 '빨갱이'라는 말도 생겨났다며 우리 사회에서 정치적 경쟁 세력을 비방하고 공격하는 도구로 빨갱이란 말이 사용되고 있고 변형된 '색깔론'을 청산하는 것이 시급한 문제라 지적했다. 같은 의미인데 공산주의자는 고급스럽고 우아하고 빨갱이는 저급하고 속되다고 느끼는가. 정치 경쟁 세력에 있었다고, 죄 없는 사람들을 적폐로 몰아 청산하고자 했던 사람이 운운하는 색깔론은 명분이 약해도 한참 약하다. 공산주의자로 부르든, 빨갱이로 부르든 의미는 같다. 대한민국의 주적이다.

조국 vs 반 조국 사태

구미속초(狗尾續貂). '개 꼬리로 담비 꼬리를 대신하다'라는 뜻으로 쓸모 없는 사람에게 관직을 함부로 주는 것을 이른다.

이 말은 중국 고서인 『진서』의 '조왕륜열전'에서 유래했다. 조왕(趙王) 륜(倫)은 바로 '사마륜(司馬倫)'을 말한다. 진나라 '사마륜'은 쿠데타를 일으 켜 당시 황제이던 '혜제'를 폐위시키고 스스로 황제가 됐다. 정통성이 약 했던 만큼 사마륜은 자신이 신임하는 인물만 벼슬을 내려 기용했고, 그의 친인척은 물론 노비와 시종들에게도 관직을 주었다. 당시 관리들은 관모 의 장식으로 담비 꼬리를 달았다. 그런데 권력남용으로 갑자기 관리들이 크게 늘어나면서 담비 꼬리가 모자라게 되자 비슷한 개 꼬리로 대체해 달 았다. 백성들은 이를 몹시 못마땅하게 여기며 담비 꼬리가 모자라니 개 꼬 리로 이어댄다고 조롱했다. 능력은 물론 자질, 품성 등을 따져보지도 않고 함부로 벼슬자리를 내준 인재등용 실패를 비꼬았다.

손학규 바른미래당 대표는 12일 "문재인 대통령은 국민 통합을 위해 조국 법 무부장관 후보자에 대한 지명을 철회해야 한다"고 밝혔다. 손 대표는 이날 당 최고위원회 회의에서 "조 후보자는 청와대 민정수석 재직 당시 일방적 인사나 페이스북 발언 등을 통해 국민을 갈라치기 한 것이 도를 넘었다"며 이렇게 말했 다. (한국경제 2019.08.12.)

조국 법무부장관 임명 후 진보·보수진영 간 세(勢) 대결이 더욱 심화되는 형 국이다. 진보진영은 서초동에서, 보수진영은 광화문에서 각각 터를 잡고 연일 서로를 향한 비난의 목소리를 높이고 있다. (뉴스원 2019.10.04.)

입으로는 '공정' '정의' '개혁' 같은 고상한 이야기를 늘어놓고 '진보'연 했다. 실제로는 우리 사회의 지배계급으로서 부유하게 살면서 알뜰살뜰 온갖 특혜를 다 챙겨왔다. 조국 사태에 국민이 분노했던 이유다. 겉으로는 자신을 '세련된 진보'로 참칭하며 온갖 미사여구로 포장해왔지만, 실상은 매우 낡은 기득권으로 수구세력과 더불어 지배계급의 일원이라는 사실이 국민 앞에 폭로된 것이다. 조국 사태의 후폭풍은 컸다. 조국 전 법무부장관 수호 진영과 반대 진영은 광장으로 쏟아져 나와 서로를 향해 날 선 비판을 주고받으며 극심한 갈등을 빚었다. 이처럼 사회를 두 쪽 낸 진보와 보수간 이념 갈등이 빈부·노사·지역 등 다른 집단 갈등을 제치고 가장 심각한 사회갈등 요인이 된 것으로 확인됐다. 문재인이 마음의 빚 운운한 것을 비롯해 유시민, 고 박원순, 공지영 등 사회지도층 인사들은 전 정권 보수세력에 대해 비판을 퍼부었던 때와 태도를 바꿔 조국 옹호에 나섰다. 특히 김종민 더불어민주당 의원은 조국의 딸이 2주 인턴십으로 의학 논문의 제1 저자로 등재된 것에 대해 "특혜가 아닌 보편적 기회. 누구나 하는 것은 아니지만 누구나 노력하면 접근할 수 있다"는 궤변을 늘어놓기도 했다. 지배계급 구성원의 인식이 이렇다. 조국 사태는 내 편의 부조리와 부패는 눈감아도 된다는 식의 내로남불 인식이 국민 의식 속까지 파고들었다는 점에서 심각성이 깊다.

한국사회갈등해소센터와 한국리서치가 성인 남녀 1,000명을 대상으로 실시한 '2019 한국인의 공공갈등 의식조사'에 따르면 지난해 조국 사태를 관통하며 이념갈등과 지역갈등이 이전보다 훨씬 심해졌다. 조사 결과 국민의 88.4%는 '보수와 진보 간 갈등이 심각하다'고 답했다. 1년 전보다 5.6%포인트 높아지며 이념 갈등이 다른 집단 갈등을 제치고 가장 심각한 갈등으로 부상했다. '영남과 호남 간 갈등'이 심각하다고 본 국민은 49.5%로 1년 전보다 7.8%포인트 상승했다. 반면 2018년 조사에서 국민이 가장 심각한 갈등으로 꼽은 경영자 대 노동자 갈등(85.7%)은 79.3%로 떨어졌다. 이강원 한국사회갈등해소센터 소장은 "지난해엔 상대적으로 노사 갈등은 줄어들고 이념 갈등과 지역 갈등이 커졌다"며 "조 전 장관 사태가 영향을 미쳤다"고 분석했다. (한국경제 2020.01.15.)

문재인 대통령은 조국에 심각한 도덕적 결함이 드러났는데도 불구하고 '조국에 마음의 빚이 있다'는 이유로 법무부장관 임명을 강행했다. 박영선 중소기업부벤처장관 임명 역시 문제가 많았다. 반일하던 정부에서 발탁하려는 인사가 동경에 부동산을 가지고 있었다는 게 드러났다. 박영선 후보자는 145개의 미제출 서류에도 불구하고 중소기업부벤처장관에 임명됐다.

이밖에 최영애 국가인권위원장, 이인영 통일부장관, 박지원 국가정보원장, 변창흠 국토교통부장관, 박범계 법무부장관, 정의용 외교부장관, 황희 문화체육관광부장관, 임혜숙 과학기술정보통신부장관, 노형욱 국토교통부장관, 김오수 검찰총장 등 10명은 인사청문회에서 야당 동의 없이 임명됐다. 문재인 전 대통령이 야당 동의 없이 임명한 장관급 이상 인사는 무려 34명으로 역대 최대였다. 문재인 대통령이 지난 대선에서 고위공직에서 원천 배제하겠다고 공약한 병역 면탈, 부동산 투기, 세금 탈루, 위장 전입, 논문 표절 등 5대 비리에 안 걸린 인사가 없었으나 문재인은 이를 무시하고 임명했다. 5대 비리에 해당되는 인사는 거르겠다 국민에게 약속한 건 까맣게 잊은 건지 국민은 안중에 없는 건지. 청문회는 자격심사나 마찬가지인 자리다. 청문회 절차를 무시하고 구미속초가 행해진 걸 보니 문 대통령이 진 마음의 빚이 얼마나 많기에, 또 그것이 도대체 무엇이었는지 궁금하지 않을 수 없다.

인천국제공항공사 정규직 vs 비정규직 갈라치기

인천공항공사, 보안검색 직원 1천 900명 '청원경찰'로 직접 고용(연합뉴스 2020.06.21.)

인천공항 정규직 된 직원 "졸지에 서울대급 됐네ㅋ 소리질러"(중앙일보 2020.06.23.)

인천공항 보안요원 직고용…"공부 왜 했냐" "누가 하래?"(이데일리 2020.06.23.)

'보여주기식' 인국공 정규직 전환에 정규직·비정규직·취준생 다 울었다.(헤럴드경제 2020.06.23.)

"이게 공정이냐, 노력 배신당했다" '인국공' 정규직 전환 … 취준생·대학생 '분통'(아시아경제 2020.06.24.)

文정부 출범 후 공공부문 비정규직 84%가 경쟁 없이 정규직이 됐다. 문재인 정부 출범 이후 3년여간 공공부문 비정규직 노동자 약 19만 7,000명이 정규직 전환을 확정했다. 이 중 경쟁 없이 정규직으로 전환한 비율은 84.2%에 달했다. 나머지 15.8%만 최소한의 경쟁을 거쳐 정규직이 됐다. (국민일보 2020.08.28.)

"조금 더 배우고 필기시험 합격해서 정규직이 됐다고 비정규직보다 2배가량 임금을 더 받는 것이 오히려 불공정이다." 김두관 더불어민주당 의원이 '인국공(인천국제공항공사) 사태'에 대해 한 말이다. 김 의원은 자신의 페이스북에 "코로나 경제위기로 사회적 연대를 더욱 강화해야 할 시기에 '을과 을이 맞붙는 전쟁', '갑들만 좋아할 전쟁'이 벌어지고 있다"며 이렇게 주장했다. 그는 "2019년 기준 인천공항공사의 정규직 평균 연봉은 9,100

만 원에 이른 반면, 이번 정규직 전환하는 분들의 연봉은 3,850만 원이다"
며 "청원경찰은 정년까지 보안 검색 업무만 하기 때문에 사무직 위주인 정
규직 자리를 빼앗는 것이 아니다"고 했다. "사정이 이런데도 20만 명이 넘
는 분들이 국민청원에 서명한 것은 정부의 공공부문 정규직 전환 정책을
공격하려는 조중동의 가짜뉴스 때문"이라며 논란이 이는 것을 언론 탓으
로 돌렸다. 김두관의 갈라치기는 한 술 더 뜬다. "온갖 차별로 고통받는 비
정규직의 현실을 외면하고 '을과 을의 전쟁'을 부추겨 자신들의 뒷배를 봐
주는 '갑들의 기득권'을 보호하려는 왜곡보도 때문이다"고 말했다.

김부겸이 김두관의 발언을 거들었다. 당의 당권·대권주자로 꼽혔던 김
부겸 전 의원도 비슷한 주장을 내놨다. 이날 자신의 페이스북에 "현상에
가린 본질을 봐야 한다. 이런 식으로 사회적 약자와 약자를 갈라 싸움 붙
이는 것이 오늘날의 자본주의"라며 "이 굴레를 깨야 한다. 누가 뭐래도 정
부와 지자체는 비정규직은 줄이고 정규직을 늘려가는 게 맞다"고 썼다. 서
울대 간 학생과 전문대 간 학생이 같은 대우 받는 게 공정이고 정의라는
건가? 같은 대우 받을 거면 뭐 하러 새벽밥 먹이고 잠 줄이며 서울대 가려
고생하냐는 반발이 거셌다.

의사 vs 간호사 갈라치기

문재인 대통령이 2일 오후 페이스북에서 "장기간 파업하는 의사들의 짐까지
떠맡아야 하는 상황이니 얼마나 힘들고 어려우시냐", "전공의 등 의사들이
떠난 의료현장을 묵묵히 지키고 있는 간호사분들을 위로하며 그 헌신과 노고에
깊은 감사와 존경의 마음을 드린다"며 간호사들의 노고를 치하하는 글을 올린
것을 두고 의사와 간호사까지 '갈라치기'를 한다는 비판의 목소리가 나오고 있
다. (서울경제 2020.09.02.)

중환자 간호사만 300만 원 수당… 의사와 또 갈라치기(조선일보 2020.12.18.)

이 와중에 대통령이 의사-간호사 편가르나, 文 페북에 비판 댓글 폭주(조선일보 2020.09.02.)

전 국민을 헤아려야 하는 대통령이 이런 글을 올렸다는 점에서 계정이 해킹된 것으로 착각했다는 의견도 있었다. 댓글에서 네티즌들은 "한 나라의 수장이 이런 글을 쓴 것이 맞는지 의심스럽다", "계정 해킹된 것인 줄 알았다", "고마운 거면 의료진 전체에게 고맙다고 하는 것이 맞지 않느냐", "대통령이 이렇게 편 가르기를 해도 되나" 등의 반응을 보였다. 문재인의 갈라치기 수법이 악질적인 것은, 상호 보완적인 관계조차 이해 상충되는 이슈를 끄집어내 대립하고 갈등하는 관계로 만들어 버리는 데 있다. 문재인 정부는 간호사의 고단함을 위로하는 척하면서 의사들 영역에 그들을 끌어들여 "너희도 의사처럼 의료행위 할 수 있어. 정부가 도와줄게" 부추겼다. 의사들이 반발하면 자기 밥그릇 지키는 이기적인 집단으로 비칠 수 있으니 싸움판 구도로는 이보다 좋을 수 없다. 싸움 끝에선 본질은 사라지고 감정만 남는다. 문재인 정부가 틈만 나면 국민 갈라치기로 불신을 조장하고 지지 세력 확보하는 수단으로 세대와 계층간 갈등을 유발하는 정책에 몰입한 결과 대한민국은 '아귀다툼의 불신 사회'라는 깊은 수렁으로 빠졌다.

문재인 정부는 국민을 '나는 옳고 너는 틀리다'는 선과 악의 구도로 몰아갔다. 특히 선거철이 되면 효과적인 갈등 프레임을 구축해, 더 많은 유권자를 자신의 집단으로 끌어들이려 했다. 이런 전략은 교묘하게 우리의 정신을 병들게 했다. 문재인 정부는 사회 전반에 편견과 혐오, 차별을 양산했다. 정치 퇴행과 국론 분열은 갈라치기의 필연적인 부산물이다. 이것은 그람시와 루카치가 바라던 이상적인 사회주의 국가 형태로의 전술, 전략이다. 건전한 방향으로 쏟아야 할 국민의 에너지와 역량을 증오하고 불신하고 불평하는 데 쏟게 했다. 내 편, 네 편 없이 서로 화합하고 어깨동무하며 함박웃음 짓는 공간이어야 할 시청·광화문·여의도 광장은 이제 촛불과 피켓 들고 제사나 치르는 장소로 변질했다. 한국을 찾았던 어느 유명 작가이자 유투버인 마크 맨슨 씨는 한국이 '세계에서 가장 우울한 나라'라는 영상을 올려 화제가 됐다. 그의 평가에 동의하는 것은 아니나, 지난 문재인 정부 5년간 그 어느 때보다 우울한 시간을 보냈던 것은 틀림없는 사실이다. 혹자는 악몽의 시간이라고도 했다. 악몽의 후유증은 길고 불안하다.

죄악이 너무나 커, 만 번을 죽여도 그 벌이 가볍다는 의미의 만륙유경(萬戮猶輕). 자유 시장경제, 합리적인 정의, 균형과 절차에 의한 법치는 민주주의 핵심 가치다 천부인권의 소중한 가치를 훼손한 자들에게 복수가 아닌 단죄를, 보복이 아닌 일벌백계가 필요하다.

염치없는 정권은 결국 그 지지자들이 만든다

강규형 명지대학교 교수

한국인들은 기짓 공약 따위는 신경도 안 쓴다

조선시대 때 우리나라를 방문한 외국인들은 대체로 위생적인 불결함과 습관적 거짓말을 지적한 경우가 많다. 위생은 대단히 좋아졌지만, 거짓말의 '전통'은 오늘날에도 계속되고 있다. 황승연 경희대 교수는 이것을 아무 책임지지 않고 사는 노비들이 많았던 사회에서 파생된 '노비근성'으로 설명했다. 아마 여기에 겉치레를 중시하는 주자학의 전통도 한몫했을 것이다.

이유야 어떻건 한국은 아직도 거짓말이 횡행하는 곳이고 따라서 상호 신뢰와 신용이 부족한 저신뢰사회(프랜시스 후쿠야마 교수의 분석)이다. 그때그때 상황을 모면하기 위해 거짓말로 넘기는 것이 일상사가 된 사회. 이것은 한국사회가 근현대 문명국가가 되는 데 큰 장애물이다. 물론 다른 나라에서도 거짓말은 존재한다. 하지만 사회의 모든 계층이 거짓으로 점철된 사회는 그리 많지 않다. 하류층 일반 대중들의 일상적인 거짓말부터 최상위 집권세력의 뻔뻔한 거짓말까지 정말 모든 층위에서 허위가 난무하니 한국은 미래가 없는 사회이다. 필자는 지난 몇 년간 특히 이런 것을 깊이 체험해 볼 기회가 있었다. 자기들의 사기 행각을 덮기 위해 온갖 거짓말로 일관하다가 법원에서 허위가 밝혀진 개장수들부터, 그것을 악용한 노조 세력들, 그리고 방송 장악을 위해 발악을 하면서도 자신들은 방송 장악을 절대 하지 않는다는 '유체이탈 화법'을 쓴 문재인 정권 집권 세력까지 정말 다양한 경험을 했다. 심지어는 자신의 잘못을 감추기 위해 거짓으로 일관하다가 증거를 들이대자 그제서야 잘못을 시인하는 경찰관까지 봤다.

그 중에 백미는 문재인 정권 집권 세력의 거짓말 퍼레이드이다. 20대 총선에서 호남에서 패배하면 대선을 포기하는 등 정계 은퇴를 하겠다는 문재인 후보는 실제 광주·호남에서 완패를 하고도 그 엄중한 공약을 지키지 않았다. 그러고도 대통령에 당선되는 게 한국사회다. 문재인 후보의 대선공약들을 하나하나 복기해 보면 입에서 나오는 대로 '아무 말 대잔치'를 하고는 책임지지 않는 '모범'을 보이고 있다. 윤석열 검찰총장을 임명하면서 "살아있는 권력 눈치도 보지 말라"고 호기롭게 당부했다가 진짜 살아 있는, 그러나 부패하고 부정한 권력에 대해 세게도 아니고 살짝 손을 대도 광란에 가까운 방해를 했다. 결국 '공영방송' KBS 9시 뉴스가 채널A 전 기자와 한동훈 검사장의 존재하지 않는 대화 내용을 가공해서 보도하는 데에까지 이르렀다. KBS는 "기레기 방송 서비스"의 약칭이라는 풍자까지 나왔다.

2020년 총선에서 비례용 정당을 절대 만들지 않겠다는 약속과는 달리 친여권 비례용 위성정당이 두 개나 만들어졌다. 당시 더불어민주당 지도부는 "비난은 잠시라도 책임은 4년"이라는 합리화로 비틀어진 사회에서의 정답을 말했다. 유권자들은 이런 거짓말에 대해 전혀 상관하지 않기 때문에. 나중에 통일부장관이 된 이인영 당시 민주당 원내대표는 본인에게 쏟아지는 의혹에 대해 그때그때 달라지는 변명을 하고 있다. 솔직히 얘기해 보자. 한 것이라곤 전대협 등에서 NL 친북 공산혁명 운동을 하다가 전향도 제대로 안 하고 갑자기 사회의 최고 상층부에 진입했다. 그러고는 본인들이 그렇게 타도하자고 외쳤던 특권층이 돼서 온갖 특혜를 받은 것 아닌가. 조지 오웰이 경고했던 '두 다리로 걷는 돼지들', 유고슬라비아 공산 게릴라 출신인 밀로반 질라스 부통령이 자기의 사상을 버리고 얘기한 '뉴 클래스'(New Class·이 책은 최근 이호선 교수의 번역으로 '위선자들-새로운 수탈계급과 전체주의의 민낯'(리원)으로 출간됐다), 또한 전체주의(혹은 유사전체주의) 체제에서의 특권층인 '노멘클라투라'의 한국적 변용에 불과하다. 이것은 한국의 대부분 소위 운동권과 좌파 시민사회 출신들이 공통으로 갖는 특징이다. 이런 세계의 최상위에 군림했던 박원순 전 서울시장의 몰락은 많은 것을 시사한다.

자기 당 소속 지자체장의 잘못으로 재보궐선거를 하면 후보를 내지 않겠다는 집권당의 '멋있는' 공약도 결국은 공수표가 됐다. "반성 차원에서 여성 시장 후보자를 내자"는 권인숙 당시 민주당 의원의 기상천외한 아이디어가 나오기도 했다. 그러나 별걱정을 안 해도 될 것이다. 한국인들은 이미 거짓말에 중독돼 있고, 과거 공약 따위는 그때쯤이면 다 잊어버리고 있을 테니까.

중국식 공산주의 아버지 리다자오 중등교사 임용시험에 나온 이유

2018년 11월 24일 열린 중등교사 임용시험의 역사교과 지원자들이 치른 역사 과목의 문제들은 한마디로 가관이었다. 어찌 그리 문 정권 집권세력과 그 동조자들의 왜곡된 생각과 편향된 세계관을 그대로 반영했는지 놀라울 따름이다.

    유일하게 한국현대사 분야에 나온 지문을 살펴보자. 1961년에 발표된 민족통일전국학생연맹의 '공동선언문'에서 주장한 통일 방안에 대한 문제였다. 이 단체는 4.19혁명 이후 일어난 대학생들의 통일 운동 조직 중 하나로 급진 민족주의적 성향을 가진 단체였다.

    그런데 언론에서 언급되지 않고 넘어간 다른 문제 하나는 특히 필자의 이목을 끌었다. 중국적 공산주의의 아버지라 불리는 리다자오(李大釗, 한국식 발음은 이대교, 이대조, 이대소 등 여러 가지이다)가 《신청년(新青年)》에 기고했던 글을 그대로 실었다. 리다자오는 중국 자유주의, 실용주의, 그리고 점진적 개량주의의 거성인 호적(후스 胡適)를 비판하면서 아래와 같이 얘기했는데, 요번 임용시험은 이 구절을 그대로 지문으로 사용했다. 볼세비즘은 러시아를 공산화한 레닌주의라고 짧게 요약할 수 있다.

    "나는 베이징을 떠날 때 고백하건데 후스(胡適) 선생이 발표한 글을 읽었습니다. … 나는 스스로 볼세비즘을 이야기하는 것을 좋아합니다. 당시 온 세상이 미친 것처럼 협약국의 전승을 축하할 무렵, 나는 '볼세비즘의 승리'라는 글을 써서 〈신청년〉에 실은 적이 있습니다. (중략) 결국 볼세비즘의 유행은 실로 세계 문화상의 대변동이라고 생각합니다." 한국 좌파 주류의 뿌리가 모택동주의(Maoism)임을 부정하기는 힘들다. 모택동은 중국이 반(半)식민지·반(半)봉건적인 사회이기에 민족해방을 우선적으로 해야 한다는 생각이 강했으며, 농민이 대다수인 중국 사회에서는 정통 공산주의와는 다르게 농민-노동자 연대의 혁명을 주장했다. 이런 그의 사상은 그대로 한국에 수입돼 한국의 식민지반(半)봉건사회론이란 거대담론의 형태를 띠고 NL(민족해방)혁명론의 근거가 됐다. 이러한 사상은 리영희, 박

현채, 안병직(안병직 등 일부는 후에 모택동주의를 버리고 자유주의로 전향) 등에 의해 널리 퍼졌고 결국 1980년대 학생운동과 혁명운동의 노선투쟁에서 PD(민중민주주의파)계를 압도하고 NL계가, 그중에서도 주체사상파가 승리하는 이론적 배경이 됐다. 김일성 자신이 주보중(주바오종 周保中) 휘하의 중국 공산군 소속으로 활동했기에(향후에는 소련의 88국제여단 소속 대위) 중국공산주의와 한국공산주의는 쌍둥이처럼 닮은 점이 있다. 중국 공산당의 창설자이자 공산주의의 아버지는 베이징대 인문대 학장을 지내던 진독수(천두슈 陳獨秀)였다. 그는 베이징대 학장(총장)이었던 채원배(차이위안페이 蔡元培)가 제공한 자유로운 학문적 분위기에서 여러 사상을 접하게 되며 결국 공산주의자가 됐다. 그는 중국에서 마르크스-레닌주의를 체계적으로 소개한 사람이었다. 반면 베이징대에서 도서관 주임(도서관장)을 하던 리다자오는 공산주의의 중국식 변용을 주장하면서 중국식 공산주의의 아버지가 됐다. 그 밑에서 사서로 일하면서 공산주의에 빠져든 사람이 바로 모택동(마오쩌둥 毛澤東)이었다.

이후 모택동은 중국공산당의 주요 지도자로 성장했지만, 초기에는 결코 유일무이한 최고지도자가 아니었다. 그와 언제나 권력을 놓고 다투고 이론적으로 대립했던 사람들이 꽤 있었다. 이립삼(리리싼 李立三)과 장국도(장궈타오 張國燾)가 대표적 인물이었다. 모택동은 정통 마르크스-레닌주의를 옹호하는 소련파 이립삼을 맹렬히 비판했고 그 이후 중국에서 이립삼 노선이란 단어는 극좌모험주의를 뜻하거나, 외국의 예를 무비판적으로 따르는 교조주의의 대명사로 악용됐다. 장국도는 모택동이 사서로 있을 때 베이징 대학교의 정식 학생이었다. 정식 학생이 아닌 청강생이었고 일개 도서관의 직원이었던 모택동을 장국도는 업신여겼고, 사상적으로도 소련식 공산주의를 추종했다. 즉 이립삼과 장국도는 한국식으로 얘기하자면 정통 마르크스-레닌주의를 따르고 프롤레타리아 폭력혁명을 주창했던 한국의

PD파와 비슷한 입장이었다.

반면 리다자오의 가르침을 실천에 옮겼던 모택동은 소위 NL파였던 것
이다. 리다자오의 민족해방을 중시하는 혁명론과 중국 농민이 혁명세력이
될 수 있다는 믿음은 고스란히 모택동에게 전수됐던 것이다. 리다자오는
나중에 만주군벌 장작림(장쭤린 張作霖)에 의해 처형됐다. 아이러니 중의
아이러니는 다 죽게 된 모택동을 살린 것은 장작림의 아들인 장학량(장쉐
량 張學良)이었다. 그는 1936년 시안(西安)사건에서 장개석을 감금하고 국
공합작을 강요해, 궤멸 직전에 빠진 모택동과 중국공산군을 위기에서 구
출했다.

리다자오는 한국의 중등교원 임용고시의 역사 과목에 나오기에는 그다
지 적절치 않은 문제라고도 보이지만 문 정권 집권 세력의 입맛에는 딱 맞
는 문제라 아니할 수 없다. 이렇게 되면 교사 지망생들은 이런 사상을 긍
정적으로 그리는 문제들을 풀기 위해 이 쪽 방향으로 공부를 하게 마련이
다. 한국에서는 광화문에서 그리고 여러 다른 곳에서 노골적으로 백두칭
송위원회 같은 사람들이 벌이는 김정은 '위인 맞이축제'가 한창이었다. 폭
압 통치를 하고 자국민들은 물론 인척들까지 무자비하게 살해하는 그가
왜 위인인지는 모르겠으나, 우리는 지금 이르게는 1950년대부터 본격적
으로는 1980년대부터 싹이 트고 성장한 민족해방혁명주의가 만개했음을
직접적으로 목도하고 있다. 좌파 이념 중 가장 낙후되고 저급한 NL민족해
방혁명주의가 한국 좌파의 주류가 된 것은 한국사회 자체뿐 아니라 한국
좌파권에도 비극이었다.

앞으로 '모택동 어록(語錄)'이 여러 국가고시에 나올 판이다. 모택동을

추종하며 미쳐 날뛰던 홍위병들의 '업적'에 대한 문제가 나올지도 모르겠다. 그렇지 않아도 양심이 마비가 된 한국판 홍위병들이 날뛰는 시대였다. 예를 들어 방송 장악 과정에서 언론노조원들이 벌인 한바탕의 굿판은 그야말로 홍위병의 행태와 크게 다를 바가 없었다. 방송 장악 당시 민노총 산하 언론노조 KBS지부(자신들은 KBS본부라고 부른다. 사내에서는 KBS 2노조라 부른다) 위원장 성재호는 자신들을 찍고 있는 시큐리티 직원을 발견하고 극단적인 흥분 상태에서 갑자기 그 직원의 팔을 내리쳐서 부상을 입혔다. 자기들은 수십 대로 찍지만, 상대방은 자신들의 작태를 단 한 대도 찍어서는 안 된다는 전체주의적 폭력성은 모택동 치하 문화혁명에서 흔히 봤던 행태였다. 시간이 흐른 후 중국의 홍위병들 중 상당수는 자신들의 과오를 뉘우쳤다. 한국의 홍위병들은 나중에 어떤 행태를 보일 것인지 사뭇 궁금해진다.

모택동과 문화혁명을 찬양하는 얼치기 서적을 마구 써대면서 한국의 지식토양을 오염시킨 리영희 전 한양대 교수(『8억 인과의 대화』, 『우상과 이성』과 같은 모택동주의적 이념 서적의 저자)를 마음의 스승으로 여기는 대통령이 벌써 두 명째이다. 그러니 이러한 문제들이 나오는 것은 어찌 보면 당연한 일인지도 모르겠다. 문 정권 집권 세력과 그 추종자들이 중국공산당 이론의 계보를 제대로 아는지도 모르겠거니와, 모택동과 그 세력들이 중국 대륙에 벌여놓은 수천만 명이 죽어 나간 아비규환 살육극의 생지옥에 대한 지식이나 있는지 모르겠다. 독자들은 송재윤 교수(캐나다 맥매스터대 교수)의 『슬픈 중국』 3부작(도서출판 까치)을 읽어보시라. 그리고 프랑크 디쾨터 홍콩대 교수가 샅샅이 연구하고 집필한 소위 '마오 3부작'(1부 『해방의 비극』·2부 『마오의 대기근』·3부 『문화대혁명』, 열린책들)을 읽어보고 진실을 파악했으면 하는 마음이다. 그것을 읽고 나서도 모택동을 찬양하고 리영희를 존경할 마음이 생길는지, 한국판 홍위병 시대는 언제쯤 끝날는지, 언제쯤 징권과 북한 찬양방송이었던 공영방송은 정상화 될 긴지.

스승과 부친까지 민족반역자로 만든 조정래; 종족주의에 기댄 '정신 자위'

소설가 조정래는 2020년 10월 12일 열린 '작가 등단 50주년 기념' 기자간담회에서 어이없는 폭탄 발언을 했다. 그는 150여만 명에 이르는 친일파를 단죄해야 하고, "토착왜구라고 부르는 일본 유학파, 일본 유학을 다녀오면 무조건 다 민족반역자가 된다"고 말했다. 극단적 국수주의 또는 종족주의는 종종 사회의 흉기가 된다는 것을 세계사는 가르쳐줬다. 한국사회를 오랫동안 지배해온 이런 유치한 생각은 한국인들을 성숙시키는 데 큰 장애물이 됐다.

조씨의 주장은 거의 망언에 가까운 내용이니, 일본에 유학했다고 친일파니 민족반역자가 된다는 한심한 기준으로 보면 일본에서 항일운동하다가 옥사한 윤동주 시인도 도시샤(同志社)대에서 유학했으니 민족반역자다.

고구려 중심의 민족사관을 가진 함석헌 선생도 동경고등사범학교를 나왔으니 친일파. 릿쿄(立敎)대 대학원을 나온 통일혁명당(통혁당) 사건의 주역 중 한 명이자 한국 종북세력의 거두 박성준 교수도 친일파. 문재인 대통령의 딸인 문다혜 씨는 일본 국수주의의 본산인 고쿠시칸(国士舘) 대학에서 유학했으니 역시 민족반역자가 되는 것이다.

아예 일본 여자와 결혼한 진중권 전 교수는 그럼 일본인 그 자체가 되나? 이러니 "딸을 일본 극우파가 세운 일본 대학으로 유학 보낸 문 대통령

부부가 숨은 토착왜구였네!", "조국은 죽창 들고 토착왜구 물리치러 청와
대에 쳐들어 가야겠다"라는 조롱이 나온 것이다.

진중권은 조국의 이런 주장에 대해 광기에 가까운 얘기라고 비판했다.
이에 조정래는 14일 KBS 라디오 '주진우 라이브'에 출연, 진씨의 비판에
대해 '저는 그 사람한테 대선배'라며 "인간적으로도 그렇고, 작가라는 사
회적 지위로도 그렇고 도저히 있을 수 없는 일"이라고 분개했다.

윤동주·박성준·조정래 부친…문 대통령 딸두 민족반역자

논쟁을 하다가 갑자기 나이·선배 타령하는 것도 대단히 꼰대스럽지만,
조정래는 자기 스승인 서정주 선생을 격하게 비판하지 않았나. 이런 것이
바로 내로남불의 극치다. 이런 실언을 방어하느라 궤변을 늘어놓는 집권
민주당도 한심했다.

조정래의 선친은 일본에서 일본 불교 교육을 받고 와서 일본식 대처승
풍습을 따라 부인을 얻고 애를 낳았는데 그 아이가 조정래였다. 태생 자체
가 '일본식'인 것이다. 해방 후 일본식 불교의 영향력을 줄이고 일본식 대
처승제도를 약화시키기 위해 전통적인 비구(比丘, 남승) 승적인 조계종 중
심의 한국불교로 이끈 사람은 바로 이승만 초대 대통령이었다. 조정래 선
친은 일본 유학생이니 조정래의 주장대로라면 졸지에 '친일파', '민족반역
자'가 되는 어처구니없는 일이 생긴 것이다.

덧붙여 조 작가는 소설 『태백산맥』을 '국민 90%가 읽었고', 그 소설이
가진 '오늘의 현실성이 끈질긴 생명력을 이어온 비결', '내가 쓴 역사적 자

료는 객관적'이라고 얘기하니 나가도 너무 나갔다.

'태백산맥'은 허구에 기초한 그야말로 소설이라는 근래 학술연구들의 주장이 더 큰 설득력을 얻고 있다. 역사소설이다 보니 역사적 사실과 틀리는 부분이 너무 많다. 역사관도 매우 편향적이다. 학자들의 반론에 조씨는 논리적·실증적 재반론 대신에 반론을 제기하는 학자들에 대해 '일본인보다 더 일본인 같은 신종 매국노들'이라는 인신공격으로 그동안 답해왔다.

'조정래 기준' 최악 반역자 박태준, 그를 '위인'이라 칭송한 조정래

소위 한국 기득권 우파들도 반성해야 한다. 이런 조정래 작가를 높이 평가하며 대우해 준 사람이 바로 박태준 전 국무총리였다. 더군다나 고(故) 박태준은 일본에서 소년기와 청소년기를 지내고 일본에서 유학하고 한국에 돌아온 사람인데, 조정래는 박태준 사망 후 그에게 바친 헌사에서 박태준을 위인으로 칭송하고 있다. 그의 이번 논리대로라면 박태준은 그야말로 최악의 민족반역자 아닌가. 이 에피소드는 박태준과 조정래, 두 사람이 다 심각한 문제가 있음을 잘 보여준다.

이런 분위기 속에서 대전 유성구 소재 모 서점에서는 일본 작가가 쓴 소설을 모아둔 서가에 '왜구 소설'이라는 팻말을 붙였다. 처음 이 얘기를 들었을 때는 장난이나 페이크뉴스로 알았다. 그러나 사실이었다. 한국에서는 무라카미 하루키, 요시모토 바나나 같은 일본 작가들의 소설과 시오노 나나미의 역사에세이 등 여타 문학작품들이 큰 인기를 끌고 많이 팔린다.

그런데 일본 작가들의 소설을 왜구 소설이라고 하면 그 소설을 번역하고 출간하는 사람들은 물론 읽는 독자들은 다 왜구를 사랑하는 민족반역자 겸 친일파가 돼 버리는가. 그 서점은 그러려면 아예 일본 작가의 책들을 팔지 말아야 했다. 그런데 잘 팔리는 왜구 소설은 판매해서 돈은 벌고 싶었나 보다. 그렇게라도 하면 자기가 줏대 있는 애국자라는 생각이 드는가 보다. 세계적 조류에 뒤떨어진 종족주의에 기댄 정신적 자위행위를 통한 쾌감을 얻는 전형적 방식이다.

'이런 수준 반일종족주의 탈피해야'

일본을 향해 '죽창을 들라'는 등의 반일 선동과 일본 상품 불매운동을 하는 사람들이 일본제를 더 선호하는 역설은 이미 뉴스거리가 안 될 정도로 흔하다.

죽창 선동을 한 조국 전 법무부장관은 일본 상품불매운동의 정점일 때 기자회견에서 일본제 미쓰비시 제트스트림 볼펜을 들고 나왔다. '나의 반일감정도 어쩌지 못하는 부드러운 필기감'이라는 광고 카피로 그 일본 회사의 모델로 출연해도 될 만큼 그 볼펜은 자연스럽게 '명품'으로 널리 선전이 됐다.

반일감정 선동과 중국 추종에 둘째 가라면 서러웠던 박원순 전 서울시장도 집에서 쓰는 '세컨드 카'는 일제 고급 렉서스 차량이었다. 이제 우리 사회는 이런 수준의 반일종족주의는 탈피해야 하지 않겠나.

글로벌 경제 속 '반외세' 감정적 대응에 관한 소찰

　문재인 정권에서 벌어진 일이지만 한일간 경제갈등이 시작되기 전의 일이었다. 고등학교에 근무하는 한 지인이 알려주기를, "좌파 전교조 성향의 교육감이 수장으로 있는 교육청 공문을 받았는데 학교 내의 향나무를 전부 베어내라는 것"이었단다. 또한 베어낸 자리에 대신 심는 나무에 대한 지원을 해 준다는 것이었으니, 피 같은 세금을 그런 식으로 허투루 쓴다는 것이었다. 향나무가 일본 원산인 나무이기 때문에 그런 조치를 취하는 것이었고, 안 베어낼 수 없도록 압력을 가해 결국 학교는 향나무를 다 베어낼 수밖에 없었다고 한다. 처음엔 농담인 줄 알았으나 실제 일어난 일이었다. 이것은 광기에 가까운 사고방식이자 행동이었다.

　그러면 왜 애꿎은 향나무만 베어냈는가. 사실상 한반도의 많은 식물들 중 외래종은 셀 수 없이 많다, 특히 일본이 원산인 것도 꽤 많다. 사과를 일단 보자. 제일 많이 먹는 후지(富士, 부사) 사과는 이름 그대로 일본 원산이다. 그 외의 거의 모든 품종(국광, 홍옥 등)이 일본에서 개량된 일본 원산이다. 그러면 단단한 과육에 신맛이 거의 없고 짙은 녹색의 인도사과는 인도 원산 아닌가? 천만의 말씀이다. 원래 미국 인디애나 주에서 건너온 것을 일본인들이 개량하면서 인디애나를 인도로 잘못 발음하면서 붙여진 이름이다. 즉 우리가 먹는 인도사과조차 일본 개량종이다. 그러면 전국의 사과나무는 왜 다 안 베어버리고 '쪽발이'들의 사과는 다 폐기 처분하지 않는가.

　그것뿐만 아니다. 벚꽃은 일본의 국화이니 다 베어버려야 할 첫 번째 '흉측한' 나무와 꽃인데 왜 그것은 그냥 두는가. 아예 이참에 진해의 유명한 벚꽃축제도 금지하라. 일부 "국뽕"들이 벚꽃의 원산지가 제주도라는 주장을 하겠지만(그리고 일부 벚꽃은 한반도가 원산이지만), 미안하게도 진해의 벚꽃 등 한국에 있는 대부분 벚나무는 일본 원산 품종이다. 아니 고추도 일본에서 온 작물이니 고춧가루, 고추장은 물론 김치도 배척운동을 해야 하지 않나? 제주 감귤도 일본 원산이다. 딸기도 마찬가지다.

'일본 자동차 주차금지'라고 경고문이 붙여진 아파트 주차장 사진도 봤고, 일본 차는 서비스를 거부한다는 자동차 서비스 센터들도 꽤 된다. 그런데 한국의 현대자동차는 원래 심장격인 엔진이 미쓰비시 제품을 썼으며, 엔진을 자체개발한 후에도 한국 차에는 일본 부품이 만만치 않게 들어간다.

그러면 일본 부품이 들어가는 모든 자동에 대한 서비스 거부를 하는 것이 일관된 행동 아니겠나. 참고로 일본 제품이 하나도 안 들어가는 자동차는 한 대도 없다. 아이러니하게도 이런 반일 운동의 선봉에 섰던 박원순 전 서울시장의 차는 일본제 고급승용차인 렉서스(토요타 자동차의 고급브랜드)이다. 박 시장은 적어도 일관성을 가지려면 타고 다니는 렉서스를 화형시키고, 차 부품의 전체를 순 국산인 것으로 제작해서 타고 다녔어야 했다. 핸드폰도 마찬가지다. 그렇게 표리가 부동하니 여성인권 보호를 외치면서도, 자기 여비서에 대한 성추행은 뻔뻔하게 자행한 것 아닌가.

KBS는 당시 뉴스에서 블랙 코미디를 연출했다. 앵커가 들고 있는 볼펜은 국산이란다. 그러나 그 볼펜의 볼(ball)은 일본제이고, 볼펜 만드는 공구들도 대부분 일본제이다. 방송장비의 상당수가 일본제 아닌가? 캐논과 소니 없이 사진과 영상 촬영이 가능한가? 어느 '좌좀' 매체는 캐논 카메라의 상표명을 테이프로 가리고 국산인 척 가장하는 처절한(?) 노력을 했다.

이런 소극(笑劇)은 도대체 언제나 끝날 수 있을까? 이해찬 대표는 일제불매운동을 얘기하면서 일식집에서 맛있게 사케를 드셨다. 그러고는 '정종'이라고 끝까지 오리발이다. 전대협 동국대 운동권 출신의 최재성 당시 민주당 국회의원(송파구)은 도쿄를 포함한 일본을 여행금지구역으로 설정하고 도쿄올림픽을 보이콧하자는 정도까지 오버를 하고 있다. 그런데 정권은 도쿄올림픽 남북단일팀을 구성하기 위해 노력한다니 상호모순에 갈팡질팡 난리도 아니었다.

인류, 민족, 민주주의, 사회주의, 공산주의, 대통령, 철학, 문화, 문명, 사회, 경제, 사상, 계급, 종교, 이성, 과학, 공간, 이론, 개념, 지식, 권리, 의무 등등 우리가 쓰는 무수히 많은 단어들도 후쿠자와 유키치 등 일본인 근대화론자들이 서양 언어 들을 번역하면서 동양어로서의 개념이 없던 것들을 새로 만든 조어들이고 한국 등 다른 한자 문명국가들이 수입한 단어들이니 그런 단어도 일체 쓰지 말자! 그러고 보니 조어(造語)라는 단어도 일본식 한자어이다. 일본의 한자 조어 없이 언어와 문학을 하는 것은 불가능하다.

이런 수준 낮은 반일감정은 한국사회에 대단히 깊고 넓게 펴져 있다. 정치인들이 이런 반일 정서에 기댄 언행을 일삼는 이유는 그런 선동이 잘 먹히기 때문이다. 가장 손쉽게 지지율을 높일 수 있는 방식이니 이것을 쓰고 싶은 유혹은 강할 수밖에 없다. 게다가 문 정권과 그 추종자들은 원래 종북종중(從北從中) 반일반미(反日反美) 체제이니 이런 수법을 단지 지지율 높이는 방식을 넘어서 아예 정권의 정체성을 강화하는 데 이용해 왔다.

"'친일 프레임'은 민주당 총선 승리 전략"이었다. 지금도 그렇다. 이것을 이용해 총선에서 유리한 분위기를 선점하고 결국 총선에서 승리하는 데 도움이 되도록 이용한다는 집권당 더불어민주당의 씽크탱크인 민주연구원(원장 양정철)의 보고서가 유출되면서 문 정권의 속마음이 만천하에 드러났었다. 나라나 국민들의 살림살이는 애초에 고려 대상이 아닌 듯하다. 나라는 박살이 나도 총선만 이기고 정권 재창출만 하면 된다는 이런 태도로 무슨 국정을 제대로 운영했겠는가?

희한하게도 이러한 소위 반외세 감정은 북한과 중국이 대상이 되면 정반대의 태도로 돌변한다. 중국과 북한에 대해서는 문 정권이 관대하다 못해 굴종적인 태도를 보여도 국민들은 분노하지 않는다. 길고 긴 기간 동안 중국에 대한 조공체제 속에서 배태된 '굴종의 DNA'가 발산된 현상이리라. 북한에 대해서는 값싼 '종족지상주의'가 맹위를 떨친, 이것은 과거 '폐쇄적 민족지상주의'라고도 했지만, 민족주의라는 이름을 붙이기에도 아까운 저급한 수준의 집단정서였다.

문재인 대통령 이하 현 정부 사람들은 독립문 앞에서 반일 세리모니를 하기도 했었다. 그러나 이런 행동은 정말로 몰역사적인 코미디였다. 청일전쟁의 결과로 맺어진 시모노세키 조약 1조에 따라 조선이 청나라에서 독립된 상황에서 독립협회가 예전에 청나라 사신들을 영접하는 영은문 자리에 세운 것이 독립문이다.

그래서 일제 시대에도 일본이 사적지로 잘 보호했던 것이 독립문이다. 더군다나 독립문에 새겨진 글자를 쓴 사람은 이완용이었다. 그런 곳에 가서 반일 퍼포먼스를 한다는 것 자체가 자리에 전혀 어울리지 않은 것이었다. 그곳은 반중 퍼포먼스를 해야 오히려 알맞은 장소이다. 이제 실제 설립 목적과는 전혀 다른 용도로 독립문을 사용하지는 말자.

도대체 '문명(물질문명 정신문명 둘 다 공히)의 전파와 융합'이라는 것을 이해하지 못하는 전근대적 인간들이나 할 수 있는 향나무 뽑기 운동이 버젓이 '독립운동'이라는 이름으로 행해지는 곳이 현재 한국이라는 공간이다. 극단적으로 폐쇄적이고 퇴행적인 반일종족주의를 타파하지 않으면 한국의 미래는 어둡다.

한국의 미래는 한국인들이 얼마나 이 콤플렉스를 떨쳐내고, 국제사회에서 성숙하게 행동할 자질을 갖췄는지에 달려 있다. 그런 의미에서 한일 갈등의 진행 상황과 결말은 한국사회의 향후 진로를 예측하는 데 있어서 중요한 바로미터 역할을 할 것이다.

조국의 집안은 '좀비노 패밀리'인가

문재인 정권은 드러난 엄청난 문제들에도 불구하고 결국 조국 교수를 법무부장관으로 임명하는 무리수를 강행했다. 서울대 재학생과 졸업생들의 인터넷 커뮤니티의 '부끄러운 동문상' 투표에서 조씨는 압도적인 지지(?)로 '서울대생이 뽑은 가장 부끄러운 동문' 1위에 당당히(?) 오르자마자 정권이 법무부장관으로 지명을 했으니 문재인 정부의 아집도 대단함을 새삼 느낀다.

나중에 정치인으로 더 유명해진 언론인(C일보 편집국장)이 계셨다. 그는 엄격하기로 유명했는데, 마음에 안 드는 일이 있으면 담당기자에게 친전(親展)봉투를 보냈다. 그 안의 내용은 "귀하는 기자가 아닙니다"였다고 한다. 강한 질책이 담긴 경고문이었다. 문 정권 당시 상당수 방송·언론들을 보면 바로 이 봉투들을 단체로 돌리고 싶은 생각이 절로 든다.

사람들은 사실과는 동떨어진 엉터리 기사를 쓰고 보도하는 기자들을 기레기(쓰레기+기자)라고 부른다. 그야말로 기레기의 천국이었다. 정치권력을 뒤에 업은 민노총 산하 언론노조 소속 기자들과 방송인들 다수는 훗날 자기들에게 닥칠 운명도 모르고 정말 '기레기질'하기에 바빴다. 9월 28일 서초동 일대의 소위 '조국 수호 시위'에 200만이 모였다는 보도는 이런 기레기질의 백미였다. 한겨레신문이 앞장서고 다른 '기레기신문'들이 뒤따랐으며, 방송에선 MBC, KBS 등이 '주최 측 추산'이라는 핑계를 대며 200만 명 운집이 사실인 것마냥 게거품을 물어댔다. 이 매체들이 언제부터 그렇게 '주최 측 추산'을 충실히 따랐던가. 태극기집회에서 주최 측 추산을 인용한 적이 있었던가? 몇 만이 모여도 '수백 명' 또는 '천여 명'이라 축소 왜곡보도하든가 아예 보도조차 하지 않았다.

MBC의 박성제 보도국장은 아예 대놓고 "조국 지지 집회? 딱 보니 100만 명, 감으로 안다"라는 궁예 뺨칠 만한 역사에 남을 '명언'(?)을 남겼다. 이런 걸 보고 눈이 삐었다는 표현을 쓰는 것이다. 물론 그는 민노총 산하 언론노조 MBC지부 7대 위원장을 역임한 강성 언론노조 맨이다. 그는 나중에 당연한 듯이 MBC 사장이 됐다. 100만에서 200만까지 무려 100만의 오차를 보이며 숫자가 오락가락한다. 그래도 본인들이 기레기가 아니라고 할 것인가? 여기에 한 술 더 떠 민주당 대변인인 이재정 의원은 아예 "200만 국민이 검찰청 앞에 모여 검찰개혁을 외쳤다"고 200만 명을 '공식화' 했다. 집권당의 대변인이 이렇게 무책임해도 되는가. 페르미 기법 등 여러 방식을 써서 추산해보면 그날 서초동에 모인 친조국 시위대는 2만

5,000에서 5만 정도로 추산된다. 그것도 만만치 않게 많은 숫자이다.

생각해 보시라. 한국군을 총 약 60만 명으로 잡아보자. 그들 주장대로 200만이라 하면 대한민국 국군(육해공군 다 합쳐서)이 총집결한 것의 3.3배의 인파가 몰린 것이다. 상식적으로 말이 안 되는 얘기들을 무책임하게 배설하고, 기레기들은 그걸 받아 적기 바쁘고, 궁지에 몰린 집권당은 아예 200만 명이란 숫자를 공식화 시킨다. 미쳐도 한참 미친 행태들이다. 가짜뉴스 때려잡겠다는 정부와 집권당 그리고 한상혁 신임 방송통신위원장은 이런 가짜뉴스부터 때려잡아야 했다. 압수수색 당시에 '조국 씨 집에 여자 둘만 있었다'는 생생한 가짜뉴스를 공개적으로 발언한 이낙연 당시 국무총리도 역시 때려잡아야 했다.

2019년 10월 3일 개천절의 '조국 구속·문재인 하야 집회'는 어떤 기준을 들이대도 역사상 최대인파가 모인 집회로 기록될 것이다. 그러나 기레기 언론·방송들은 그 규모와 의미를 축소하느라 발악을 했다. 주최 측 추산은 아예 언급도 안했다. 민주당은 그 규모에 놀라서인지 '숫자는 별 의미가 없다'고 며칠 전과는 판이한 해석을 내놨다. 서초동식 계산법을 따르면 10월 3일 시위는 3억 명이 넘는다는 우스갯소리까지 나왔다. MBC 박성제는 이 집회를 '딱 보니 감으로' 얼마만큼 모였다고 생각하나. 하긴 '삔눈'으로 바라보니 제대로 보일 리가 없었을 것이다. 반면 기레기들은 아직도 청와대 앞에서 몇 박 몇 일 필사적으로 "조국 퇴진"을 외치며 역사상 처음인 청와대 앞 철야농성 노숙투쟁을 하는 사람들에 대해선 일언반구 언급조차 없었다. 부끄럽지도 않나.

점입가경이라고 10월 5일 서초동에서 검찰을 대놓고 협박하는 친조국 시위는 아예 300만 명이라고 부풀렸다. 또 기레기들은 그것을 앵무새마냥 읊어댔다. 그날의 8시 MBC뉴스데스크 방송은 방송 역사에 길이 남을 치욕적인 거짓말 퍼레이드였다. KBS도 그에 버금갔다. SBS는 기레기의 정도에서 조금 덜했지만 오십보백보였다. 도대체 MBC의 최승호 사장, 정형일 보도본부장, 박성제 보도국장. KBS의 양승동 사장, 정필모 부사장, 김종명 보도본부장, 이재강 보도국장, 엄경철 메인앵커 등 민노총 산하 언론노조 측 최고 경영진과 보도책임자들은 이 많은 악업(惡業)을 나중에 어떻게 다 치르려고 그 난리들이었나. 물론 KBS를 실제적으로 좌지우지한다고 알려진 KBS 언론노조의 핵심 5인방 김성일, 엄경철, 최선우, 이도경 그리고 성재호 등도 책임에서 자유롭지 못하다. 이것이 그대들이 그렇게 부르짖던 '공정보도', '정의보도'인가? 본인들이 진정한 언론인이고 방송인이라면 창피한 줄 알고 언론방송계에서 떠나야 그나마 양심이 남아 있는 사람들이었을 것이다.

2019년 10월 3일 한 국제회의에서 미국의 저명한 아시아 전문가인 고든 창(Gordon Chang) 변호사가 "표현의 자유와 언론의 자유를 빼앗으려는 문재인은 사라져야 한다" "언론의 자유에 대해 이야기하고 있는 김에, KBS 이사였던 강규형 교수에 대해 이야기해 보겠다" "문재인은 KBS를 장악하기 위해 강규형 교수를 KBS에서 몰아냈다"라고 한 발언에 대해 정권과 민노총 산하 언론노조는 뭐라고 항변하겠는가.

2021년 4월 15일 미국 하원 인권위원회(탐 랜토스 위원회)는 한반도 인권청문회에서 창 변호사는 문재인 정부의 언론탄압에 대한 사례로 강규형 전 KBS 이사 등을 재차 언급했다. 고든 창 변호사는 증인으로 나와 "문재인은 대통령에 취임한 2017년 5월 이후 민주주의적 제도를 직·간접적으로 끊임없이 공격해 왔다"고 주장했다. 그는 KBS에 대한 통제권 행사를 대표적인 사례로 제시했다. 또한 "문 대통령은 KBS와 같은 대형 방송사에 대한 통제권을 행사해 방송에서 (자신과) 반대되는 목소리가 나오는 것을 줄이고 북한에 대해서는 홍보해 왔다"면서 "요즘은 국영 언론에서 문 대통령을 비판하는 주장, 특히 문 대통령의 북한에 대한 시각을 비판하는 의견을 듣기 어렵다"고 지적했다. 아울러 그는 "정부가 KBS 이사였던 강규형 명지대 교수를 가혹한 방법으로 숙청(purge)한 것"이 KBS를 장악하기 위한 문재인 대통령의 조치였다고 주장했다.

이어서 그는 "문 대통령은 강규형 명지대 교수를 KBS 이사진에서 내쫓아 정부에 비판적인 의견을 제거한 뒤에도 여론 통제를 강화하기 위해 소셜미디어서비스(SNS)에 있는 콘텐츠를 '사회 불신'을 유발한다는 이유로 삭제했고, 이후 여당인 더불어민주당은 유튜브와 같이 한국 정부의 통제를 받지 않는 플랫폼까지 진출했다"고 지적했다.

하긴 '양심에 털 난' 언론노조원 들에게 일말의 양심을 기대하는 사람이 바보일지도 모르겠다. 2019년 10월 국정감사에서 박대출 의원은 KBS아나운서들이 지난해 휴가를 쓰고도 근무한 것처럼 해서 1인당 약 1,000만 원에서 몇 백만 원씩을 부당 취득했다고 지적했다. 물론 이 네 아나운서는 '놀랍게도(사실은 전혀 놀랍지 않게도)' 전원이 다 언론노조원이다. 권력을 뒤에 업고 있으니 눈에 뵈는 게 없는 모양이다. 이 사건들이 일어날 당시 KBS 아나운서협회장이었던, 역시 언론노조원으로 활개 친 윤인구 아나운서는 여기에 대해 할 말은 없나? 본인도 과거 허가받지 않은 외부활동으로 부당 소득을 많이 취했던 경험자라 그냥 덮고 넘어가고 싶었는가? 조국 전 법무장관의 뻔뻔함이 점점 더 한국 좌파들에게 전염되는 모양이다.

변호사이자 국민대 법대 교수인 이호선 교수는 조국을 중국 역대 최고의 간신이라는 진회(秦檜)에 잘 비유했다. 재밌게도 진회는 부부가 쌍으로 악행을 했던 간신이었다. 조국 부부를 연상케 하는 장면이다. 그 글을 읽으면서 필자는 권력만 믿고 멋대로 행동한 간신배의 대명사이자 진(秦)나라를 망하게 했던 환관이자 법무대신 격의 역할을 했던 조고(趙高)가 더 좋은 예라는 생각이 얼핏 들었다. 지록위마(指鹿爲馬, 사슴을 가리켜 말이라 한다는 뜻으로, 윗사람을 농락하여 권세를 휘두르는 경우)라는 고사성어의 주인공인 그 조고 말이다. 조국과 조고가 이름도 비슷하니 더 좋은 예라고 생각이 들던 차, 전영기 기자가 바로 그 고사성어를 잘 활용한 훌륭한 칼럼('윤석열은 사슴을 사슴이라 한다', 중앙일보 2019.09.16.)을 먼저 썼다. 선수를 빼앗겼다. 그러나 내가 이 칼럼의 일독을 널리 권했을 정도의 좋은 글이다.

최순실 집안은 국민들의 분노를 샀다. 그런데 솔직히 조국과 가족들은 최씨네보다 더 심하고 악질적이지 않나. 이것은 좌우의 문제도 아니고 '상식'과 '비상식'의 문제일 뿐이다. 왜 많은 (상식을 가진) 좌파 지식인들도 조국 씨를 맹렬히 비판하는지 생각해보라. 왜 조국을 싸고돌던 정의당이 현재 위기에 빠졌는지도 생각해보라. 조국 집안은 거의 '가족사기단'을 넘어서 무슨 '패밀리'와 같은 느낌을 준다. 미국에서 가장 큰 마피아 패밀리는 갬비노('감비노'라고도 발음된다. Gambino) 패밀리이다. 조국과 그 가족들을 보면 무슨 끈질긴 좀비들의 행진을 보는 듯해서 '좀비노(Zombieno) 패밀리'라고 칭하고 싶을 정도다. 권력이 무수한 사람들의 조롱의 대상이 될 때는 더 이상 권력을 발휘하기가 어려워진다. 문재인 정권은 이 철칙을 깨달아야 할 때이다. 아니, 이미 때는 늦었다. 그렇게 수호하려던 조국의 어거지 같은 무법장관 임기도 곧 끝났었다. 문재인 정권의 쇠락은 그때부터 시작됐다. 조씨를 당시에 가장 열렬히 옹호하던 소설가 공지영은 최근 자신이 틀렸음을 인정했다. 다른 사람들은 공지영 씨만큼의 양심도 없는가?

탈원전의 복수는 이미 시작됐다

나는 옥상에 태양광 패널이 설치된 집에 전세를 살았었다. 여름에는 전기의 일부를 태양광이 제공해 줘서 전기비가 경감되어서 좋았다. 그러나 겨울에는 거의 혜택을 못 누렸다. 그리고 한여름에도 태양광은 전기수요의 작은 일부만을 제공할 뿐이다. 한국은 기후상 태양광에 적합한 곳이 아니다. 사막처럼 일 년 열두 달 햇볕이 쨍쨍하게 내리쬐는 곳에서나 그나마 효율을 기대할 수 있다. 그런 지역에서도 태양광은 전기수요의 일부만 충당할 뿐이다.

이런 사정은 전국적인 스케일로 봤을 때도 똑같은 상황이다. 한국이 전력생산에 필요한 부존자원이 거의 없음에도 세계에서 가장 싼 전기료를 내고 있으며, 비교적 안정적인 전기수급을 할 수 있는 것은 거의 원자력발전 때문이었다는 것을 부정하기 어렵다. 대충 전력수요의 1/3을 감당해 줬다. 그러나 문재인 정권의 탈원전정책으로 이런 기조가 통째로 흔들렸다. 원전을 점차 닫으면서 태양광과 풍력에 올인하는 정책은 기본부터 잘못됐다. 태양광과 풍력은 그야말로 보조적인 수단이다. 아무리 나무를 베고 산을 깎아서 태양광 패널로 도배를 해도 충분한 전력을 얻는 것은 불가능하다. 풍력도 넓은 지역을 차지하는 기술이고, 필요한 전력의 극히 일부만을 생성한다. 수력발전도 마찬가지다. 더군다나 풍력발전은 거대한 블레이드(풍력발전기 날개)가 수많은 조류를 죽이는 부작용도 있다. 한국의 동물보호단체들은 이러한 풍력발전의 부작용에 대해선 입을 다물고 있다. 또한 풍력발전기는 블레이드가 날아가는 사고가 종종 일어나며, 태풍이

오면 풍력발전기가 부러지는 사고도 난다. 마치 태양광 패널이 망가지는 것처럼.

원전을 줄이고 필요한 전력 수급을 이루는 대안은 화력발전을 늘리는 것밖에는 없다. 화력발전은 오일이나 석탄을 때 전기를 만드는 방식이니 어마어마한 이산화탄소를 배출해서 환경에 큰 해를 끼친다. 나라마다 할당된 이산화탄소를 포함한 온실가스 배출 쿼터가 있는데 화력발전이 많아질수록 이 쿼터를 맞추기가 힘들다. 원자력 발전은 이산화탄소를 거의 배출하지 않는 청정에너지이고 적은 비용으로 큰 전기량을 생산해 낼 수 있는 대단히 효율적인 수단이다.

그리고 한국의 원전기술은 이미 세계 최정상급이다. 그런데 난데없는 탈원전 정책은 한국의 전력수급에 큰 문제를 가져왔고, 전기료의 급격한 인상은 불가피하게 됐다. 탄소배출량도 급격히 늘어날 것이다. 그동안 피땀으로 축적했던 원전기술도 순식간에 사장될 위기에 처했다. 제임스 러브록 박사는 '가이아(Gaia)'란 개념을 처음 소개한 영국의 세계적인 환경학자이다. 그런 그도 결국 인류는 원자력발전에 의존할 수밖에 없다는 결론을 냈고[러브록, 『가이아의 복수 : 왜 지구는 반격을 하고 있고, 우리는 어떻게 인류를 구원할 수 있는가(The Revenge of Gaia; Why the Earth Is Fighting Back - and How We Can Still Save Humanity)』], 러시아(그 이전엔 소련)의 노벨평화상 수상자이자 인권운동가인 물리학의 대가 안드레이 사하로프 박사도 다른 전력생산 보조수단들은 환경파괴를 하고 있고, 결국은 원전밖에는 대안이 없음을 생전에 설파했다.

이런 석학들이 괜히 원전을 유일한 대안으로 얘기한 것이 아니다, 물론 원전에는 고준위 방사성폐기물(HLW) 처리문제 등이 있지만, 이런 것들은 과학기술의 발전으로 해결해 나갈 수 있는 문제이다. 탈원전의 복수 혹은 역습은 이미 시작됐다. 한국은 조림과 치산치수에서 성공한 드문 예이다. 그런데 갑자기 나무를 베어내고 산을 깎아 태양광으로 도배를 하듯이 태양광 패널을 깔았다. 주로 중국산으로. 누가 봐도 산사태가 쉽게 일어날 수 있는 조건을 마련했으며, 실제로 산사태가 많이 일어나 태양광 패널들이 쓸려 내려가거나 파괴되어 휴지처럼 구겨졌다. 패널에는 중금속이 많이 포함돼 여기서 유출된 독성물질의 위험성도 존재한다.

그동안 가까스로 이뤄냈던 조림과 치산지수의 기적을 한순간에 박살내고 있다. 산야(山野)에서의 패널 설치는 물 조절 기능의 상실을 가져와. 홍수에도 일정 부분 영향을 미치니 한마디로 미친 정책이라 하지 않을 수 없다. 탈원전의 저주는 이제 겨우 시작단계이다. 설상가상으로 4대강 사업의 중단과 철거는 더 큰 환경문제를 야기했다. 4대강 사업을 전혀 하지 않은 섬진강에서 가장 큰 수해가 난 것은 많은 것을 시사한다. 폭우가 내리는데도 4대강 사업을 한 곳은 비교적 피해가 적었다. 또한 여러 지역에서 그동안 4대강 사업의 구조물들을 파괴한 대가도 치르고 있다.

지금 당장 탈원전계획을 포기하고 원상 복구하지 않으면 한국의 미래는 어둡다. 현대 문명의 생존요건 중의 하나는 누가 값싸고 친환경적인 전기를 대량으로 안정적으로 생산하는가이다. 그런 면에서 한국은 문 정권 하에서 완전히 반대 방향으로 치달았다. 더군다나 원전을 극렬히 반대한 진영에서는 상당수가 북핵에 대해 관대하거나 일부 긍정적인 태도를 갖고 있다. 모순도 이런 모순이 없다. 탈원전정책은 처음에는 뭘 몰라서 행하는 정책으로만 생각했다. 그런데 이제 와 보니 국가 경쟁력과 한국인의 풍요로운 삶을 원천적으로 파괴하려고 고의적으로 그런 것이란 의혹이 의혹만이 아님을 그들의 만행을 통해 알 수 있다. 탈원전 정책의 수혜자는 중국과 대양광/풍력 사업자들이고, 궁극적으로는 북한이다.

문재인 정부는 2020년 8월 10일 핵추진 잠수함을 개발할 것을 발표했다. 원자력 추진 잠수함 건조는 탈원전과는 정반대 정책이니 이 또한 모순이다. 일관성을 가지려면 태양광 충전 잠수함을 만들어야 한다. 물론 태양광 더하기 풍력 등 별별 대체 에너지를 사용한다 해도 잠수함을 운행할 동력은 절대 얻지 못한다.

문재인 정권과 맹목적 지지자들은 급진적 이념에 기초한 무모한 탈원전 정책에 대해 참회해야 한다. 그들은 한국의 에너지 문제와 환경을 망가뜨린 정권으로 역사에 기록될 것이다. 동양에서는 예로부터 치산치수를 잘하는 것이 좋은 지도자와 권력의 덕목이었다. 군이 선전선동 방송 등 모든 수단을 다 동원해서 탈원전의 해악을 필사적으로 부정했어도 현실은 바람직한 것과는 정반대 방향으로 치달았다.

정권 실세들 살리려고 나라를 망가뜨려도 되는가

문재인 정권 당시 벌집을 쑤신 듯한 사건이 있었다. 추미애 법무부장관 아들의 탈영 사건 하나 막기 위해 정부와 집권당, 그리고 어용 매체들이 총동원되는 이런 추태를 과거에도 본 기억이 없다. 물론 이것은 정권 실세이자 소위 검찰 개혁을 주도하는 추미애를 보호하기 위해 그러는 거였지만, 갖다 붙이는 억지 변명들이 가관이었다. 그냥 솔직하게 사과했으면 회초리 몇 대 맞고 끝날 일인데, 이제는 한국사에 남는 초대형 부정부패 스캔들로 기록될 것이다. 국방부장관과 국민권익위원장까지 나서 요설을 쏟아냈으니, 이 사건 하나가 국가의 근간을 통째로 흔들었다. 이들의 독립성은 기대도 하지 않았지만, 자기 직책의 엄중함을 인식한다면 이렇게까지 막 나가지는 않았을 거다. 집권당인 더불어민주당 관계자들은 추미애 가족들을 '쉴드(shield) 치기' 위해 거의 매일 한두 개씩 망언 릴레이를 이어갔다.

전부 악성 발언들이지만 제일 악질적인 것은 황희 의원(서울 양천갑)이었다. "모든 출발과 시작은 당시 ○○○ 당직사병의 증언이었다. 산에서 놀던 철부지의 불장난으로 온 산을 태워 먹었다", "그동안 이 사건을 키워온 ○○○의 언행을 보면 도저히 단독범이라고 볼 수 없다", "철저한 수사가 필요하다"면서 제보자의 실명과 사진을 공개했다. 3년 전엔 공익신고자 보호법을 발의한 황희가 이러는 것은 자기파멸적 행위다. 문 정권과 지지자들의 고질병이기도 하다. 속칭 '지표를 찍고'(공격 대상을 특정하고) 정권 지지자들의 공격을 부추기는 것이다. 있는 그대로 증언한 청년에게 이렇게 야비한 짓을 아무 가책도 없이 저지른다. 항간에서는 황희 정승과 이름은 같지만 행동은 '황희 짐승'이라는 야유까지 나오고 있다.

방송 장악, 의회 장악, 양승태 전 대법원장 구속기소 등 '법원 학살'을 포함한 사법부도 장악됐으니, 오만에 가득 차 이런 추태를 부렸다. 최근인 2024년 2월 2일 양승태 전 대법원장은 1심 판결에서 모든 죄목에 대해 무죄판결을 받았다. 이제는 문재인 정권의 사냥개로 활약했던 김명수 당시 대법원장 등이 책임져야 할 엄청난 건이다. 문 정권 집권세력은 무슨 악행을 해도 자기들을 옹호하고 지지하는 세력이 있다는 것을 믿고 더 날뛰었다. 권력을 만들어내는 것은 결국 유권자이다. 아무리 방송과 정부기관을 총동원해 선전선동을 해도 현명한 유권자들은 그런 정도는 간파해야 한다. 그런데 정말 문제 있는 언행을 한 의원들도 별문제 없이 무난히 당선되고, 아예 심각한 문제 인물을 일부러 공천해도 당선되는 악순환 구조가 이미 자리 잡았다. 즉 정치인들이 올바르게 행동할 이유가 없어지니, 이들의 행태는 점점 더 저질화됐다.

조국 전 법무부장관은 검찰조사에 잘 협조하겠다고 하더니 검찰에선 묵비권을 행사하고, 법정에서 성실히 임하겠다고 하더니 약속을 다 뒤집고 증언거부권을 행사했다. 심지어 조국의 부인과 아들까지 똑같이 증언 거부를 했다. 조 씨가 과거 정권들에서 한 발언들을 돌아보자. "도대체 법무부는 정권 옹위를 위해 헌정 문란 중대범죄의 수사를 방해하는 것을 임무로 하는 무법부(無法部)인가", "첩첩이 쌓인 증거에도 불구하고 '모른다'와 '아니다'로 일관했다. 구속영장 청구할 수밖에 없다. 검찰, 정무적 판단하지 말아라." 바로 문 정권, 특히 조국, 추미애 전·현 법무장관에게 해당되는 얘기 아닌가. 조 씨는 역시 조스트라다무스라는 별명을 가질 자격이 있다. 누가 그의 '영롱한' 어록을 정리해서 내면 베스트셀러는 물론이고 역사적 문건이 될 것이다. 위선도 어찌 이런 위선이 가능했다는 말인가.

게다가 할 말이 없을 때는 추미애뿐 아니라 정경심까지도 전가의 보도처럼 '검찰 개혁'을 버틴다고 강변한다. 검찰 개혁? 검찰을 현재 어용 방송처럼 정권의 완벽한 하수인으로 만들어 좌파 독재 또는 유사 전체주의로 나아가는 길을 만들겠다는 것 아니었나. 밉보인 사람들은 손보고, 문재인 정권의 실세나 친한 사람은 권력의 의지대로 보호하겠다는 얘기 아닌가?

인터넷 포털에서도 조금만 거슬리는 일이 생기면 불러다가 야단치는 일까지 생겼다. 네이버 부사장, 청와대 국민소통수석비서관을 지낸 윤영찬 민주당 의원이 카카오의 기사 배열이 마음에 안 든다고 익숙한 어투로 "카카오 너무하군요. 들어오라 하세요"라고 문자 보내는 게 포착됐다. 많이 해본 솜씨다. 이게 발각되니 "의견 전달의 자유"라고 둘러댔다. 정권 실세가 불러서 기합 주는 것이 의견 전달이라는 기상천외한 변명까지 나온 것이다. 방송 장악을 넘어서 광범위한 언론 장악의 마각을 잘 보여준 대형사건이다. 문재인 정권의 이런 이상한 행태들이 나라를 망가뜨린다. 그러나 문 정권은 그런 건 신경 쓰지도 않았다. 뭐가 잘못돼도 한참 잘못됐었다.

염치없는 정권은 썩은 방송·무조건 지지자가 만든다

어느 정권이건 황당한 자화자찬을 하고 거기에 대해 엉뚱한 변명을 했었다. 그런데 문 정권은 도가 지나쳐서 뻔뻔함의 수준까지 갔다. 예전에는 기본적인 양심과 체면, 그리고 무엇보다 염치가 있어서 그런 짓을 할 때는 부끄러워하는 기색이라도 있었다. 그러나 문재인 정권은 특유의 '배째라' 정신과 막무가내 대응으로 한국 정치사의 신기원을 이루어 나갔다. 나중에는 아예 변명을 하지 않거나, 해도 대충 성의 없이 그냥 마구 내지른다. 수사를 받는 권력자들은 과거처럼 미안해하는 기색도 없이 오히려 기세등등하다. 세상에 이런 정권이 있었던가.

추미애 법무부장관은 지난 8일 법무부가 전날 단행한 고위간부 인사에 대해 "인사가 만사!" "특정 라인·특정 사단 같은 것이 잘못된 것" "출신 지역을 골고루 안배했다" "아무런 줄이 없어도 묵묵히 일하는 대다수 검사들에게 희망의 메시지를 줬다" 등등의 어안이 벙벙한 자평을 했다. 그러나 실제로는 '줄을 잘 선' 친정권 인사들을 중용했고, 검찰의 최고 요직인 소위 '빅4' 직책에 호남 출신 검사들을 전면 포진시켰다. 그러고서도 지역

안배니, 줄 없는 검사들 배려니 하는 유체이탈 화법으로 얘기했다.

이임하는 윤도한 국민소통수석은 "문재인 정부 출범 이후 권력형 비리는 사라졌다"는 경악스러운 얘기를 입에 침도 안 바르고 했다. 사실은 '권력자들의 비리를 제대로 수사를 못 하게 정권이 필사적으로 방해하고 있다'가 옳은 표현 아닌가. 이런 것들이 바로 염치없는 아무 말 던지기의 예이다.

감사원, 검찰, 방송통신위원회는 정치권력으로부터의 독립성을 가져야 한다. 문재인 정부도 입으로는 이들의 독립성을 보장한다는 가증스러운 약속을 했었다. 그러나 실상은 정반대였다. 문 정권의 수족처럼 놀았던 민변 출신 한상혁 방송통신위원장은 언급할 가치조차 없다. 독립성을 최소한이나마 지키려는 최재형 감사원장에겐 정권에서의 비열한 사퇴 압력이 쏟아졌다. 친정권인 김오수 전 법무무 차관을 감사위원으로 집어넣기 위해 무려 세 번씩이나 지명하면서 압력을 넣었다. 이렇게 감사원장의 권한과 감사원의 중립성에 심각한 위해를 가하면서도 자기들이 무엇을 잘못하는지도 모른다. 자유민주주의의 기본도 모르는 사람들이 인권이니 민주니 떠들고 살았다는 게 창피한 일이다. 또한 야권에서 임명하지 말라던 윤석열 검사를 무리하게 검찰총장에 앉히고는 자기들의 사냥개 노릇을 충실히 하지 않는다고 마구 밀어내려는 언행들이 난무했다. 권력에서의 독립성은 커녕 오히려 검찰 장악을 통한 유사 전체주의를 추구했다.

권력에 대한 감시자 역할을 해야 할 방송과 다수 언론들은 오히려 권력의 애완견으로 행동했다. KBS 내 '검언 유착' 오보에 관한 '진상규명위원회' 활동은 땅바닥에 떨어진 KBS의 위신을 조금이나마 살리려는 노력이었다. 그런데 권력을 장악한 KBS2 노조(민주노총 산하 언론노조 KBS지부)가 이런 활동을 오히려 "동료에게 칼을 겨누는 행위"라고 맹비난하며 그 혐오스러운 사건을 덮으려 했다. 언론노조는 '공정 방송'이니 나발이니 하는 낯뜨거운 얘기는 아예 처음부터 하지 않는 것이 더 좋았을 것이다.

약속을 어기고 한국에 피해를 준 북한의 통보 없는 황강댐 방류가 '그럴 만한 사정이 있을 거'라는 황당무계한 변호를 하면서, 오히려 1천만달러를 지원한다는 이인영 통일부장관의 태도도 마찬가지였다. 더구나 지원에 대해 미국과 미리 논의가 됐다는 허언까지 했다가 그것이 거짓임이 밝혀졌어도 아무 해명도 없다.

이러한 막가파 행동이 나오는 이유는 현 정권의 태생적인 뻔뻔함도 있지만, 이런 언행을 오히려 방어해주는 썩어 빠진 방송과 언론이 존재했기 때문이기도 하다. 2020년 8월 15일 문재인 퇴진 집회는 우중에도 많은 인파가 몰렸다. 그런데 경찰 추산과 YTN 보도는 겨우 500명이 모였다고 했다. 한국방송사에 신기원을 이룰 망언이 아닌가. 소위 조국 장관 수호 집회에 무려 200만 명이 모였다는 거짓말을 게거품 물고 떠들었던 방송과 일부 사이비 언론들 식으로 따지면 한 500만 명이 모였다고 왕창 과장해도 무방하다. 그 근거는 딱 봐도 500명이 아니라 500만 명이기 때문이다. 여기에 무슨 일이 있어도 무조건 문재인 정권을 지지하는 비이성적인 대깨문(대가리 깨져도 문재인 지지층)이 두텁게 존재하고 있다. 이러한 요인들이 어울려 한국 사회는 염치없는 정권의 폭주를 제어하지 못했다. 이러란 현상은 '개딸'이라는 무조건 이재명 지지자들의 요즘 행태로 이어지고 있다. 문재인 정권은 한국을 만신창이로 만들었다. 그런데 요즘은 문재인과 맹목적 지지자들보다 더 심한 세력들이 발호하고 있다. 이들의 득세는 문

재인 정권 시기를 오히려 '순한 맛' 버전으로 느끼게 해 줄 정도로 심각한
사회를 낳게 될 것이다.

저자 소개

김주성(金周晟)

　　한국외국어대학교 프랑스어과 학사

　　서울대학교 행정대학원 석사

　　미국 텍사스대학교 정치학 박사

　　한국교원대학교 총장

　　(현) 한국교원대학교 명예교수

　　(현) 시민포럼 폴리토크 대표

최태호(崔台鎬)

　　단국대학교 한문교육과 졸

　　한국외대 교육대학원 한국어교육과 졸

　　한국외대 대학원(문학박사)

　　중등교사

　　(현)중부대 한국어학과 교수

　　(현)한국대학교수협의회 대표

　　(현)한국대학교수연대 공동대표

홍승기(洪承祺)

　　고려대학교 법학과, 동대학원 국제법 석사

　　펜실베니아 대학(U'of Penn.) 로스쿨 LL.M.

대한변협 공보이사, 미국 뉴욕주 변호사

엔터테인먼트법학회장, 국제저작권협회(ALAI) 한국회장,

인하대학교 법학전문대학원장

(현)법조윤리협의회 위원장

(현)콘텐츠분쟁조정위원회 위원장

박인환(朴仁煥)

성균관대학교 법학 석사

서울중앙지검 검사(사법연수원 16기)

건국대 법학전문대학원 교수

법률신문 논설위원

대일항쟁기 강제동원 피해조사 위원장

(현)바른사회시민회의 공동대표

(현)자유언론국민연합 공동대표

(현)특권폐지국민운동본부 상임대표

(현)경찰제도발전위원회 위원장

이호선(李鎬善)

국민대학교 법학사, 영국 리즈대학교(Univ. of Leeds) LL.M

제31회 사법시험 합격, 사법연수원 제21기 수료

한국헌법학회 부회장, 전국법과대학교수회 회장

사회정의를바라는전국교수모임 공동대표·사무총장

(현)국민대학교 법과대학 학장·법무대학원 원장

조성환(曺成煥)

　　　　서울대학교, 동 대학원 외교학과 정치학 석사

　　　　프랑스 사회과학고등연구원 정치학 박사

　　　　세종연구소 연구위원,

　　　　경기대 정치전문대학원 원장, 한국정치외교사학회 회장

　　　　(현)사회정의를 바라는 전국교수모임 공동대표

　　　　(현)방송콘텐츠진흥재단 이사장

황승연(黃承淵)

　　　　경희대학교 영문과 졸업

　　　　독일 자르브뤼켄 대학교 사회학박사

　　　　경희대학교 사회학과 명예교수

　　　　(현)상속세제 개혁포럼 대표

　　　　(현)굿소사이어티 조사연구소 대표

정기애(鄭麒愛)

　　　　숙명여자대학교 문헌정보학 학사

　　　　중앙대학교 기록관리학 석사, 동 대학원 박사

　　　　한국전력기술(주) 기술정보실 부장 / 인재개발교육원장

　　　　행정안전부 국가기록원 기록정책부장

　　　　문화체육관광부 국립장애인도서관장

　　　　(현)숙명여대 문헌정보학과 객원교수

　　　　(현)국제기록유산센터 이사

　　　　(현)국가기록관리위원회 위원장

이창위(李昌偉)

　　　고려대학교 법과대학 및 동 대학원 법학석사

　　　일본 게이오(慶應)대학 대학원 법학박사(국제법)

　　　외교부, 국방부, 동북아역사재단 자문위원

　　　국제해양법학회 회장

　　　세계국제법협회(ILA) 한국본부 회장

　　　(현)서울시립대학교 법학전문대학원 교수

박진기(朴珍基)

　　　KAIST 미래전략대학원 졸업

　　　서울대 국제대학원 국제협상 최고위 과정 수료

　　　20대 대통령 인수위원회 자문위원

　　　(현)국방부 정책자문위원회 혁신위원

　　　(현)한림국제대학원대 겸임교수

　　　(현)국회 산하 K-정책플랫폼 연구위원

　　　(현)자유민주시민연대(ULD) 공동대표

이인호(李仁浩)

　　　서울대학교, 웨슬리대학 사학

　　　래드클리프대학 소련지역연구 석사

　　　하버드대학교 대학원 서양사 박사

　　　핀란드 및 러시아 대사

　　　한국국제교류재단 이사장

　　　한국방송공사 이사장

　　　(현)서울대학교 명예교수

박선경(朴善敬)

　　　　한신대 철학과

　　　　서강대미디어커뮤니케이션 석사

　　　　인하대인터랙티브콘텐츠 박사

　　　　남서울대학교 겸임교수

　　　　전자신문 칼럼니스트

　　　　(현)굿소사이어티 조사연구소 공동대표

강규형(姜圭炯)

　　　　연세대학교 사학과 학사

　　　　인디애나대학교 역사학 석사, 오하이오대학교 역사학 박사

　　　　KBS 이사회 이사

　　　　방송통신위원회 시청자권익위원회 위원

　　　　문화재위원회 위원

　　　　유네스코 한국위원회 위원

　　　　(현)명지대학교 교수

문재인 흑서
반역의 역사

2024년 2024년 3월 29일 초판 1쇄 펴냄

지은이 | 김주성, 최태호, 홍승기, 박인환, 이호선, 조성환, 황승연, 정기애, 이창위,
      박진기, 이인호, 박선경, 강규형

펴낸이 | 길도형
편 집 | 이현수
인 쇄 | 삼영인쇄문화
펴낸곳 | 타임라인출판
등 록 | 제406-2016-000076호
주 소 | 경기도 고양시 일산서구 덕산로 250
전 화 | 031-923-8668
팩 스 | 031-923-8669
E-mail | jhanulso@hanmail.net

ⓒ김주성;최태호;홍승기;박인환;이호선;조성환;황승연;정기애;이창위;박진기;이인호;
박선경;강규형, 2024

ISBN 979-11-92267-11-1 03300

책값은 뒤표지에 표기되어 있습니다.
파손된 책은 구입한 서점에서 바꾸어 드립니다.
이 책의 무단 전재 및 복제를 금합니다.